뚫어

평범한 99% 학생들을 위한
입학사정관제 합격 비밀

뻥!

평범한 99% 학생들을 위한 입학사정관제 합격 비밀
뚫어 뻥!

초판 1쇄 발행 2012년 6월 1일
초판 2쇄 발행 2012년 7월 12일

지은이 김유정, 임희경, 권혜수
펴낸이 김선식

Chief Editing Creator 이선아
Editing Creator 박은정, 전소현
Design Creator 이명애

3rd Creative Story Dept. 이선아, 정지영, 박고운, 전소현
Creative Design Dept. 최부돈, 박효영, 김태수, 손은숙, 이명애, 조혜상
Creative Marketing Dept. 이주화, 원종필, 백미숙
        Communication Team 서선행, 김선준, 전아름, 박혜원
        Contents Rights Team 김미영
Creative Management Team 김성자, 송현주, 김민아, 권송이, 윤이경, 한선미

펴낸곳 (주)다산북스
주소 경기도 파주시 교하읍 문발동 529-2번지 3,4층
전화 02-702-1724(기획편집) 02-6217-1726(마케팅) 02-704-1724(경영지원)
팩스 02-703-2219 **이메일** dasanbooks@hanmail.net
홈페이지 www.dasanbooks.com
출판등록 2005년 12월 23일 제313-2005-00277호

필름 출력 스크린 그래픽센타 **종이** 월드페이퍼(주) **인쇄·제본** (주)현문

ISBN 978-89-6370-896-6 (13370)

뚫어

김유정 · 임희경 지음

평범한 99% 학생들을 위한
입학사정관제 합격 비밀

뻥!

디셈
에듀

궁극의 정교함이란 단순함과 같다

이 책의 저자인 저와(김유정) 임희경씨는 서울대학교 프레젠테이션 연구회에서 선후배 사이로 만났습니다. 프레젠테이션 기업을 세운다는 같은 꿈을 꾸고 있었기에 함께 벤처 창업을 하게 되었죠. 그 때가 2011년 8월입니다. 그리고 저희는 둘 다 고등학생들도 프레젠테이션을 해야한다는 점에 공감하고 있었습니다. 단순히 학습적인 효과뿐만이 아니라 프레젠테이션이 곧 면접이라고 판단했기 때문이지요. 그래서 일단 한번 부딪혀보자는 생각에 전국 각지에 흩어져 있던 학생들을 모아서 두 달 동안 무료로 그들의 입학사정관제 면접을 도와주었습니다.

매주 토요일마다 서울대학교 강의실에서 학생들을 만났습니다. 강의를 하고 토론을 하기도 하며 모의면접을 진행하고 동영상을 촬영하기도 했습니다. 그리고 매주 학생들에게 과제를 내주었어요. 면접은 단순히 말을 청산유수로 잘한다고 되는 것이 아니라 스스로 사고할 줄 아는 능력, 즉 대학수학능력이 뒷받침 되어야 하기 때문이지요. 수능을 앞둔 학생들은 코피가 쏟아진다며 앓는 소리를 했어요. 힘들어 죽겠다며, 과제가 너무 빡세다고 했죠. 한편으로는 지금까지 이런 방식으로 '똑똑해지는' 경험을 해본 적이 없다며 신기해하기도 했어요. 저희들도 일주일 내내 밤샘을 반복하며 학생들의 과제를 확인하고 교육 자료를 준비했습니다. 학생들이 힘들어하는 것 이상으로 눈코 뜰 새 없이 바쁘고 힘든 나날을 보냈습니다.

No pain, No gain이라고 하죠? 학생들이 힘들어한만큼 결과는 좋았어요. 1차 서류를 통과한 모든 학생들이 그토록 가고 싶어하던 대학에 최종 합격했거든요. 합격했다며, 고맙다며 문자를 보내고 전화를 하며 뛸듯이 기뻐하던 친구들을 보면서 저희들도 무척이나 기쁘고 뿌듯했답니다. 또한 한편으로는 이들을 지도했던 경험을 기초로 하여 책을 쓰면 좋겠다는 생각을 하게 되었습니다. 그리고 곧바로 실행에 옮겼죠. 일단 입학사정관제와 관련해서 학생들이 겪고 있는 문제점이 무엇인가를 정확하게 파악할 필요가 있었어요. 그래서 수만휘(수능 만점지 휘날리며 – 고교생 입시 준비 커뮤니티)에 들어가서 모든 글과 댓글을 빠짐없이 읽고 여러분들이 느끼는 문제점이 무엇인지를 몇가지로 분류했습니다. 그리고 이것을 다시 확인하기 위해 주변에 과외를 하는 친구들이 가르치는 고등학생들을 만나 인터뷰를 진행했습니다. 면접을 준비하고 자기소개서를 작성하는 과정에서 학생들이 인지하지 못하는 문제점도 파악하고자 동영상을 촬영하고 이것을 반복해서 돌려보고 분석했죠.

그 결과 저희들은 여러분들이 겪고 있는 문제점을 다음과 같이 정리할 수 있었습니다.

① 화려한 스펙 쌓기가 곧 입학사정관제 준비 전략이라고 오해하고 있다.
   "이 정도 스펙이면 합격할 수 있을까요?"

② 자기소개서 쓰기를 두려워한다.
   "세 시간 동안 자기소개서 양식 보면서 컴퓨터 앞에서 멍 때리고 있었어요."

③ 면접 준비를 제대로 안한다 혹은 못한다.
   "기출문제 답안을 외워야 할까요?"

바로 이와같은 문제점과 고민을 속 시원하게 해결해준다는 취지에서 『뚫어뻥!』을 기획했습니다. 그런데 동시에 여러분들이 책을 읽기에는 시간적, 심적인 여유가 없다는 점을 저희는 누구보다 잘 알고 있었습니다. 수능 점수와 내신 관리에도 바쁜데 입학사정관제 책을 읽는다니, 쉽지 않죠. 그래서 여러분들이 최대한 쉽고 빠르게 읽을 수 있으면서 중요한 정보를 놓치지 않도록 책의 영혼부터 겉포장까지 디자인했습니다. 시각적인 차원의 디자인 뿐만 아니라 여러분들이 최대한 쉽게 익혀서 입학사정관제를 제대로 준비할 수 있게 내용적인 차원의 디자인도 게을리 하지 않았습니다. 그리고 콘텐츠의 정확도와 전문성을 갖추기 위해 저희 나름대로의 자료 분석과 연구를 진행했습니다. 또한 [Pitamin Project]에 참여했던 학생들에게 원고를 읽어보게 하고 다른 고등학생들에게도 원고를 읽혀보았습니다. 이 뿐만 아니라 저희들이 놓친 부분이나 논리적인 오류가 없는지 확인하고자 서울대학교 친구들에게 검토를 부탁했습니다. 책과 전혀 상관이 없는 50대 어른들께 부탁해서 이 책의 콘셉트와 의미, 가치가 명확히 전달되는지도 확인했고요. 레오나르도 다빈치가 "궁극의 정교함이란 단순함과 같다"라고 했습니다. 저희들이 추구하고 있는 이 책의 철학이기도 합니다. 여러분들에게 필요한 정보와 지식, 지혜는 최대한 단순하게 전달하되 그것이 여러분들 스스로에게 정말로 도움이 될 수 있어야 한다고 생각했습니다.

아무쪼록 이 책을 통해서 여러분들이 그토록 꿈꾸던 대학에 합격하는 그 짜릿한 기쁨을 맛보시길 기원할게요. 끝으로 이 책이 출판되는 과정에서 도와주신 많은 분들께 감사의 메시지를 전합니다. 돈 한푼 받지 않고 기꺼이 [Pitamin Project]의 면접관으로 도와주신 박시은(서울대학교 소비자아동학부 07), 손진호(서울대학교 건축학부 06), 김연숭(서울대학교 재료공학부 대학원 10), 배승철(서울대학교 물리천문학부 00), 김도균(서울대학교 재료공학부 07)님, 어려운 면접 문제를 열심히 검토해주신 구인모(서울대학교 농경제사회학부 05)님, 프레젠테이션의 즐거움을 알게 해준 서울대학교 프레젠테이션 연구회 CISL, 페이스북 좋아요 버튼과 맛있는 딸기 케익으로 원고 집필을 말없이 응원해주신 (주)메가넥스트 김성오 대표님, 서적 출판의 중요성과 방향을 정확히 짚어주신 (주)스픽케어 이비호 부대표님, 부족한 제자에게 항상 파이팅의 메시지를 보내주시는 존경하는 농경제사회학부 김한호 교수님(from 김유정), 2011년 가을학기 RGB 서적 출판을 응원해주신 서울대학교 윤리교육과 박성춘 교수님(from 임희경), RGB와 함께 일을 할 수 있게 다리를 놓아준 오세헌(서울대학교 미술대학원 11, from 권혜수)님, 만나면 항상 즐거운 GTP 멤버들과 농경사 05 동기들(from 김유정), RGB에 항상 맛있는 간식을 사주시는 사랑하는 박건춘님(from 임희경), 벤처 사업가가 될 수 있도록 후원해주시는 서울대학교 부자동아리 선후배 및 동기님들(from 임희경), 같이 멘붕 해준 07 디자인과 동기들(권지연, 금재은, 유아정, 이연주, 송민주, 배진영 from 권혜수), 별 도움은 안 주었지만 오랜 친구들인 싸펨 멤버들(from 권혜수), 오랜 기간의 집필 과정에도 끝까지 믿고 기다려주신 사랑하는 가족과 친구들, [Pitamin Project]에 참가하여 끝까지 열심히 노력해준 우리 귀요미들, 고맙습니다. 사랑합니다.

내신시험 중...

결과 확인...ㅠㅠ

모의고사 중...

결과 확인...ㅠㅠ

"난 이제 in Seoul

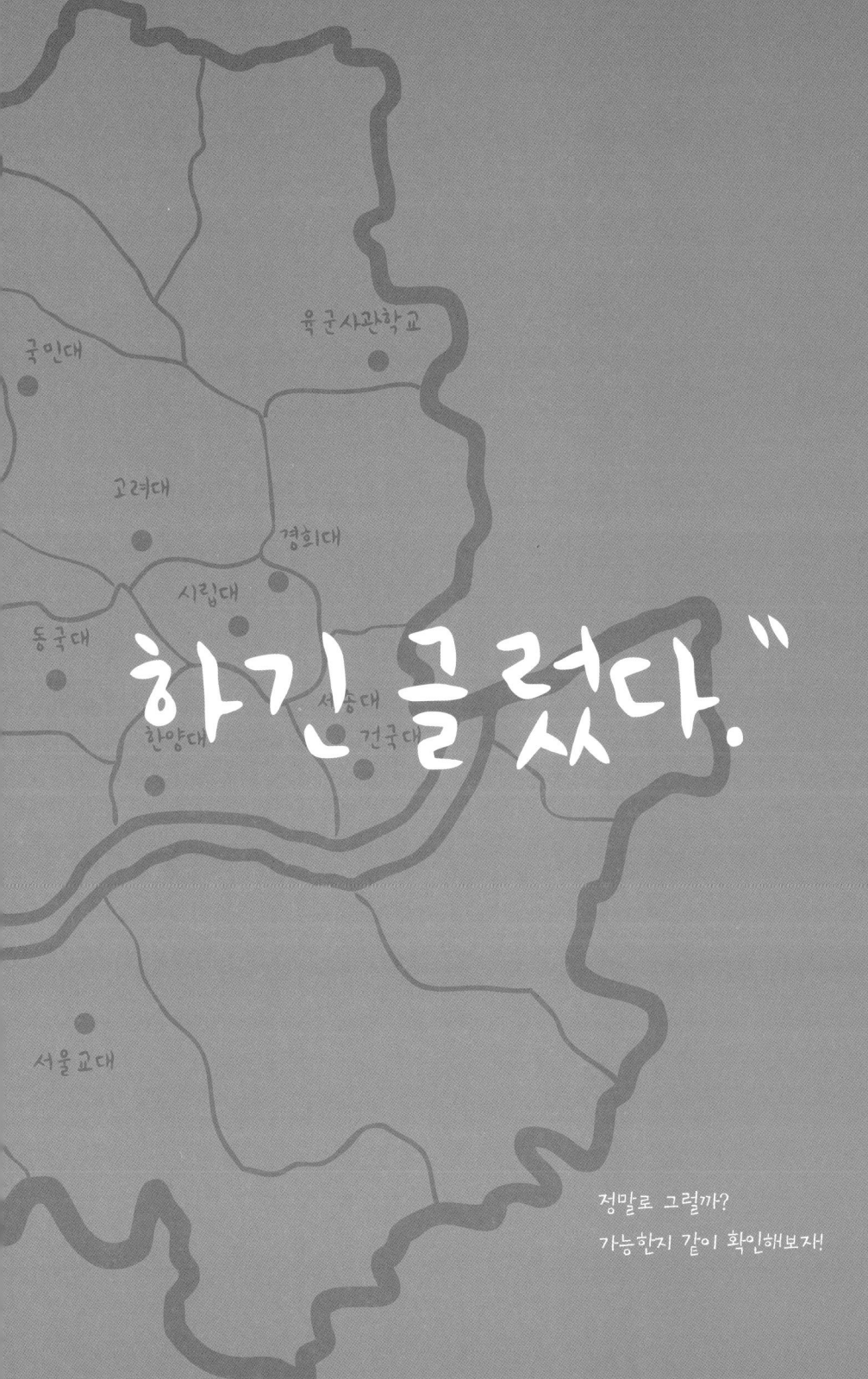

하긴 글렀다."

정말로 그럴까?
가능한지 같이 확인해보자!

★ 나는 내 성적이 나타내는 것보다 가치있는 사람이다.

　　　　YES ☐　　　　　　NO ☐

★ 객관식 시험지로는 내 능력을 모두 보여줄 수 없다.

　　　　YES ☐　　　　　　NO ☐

★ 기회가 된다면 숨겨왔던 내 능력을 펼쳐볼 준비가 되어있다.

　　　　YES ☐　　　　　　NO ☐

★ 나는 당당하게 내 가능성과 잠재력을 어필할 수 있다.

　　　　YES ☐　　　　　　NO ☐

★ 나는 스스로가 좋은 대학, 원하는 학과를 갈 자격이 충분하다고 생각한다.

　　　　YES ☐　　　　　　NO ☐

3개 이상 YES를 선택했다면,
다음 페이지로 넘어가도 좋아.

이 책은 바로
성적이 나타내는 것보다
더 무한한 가능성을 갖고 있는
너를 위해 쓰였어.

대한민국의 평범한 고등학생들,

나도 꿈이라는 게 있다고…

난 특별한 것 같지 않아.

난 왜 성적이 안 나오지?

난 왜 이럴까…

난 대학 어떻게 가지…

내 나름대로 열심히 한 건데.

난 정말 성적만큼의 인간인 건가?

내 인생은 쭈구리야.

피타민 프로젝트를 만나다!

[2011 Pitamin Project]

2011년 9월,
전국 각지에서 모인 고3 학생들이 매 주말마다
서울대학교를 방문해 저자들과 함께
피타민 프로젝트를 진행했다.

이 프로젝트에 참여한 학생들 모두
자신의 성적보다 높은 대학에 합격하는
쾌거를 이룰 수 있었다.

= 평범한 99%의 고등학생들을 위한
입학사정관 전형 합격 프로젝트

입학사정관제?

에이. 그건 특별한 애들만 하는 거지.

NO.

입학사정관제는 정말 특별한 애들만 하는 거라고? 예를 들어서, 하나에 특출난 재능이 있는 천재들만 입학사정관제로 합격하는 것 같다고? 아니면 내신 성적이 낮은 과학고, 외국어고와 같은 특목고 학생들을 위해 만들어진 전형같다고? 그것도 아니면 결국은 내신 성적으로 줄세우는 내신사정관제라고?

음...

위와 같은 생각들이 완전 틀렸다고 할 수는 없어. 곤충박사와 같은 천재들 역시 입학사정관제로 합격하기도 해. 그리고 특목고 학생들도 이 전형으로 합격할 수도 있지. 마지막으로 입학사정관제의 평가 요소 중 내신 성적이 들어가 있는 것도 사실이야.

그런데,
이것보다 중요한 사실이 하나 더 있어.

1% : 천재, 특목고생, 내신왕

99% : 너처럼 평범한 고등학생

합격 정원 100명

앞에서 말한 천재, 특목고 재학생, 내신 좋은 학생이 입학사정관제에 붙는 것도 사실이야. 그런데 너희들이 주목해야 하는 건 바로 그 '비율'이야. 예를 들어 입학사정관 전형으로 합격할 수 있는 인원이 총 100명이라고 해보자. 이 중 단 1%만이 천재, 특목고생, 내신왕인 거야. 그리고 실제 합격자 중 99%는 너와 마찬가지로 평범한 고등학생들이었어. 그런데 왜 우리는 입학사정관제라고 하면 '특별한 고등학생'만 지원해볼 수 있는 것이라고 생각해온 걸까? 여기에는 바로 '언론의 힘'이 숨겨져 있어. 언론이 수록해서 보도하는 입학사성관제 합격사들은 바로 저 1%에 해당하는 학생들이었거든. 여러 신문기사, 네이버 뉴스에서 1%의 합격자가 인터뷰한 기사들을 자주 목격하다 보니 마치 입학사정관제 합격자 100%가 모두 천재이거나, 특별해야 한다라고 오해하게 된 거지. 이것이야말로 착각이야. 그래서 우린 이 책에서 그 누구도 이야기하지 않았던 평범한 99%를 위한 입학사정관제 준비 방법을 다뤘어.

저는 어릴 적부터 '너는 마음을 편하게 하는 것 같아'라는 말을 많이 들어왔습니다. 그렇기 때문에 서비스직이 어울릴 것이며 푸근한 인상이 필요한 곳에서 일하며 기여하고 싶습니다. 제게 평생에 걸쳐 질리지 않을 것 같은 일은 바로 호텔리어입니다. 그리고 궁극적으로는 누구라도 마음 편히 쉬며 만족할 수 있는 세계 최고의 호텔을 만드는 경영자가 되고 싶습니다.

– 엄지연 자기소개서(경희대학교 호텔경영학과 합격)

봉사활동 관련 사이트를 다 찾아봤지만 복지관이나 양로원에 관한 봉사만 있을 뿐 토목 쪽으로는 찾을 수가 없었습니다. 고민하다가 부평구청 도시계획과에 직접 찾아가 토목 관련 봉사활동을 어렵게 문의하여 하수관 계획, 도시도로 계획의 보조업무, 주차장 부지 결정, 도로변경 결정을 위한 현지조사 등의 봉사를 하게 되었습니다. …(중략)…쉽게 접할 수 없는 대규모의 토목 현장을 직접 체험하고 느끼고 싶었습니다. 도시계획 팀장님께 현장에 가보고 싶다고 부탁드렸지만 안 된다고 하셨습니다. 그러나 저는 포기하지 않고 시간보다 더 일찍 와서 늦게까지 시키지 않는 봉사도 정말 열심히 했습니다. 열심히 봉사하는 모습이 마음에 드셨는지 마침내 체험과 봉사를 할 수 있도록 허락해주셨습니다.

– 이정인 자기소개서(아주대학교 건설환경공학과 합격)

기아체험을 통해 24시간 동안 생수 두 병만 마시며 멀리 아프리카뿐만 아니라, 굶주린 북한 주민들의 입장이 되어보는 기회를 가졌습니다. 우리가 밥을 먹고 있을 때 굶고 있는 북한 아이들의 처참한 실상에 관심을 갖게 되었습니다. 이전까지만 해도 '쌀을 왜 주지? 그 쌀로 무기를 살 텐데'라고 생각했는데, 그들에 대한 대책 없는 무관심보다는 적극적이고 방어적인 구호대책이 필요함을 알게 되었습니다.

– 최가현 자기소개서(동국대학교 북한학과 합격)

평범해도 괜찮아!

방금 본 자기소개서는 실제로 피타민에 참여했던 친구들의 것이야. 어때? 엄청난 천재들이니? 외국에서 살다오거나 대단한 경력이 있어? 전혀 그렇지 않지. 너무나도 수수하고 평범한 대한민국의 고등학생들이야. 자신이 편안한 인상이 장점이라 생각해서 호텔리어, 호텔 경영자가 되고 싶다는 꿈을 갖게 되었고, 집 근처 구청에 찾아가 자신이 원하는 봉사활동을 찾아내고, 기아체험을 하며 자신의 꿈과 사회 문제에 대해서 생각하는 일. 이게 그렇게 어렵고 대단한 일이니? 그 누구라도 할 수 있는 일들이지.

다만 차이가 있다면,

피타민 친구들은 자신의 그 평범함이

대학이 인정해주는 '가치'라는 것을 깨닫고 있었다는 거야.

너희들은 비록 스스로가 평범하다고 생각할 수 있지만, 대학은 이를 가치있다고 여겨. 비록 화려하진 않지만, 너 스스로 생각하고, 스스로 찾아나선 활동들, 그리고 스스로 결정한 삶의 목표는 너무나도 소중한 것이지. 내학 교수님과 입학사정관 역시 이들의 가치를 잘 알고 있는 거야.

평범한 99%를 위한 입학사정관제 합격 프로젝트,

지금부터 그 비밀 노하우를 너희들에게 공개할게!

차례

1장

복잡한
입학사정관제?

그
까
짓
것!

01 수험생에게 입학사정관제란?

입학사정관제 지원을 결심했다면, 가장 먼저 해야 할 일은 입학사정관제가 무엇인지 파악하는 거야. 전국 대학의 입학사정관제의 기본 원칙과 운영 방안을 수립하고 관리하는 한국 대학교육협의회(줄여서 대교협)는 입학사정관제 공식 홈페이지에서 입학사정관제의 정의를 분명하게 밝히고 있어. 다음을 읽어볼까?

> 입학사정관제란 입학사정관을 통하여 내신성적과 수능점수만으로 평가할 수 없었던 잠재능력과 소질, 가능성 등을 다각적으로 평가하고 판단하여 각 대학의 인재상이나 모집단위 특성에 맞는 신입생을 선발하는 제도이다.
>
> – 출처 : 한국 대학교육협의회 입학사정관제 공식 홈페이지

어때? 대교협의 정의를 읽으니까 지금 당장 수험생으로서 네가
무엇을 어떻게 준비해야 하는지 확실히 감이 오니?
글쎄… 잘 모르겠어?

그렇다면, 다음의 정의를 보자. 이번에는 서울대학교의 입학사정관제 정의야.

> 입학사정관제는 수치로 계산된 성적 만을 반영하는 것이 아니라 지원자가 제출한 다양한 서류를 바탕으로 학업능력, 학내외 활동, 전공분야에 대한 관심, 지적 호기심, 적극적인 사고력, 창의적 인재로 발전할 가능성, 교육환경, 실기 능력(예술 · 체육계열 모집단위) 등을 모두 종합적으로 평가하는 제도이다.
>
> – 출처 : 2012 서울대학교 입학사정관제 안내 책자

이번엔 어때?

음, 이것도 글쎄. 대체 당장 무엇을 준비하라는 것인지 잘 모르겠어.

대교협과 서울대학교의 입학사정관제 정의가 가슴에 확 와닿지 않는 이유는 그들이 공식 홈페이지나 안내 책자를 통해서 보여주는 입학사정관제의 정의가 학생이 아닌 평가자와 관리자의 입장에서 서술되어 있기 때문이야. 즉, 방금전에 살펴보았던 입학사정관제의 정의는 수험생의 무엇을 어떻게 평가하는지에 초점이 맞춰져 있지. 너희들에게 딱히 도움이 안돼. 입학사정관제의 정의를 통해서 무엇을 어떻게 준비해야 하는지 알 수가 없거든.

그래서 우리는 수험생의 입장에서 입학사정관제가 도대체 무엇인지를 정의해보았어.

입학사정관제란
서류와 면접으로
대학을 갈 수 있는
입시제도이다.

간단하지?

여기서 네가 주목해야 하는 단어는 서류와 면접이야. 대학마다 입학사정관 전형이 각양각색이지만 수험생의 입장에서 중요한 것은 결국 서류와 면접 준비, 이 두 가지거든.

그래서 지금부터는 입학사정관제로 대학을 가기 위해 수험생인 네가 무엇을 어떻게 준비해야 하는지를 서류와 면접을 중심으로 알아보도록 할게.

02 서류는 뭐다?

　입학사정관 전형은 크게 1차 평가와 2차 평가로 나눠져. 대학마다 3차까지 하는 경우도 있지만 결과적으로 수험생이 통과해야 할 관문은 결국 두 개야. 1차 서류와 2차 면접. 1차가 예선전이라면 2차는 본선이라고 할 수 있겠지? 지금부터는 1차 평가를 서류, 2차 평가를 면접이라고 부르도록 할게.

　여기서는 먼저 서류에 대해서 알아보도록 할게. 지원하고자 하는 대학의 입학처 홈페이지에 접속해서 전형을 다운받아 훑어보면 제출 서류의 목록을 확인할 수 있어. 그런데 너희들도 잘 알겠지만, 대학마다 요구하는 서류 목록이 다르고 명칭도 조금씩 달라. 하지만 이 또한 명칭만 다르다 뿐이지 서류는 결국 다음의 다섯 가지로 정리된다고 보면 돼.

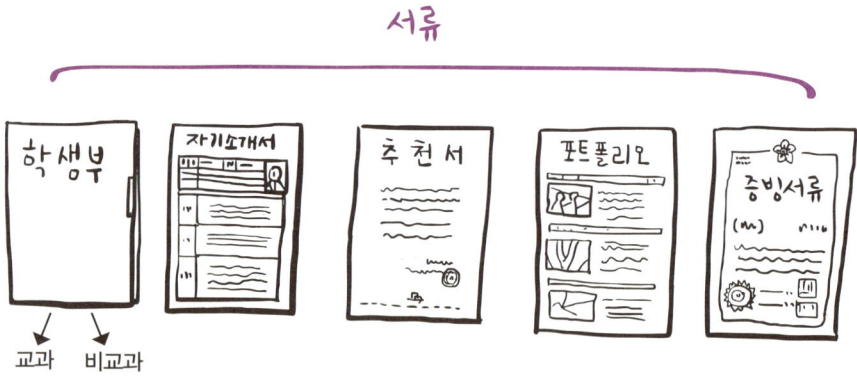

　이 다섯 가지의 서류들 중에서 선생님이 작성해주시는 추천서와 비교과 영역 활동 내역에 대한 단순 증빙 서류를 제외하면, 수험생이 준비해야 하는 서류는 크게 세 가지야. 학생부와 자기소개서 그리고 포트폴리오.

그런데 다음의 그림을 보면 알 수 있듯, 서울 4년제 대학을 기준으로 했을 때 포트폴리오를 필수적으로 요구하는 대학은 소수야.

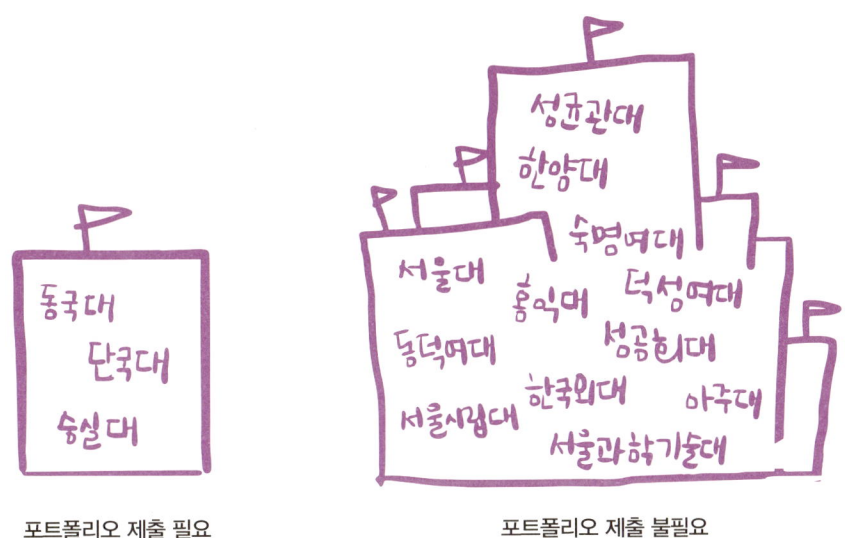

포트폴리오 제출 필요   포트폴리오 제출 불필요

그 이유는 방대한 분량의 포트폴리오를 소수의 입학사정관이 일일히 검토하는 데 현실적인 한계가 있기 때문이야. 특히 학생들이 개별적으로 만든 포트폴리오는 진실 여부를 확인하기 어렵기 때문에 받지 않는 대학들도 많아. 공정성에 큰 문제가 발생하기 때문이지. 어느 입시제도든지 평가의 공성성은 가장 민감한 사안이니까.

교육과학기술부는 원칙적으로 에듀팟을 통해서 포트폴리오를 제출하게 한다고 했지만, 이 또한 현실적인 한계점이 있어. 왜냐하면 온라인 기반의 에듀팟을 각 대학의 웹서버에 연결하려면 시간과 비용이 많이 들기 때문이지. 기존의 홈페이지를 개편해야 하는 어려움도 있고 말야. 그래서 에듀팟을 활용하지 않는 대학이 대다수인 게 현실이고.

포트폴리오 이외에 창의적 체험 활동 보고서나 자기주도 활동 보고서 등을 제출하라는 대학도 있어. 이 또한 일종의 포트폴리오 같은 거야. 그런데 이 서류들도 온라인을 통해서 학생부 정보 제공에 동의하지 않은 학생들만 제출하거나 선택 사항인 경우가 많아. 또한 명칭만 보고서이지 자기소개서의 질문 항목과 비슷한 경우도 많고 말야.

말하자면 네가 준비해야 하는 학생부와 자기소개서와 비교해봤을 때 포트폴리오는 상대적으로 덜 중요한 서류라고 할 수 있지. 따라서, 이 책에서는 학생부와 자기소개서를 준비하는 방법만 다루도록 할 거야.

지금부터는 입학사정관제를 준비하기 위해 수험생인 네가 학생부와 관련해서 무엇을 어떻게 준비해야 하는지 구체적으로 살펴보도록 할 거야. 학생부는 교과 영역과 비교과 영역으로 나눠지지? 이 정도는 너도 잘 알 거야. 교과 영역은 쉽게 말해서 내신이고 비교과 영역은 각종 동아리 활동 내역, 수상 실적, 출결 사항, 봉사 활동 내역 등을 의미해. 흔히 스펙(Specification)이라고 불리는 것들이지. 먼저 내신 준비 전략부터 알아보도록 하자.

03 학생부 교과 영역 : 내신

    일단 내신은 공식적으로 고등학교 3학년 1학기 성적까지만 반영되기 때문에 네가 입학사정관제 지원을 결심했다면 내신 관리도 철저하게 해야 해. 간혹, 고등학교 2학년 때까지의 내신 성적이 특별히 좋지 못하기 때문에 고등학교 3학년 때 아무리 발악해봐도 거기서 거기니까 내신은 포기하고 자기소개서 작성과 면접 준비에 몰두하자는 생각을 하는 친구들이 있어. 아주 위험해. 입학사정관제 지원을 마음먹었다면 고등학교 3학년 1학기 기말고사 시험까지 만이라도 최선을 다해서 내신 성적을 향상시켜야 해. 특히, 내신 성적의 경우 기존의 수시모집 전형과는 다르게 절대적인 점수뿐만이 아니라 '상승 추이'도 긍정적으로 평가하기 때문에 고등학교 2학년까지의 성적이 좋지 못해도 고등학교 3학년 때 상대적으로 성적을 상승한 것을 보여주게 되면 좋은 평가를 받을 수 있거든.

"교과 성적이 중요하다. 지원 전공과 관련된 교과에서 우수한 성적을 거뒀거나 성적추이가 상승세인 경우 좋은 평가를 받을 수 있다. 학업에 대한 열정과 지적호기심을 갖췄다고 보기 때문이다."

– 중앙대학교 차정민 선임입학사정관(2011. 07. 10 중앙일보)

"성적이 상승세인 학생들은 좋은 평가를 받는다. 그만큼 잠재력이 있다고 판단하기 때문이다."

– 포스텍 김무환 입학처장(2011. 07. 06 중앙일보)

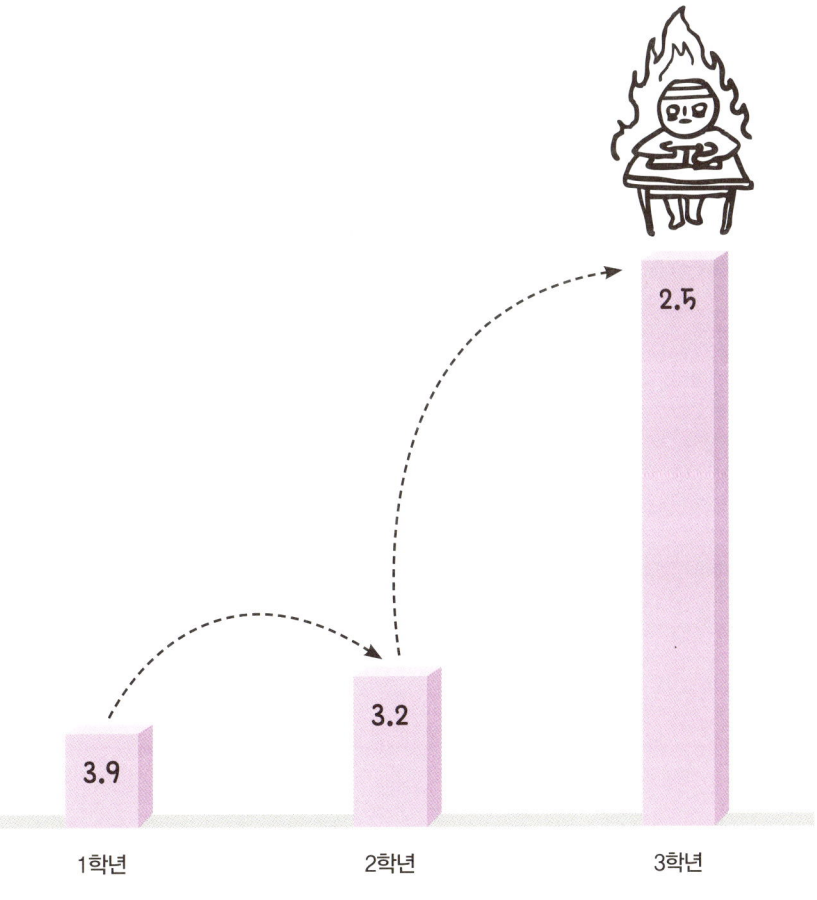

2.5

3.2

3.9

1학년

2학년

3학년

내신 성적의 상대적인 상승세를 보여주는 것도 중요하지만 **절대적인 내신 성적이 높을수록 합격 확률이 높아지는** 것도 사실이야. 1차인 서류 심사에서 입학사정관들은 학생의 내신뿐만이 아니라 다른 비교과 활동, 서류 등을 모두 종합적으로 검토하여 1차 합격생을 선발해. 여기서 '종합적'이라는 단어에 주목하자. 이 말은 내신과 비교과 활동, 서류 점수를 모두 '종합'하여 1차 서류통과를 결정한다는 의미야. **즉, 내신 점수가 높으면 높을수록 유리할 수밖에 없다**는 의미지. 총점이 높아지니까. 따라서 대학의 입학사정관 전형에서 학생부의 교과 영역 서류 제출을 요구한다면 '내신'이 높을수록 1차에서 합격할 확률이 높아진다는 의미로 받아들여야 해. 고등학교 3학년 1학기 기말고사까지 최선을 다해서 내신 성적을 향상시켜야 하는 이유가 바로 여기에 있는 것이지.

예를 들어서 이야기해볼게. 만약에, 다음과 같이 A와 B 학생 중 딱 한 명만 선발해야 한다고 해보자. 두 학생 모두 입학사정관 전형으로 문예창작과에 지원했어. 내신과 비교과 영역 활동 내역 두 가지를 종합적으로 고려해서 학생을 뽑아야 할 때, 너는 누구를 선택할 것 같아?

문예창작과	A 학생	B 학생
내신 등급	1.9	3.6
비교과 영역 활동 내역	• 부산 지역 거주 • 요산 김정한 문학관 봉사활동 52시간 • 교내 학습 신문 공모전 최우수상 수상 • 교내 신문반 편집부 기자 활동 2년	• 서울 지역 거주 • 교내 환경 보호 글짓기 대회 최우수상 수상 • 교내 인문 사회 아카데미 활동 2년 • 통일부 주최 전국 글짓기 대회 우수상 수상

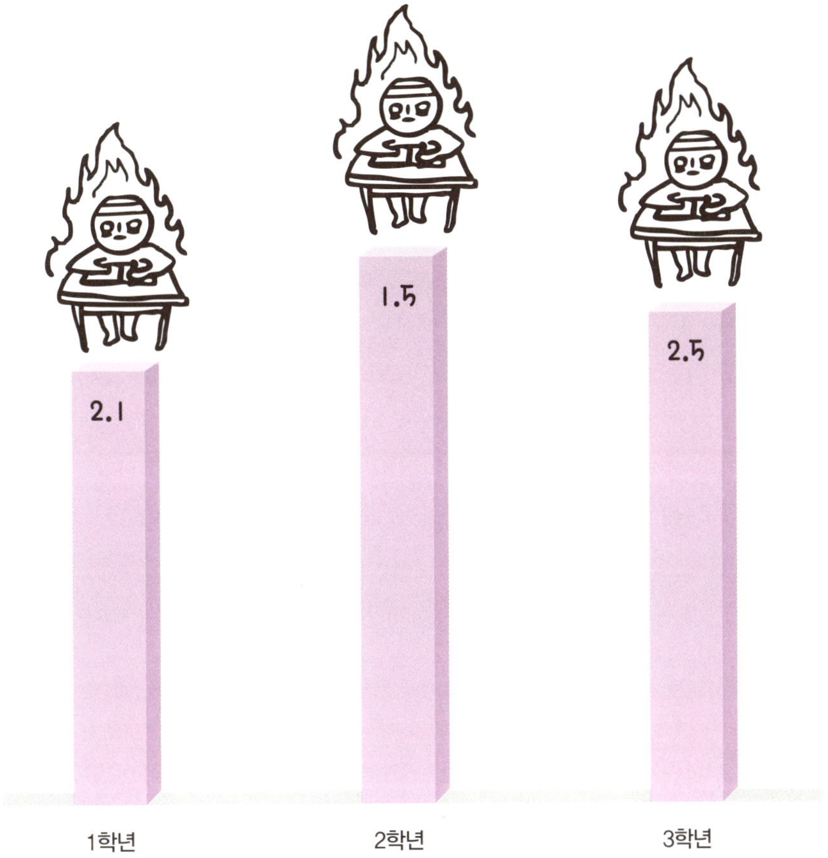

2.1

1.5

2.5

1학년

2학년

3학년

Excellent!

문예창작과라는 학과의 특성을 고려했을 때 이 두 학생의 비교과 영역 활동 내역들이 누가 더 낫고 누가 더 못하다는 식으로 순위를 매기거나 점수화시킬 수가 없어. 두 학생의 자기소개서를 읽어보기 전까지는 **누구의 비교과 영역을 좀 더 좋게 평가하기가 어려운 상황**이지. 따라서 이 때는 내신이 결정적인 요인이 돼. B 학생이 자기소개서를 통해서 충분히 자신의 강점과 역량, 꿈과 비전 등을 강력하게 어필하지 못한다면 서류에서 A 학생이 **합격할 확률**이 높을 수밖에 없겠지. 왜냐하면 학생이 제출한 서류를 '종합적'으로 평가하는 것이 입학사정관제거든. 그리고 무엇보다도 내신을 통해서 학생의 기본적인 학업 수행 능력을 가늠할 수 있기 때문에 성적이 높을수록 긍정적인 평가를 받을 수 있는 것이지.

[Pitamin Project]를 할 때도 마찬가지였어. 우리는 수도권 대학 지원 학생들만 가르쳤기 때문에 동일한 대학의 동일한 학과, 동일한 전형에 지원하는 학생들을 많이 관찰할 수 있었어. 그랬기 때문에 그들의 합격과 불합격의 요인을 수월하게 파악할 수 있었지. 결과적으로 내신이 높아서 합격하는 케이스가 많았어. 특히 내신이 1.× 정도 되는 학생들은 거의 모든 대학의 1차는 통과했고.

정리하자면, 입학사정관제는 **내신이 높을수록 유리하다는 것**. 그리고 내신 성적이 낮더라도 마지막 고등학교 3학년 1학기에서 **성적이 향상된 모습을 보여주면 긍정적인 평가**를 받을 수 있다는 것. 따라서 최대한 합격 확률을 높이기 위해서 고등학교 3학년 1학기 기말고사까지 최선을 다해서 내신을 향상시키도록 하자.

그런데, 이미1학기가 끝났다고요···

    고등학교 3학년 1학기 기말고사가 끝났기 때문에 내신 성적을 향상시킬 수 있는 기회가 없다하더라도 낙담하긴 아직 일러. 학생부를 비롯한 서류가 종합적으로 평가된다는 말 기억하지? 이 말은 학생부 교과 영역 외의 다른 서류들의 평가가 좋으면 1차 서류에서 합격할 수 있는 가능성이 높아진다는 것을 의미해. 대표적인 것이 비교과 영역과 자기소개서야. 학생부 비교과 영역은 흔히 스펙이라고 하는데 다음 장에서 스펙은 무엇이며, 합격률을 높이기 위해서는 무엇을 어떻게 준비해야 하는지 알아보도록 할게.

04 학생부 비교과 영역 : 스펙

　　스펙(Specification)이란 일반적으로 학생부 비교과 영역에 기술되어 있는 활동
내역을 지칭해. 특히나 수상 경력, 자격증 및 인증 취득상황, 창의적 재량활동상황,
특별활동상황, 교외체험학습상황에 기록되어 있는 과거의 활동 내역들을 스펙이
라고 하지. 스펙이 필요한 이유가 뭐라고 생각해?

　　"합격률을 높이기 위해서요!"

　　그래 맞아. 그런데 말야, 스펙에 대해서 많은 친구들이 오해하고 있는 부분이 있
어. 스펙이 많을수록, 화려할수록 합격하기 쉽다는 맹신. 그러다보니
입학사정관 전형 지원 시기가 다가오면 온라인 수능 커뮤니티는 자신의 스펙을 검
증(?)하고자 하는 고3 학생들의 글들로 가득차. 글을 올리는 대다수의 학생들은
1학년 때부터 3학년 때까지 자신의 모든 스펙들을 나열한 다음에,

"이 정도 스펙이면 XX대학교 OO학과에 합격할 수 있을까요?"

　　라는 마지막 멘트로 글을 마무리하지. 그리고 시도때도 없이 커뮤니티를 들락날
락 거리면서 누군가가 '그 정도면 합격할 수 있습니다'라는 댓글을 달아주길 노심
초사하며 기다리고 또 기다려. 누군가가 '합격 가능성'을 점쳐주면 마음을 놓았다
가 또 다른 누군가가 자신이 아는 사람은 그보다 더 좋은 스펙으로도 떨어졌다는
댓글을 남기면 좌절하고 우울해하지.

　　부탁할게. 제발 그러지 좀 말자!
　　그 이유, 첫 번째. 댓글을 달아주는 사람은 입학사정관이 아니고 너희들과 마찬
가지의 학생들, 가깝게는 네 친구일 가능성이 크기 때문이야. 이들이 틀렸다는 게
아니야. 댓글을 달아주는 사람들은 자신이 경험하고 보고 들은 것의 범위 내에서

만 답변을 해줄 수 있어. '내가 아는 사람은 그보다 더 좋은 스펙임에도 불구하고 떨어졌다'라는 답변만 보고 내 스펙은 그것보다 좋지 않으니까 떨어지겠구나 하는 성급한 결론을 내리지 말자. 서류는 종합적으로 평가된다고 했지? 스펙이 좋아도 다른 서류가 좋은 평가를 받지 못해서 떨어졌을 수도 있잖아, 안 그래?

두 번째. 스펙 그 자체만으로 1차 서류 평가의 당락이 좌우되지 않기 때문이야. 내신은 누가 더 좋고 나쁜지를 판별할 수 있어. 객관적인 수치로 나타낼 수 있기 때문이야. 이것을 우리는 어려운 말로 '정량적인 평가'라고 해. 반면에 스펙은 그 자체로써 내신처럼 1등부터 100등까지 등수를 매겨서 평가할 수 있는 성질의 것이 아니야. 등수를 정할 수 없기 때문에 스펙의 커트라인이라는 것도 존재할 수 없어. 등수와 커트라인 즉, 무엇이 더 좋고 더 나쁘다를 평가하기 위해서는 내신 성적의 '점수'처럼 객관적인 기준이 있어야 하거든. 그런데 스펙은? 수치화시킬 수가 없지. 그렇기 때문에 스펙만으로 합격의 가능성을 점치는 일은 무의미해.

그러니까 스펙이 부족한 거 아닌가, 초라한 거 아닌가 하면서 쫄지 말것. 같이 지원한 친구의 스펙이 너보다 화려하고 더 좋다고 해서 너는 반드시 떨어지고 그 친구는 반드시 붙는다고 할 수 없으니까. 스펙만으로 1차 서류의 합격과 불합격이 결정되는 것이 아니니까 말야.

스펙이 많다 혹은 화려하다 ⟶ 1차 합격률↑

1차 서류 심사의 당락을 좌지우지하지 않는다면, 스펙은 대체 왜 필요한 걸까? 스펙이 필요한 이유는 네가 알고있다시피 '합격률'을 높이기 위해서야. 그리고 그 합격률이라함은 1차 서류 심사와 2차 인성면접의 합격률을 의미하지. 쉽게 말하자면, 자기소개서와 인성면접에서 써먹으려고 스펙이 필요한 거야. 특히나 인성면접은 1차 심사에서 제출한 자기소개서 내용의 진위 여부를 판별하기 위해서 진행한다는 점을 비추어 봤을 때 결과적으로는 자기소개서에서 써먹으려고 스펙이 필요하다라고 정리해볼 수 있겠지.

그렇다면, 스펙을 자기소개서에서 어떻게 써먹으면 될까? 학생부에 기재되어 있는 모든 스펙들을 자기소개서에 모조리 다 쏟아부으면 될까? 화려한 스펙들을 자기소개서에 최대한 많이 쏟아낼수록 1차 서류 심사에서 합격할 확률이 높아지는 걸까?

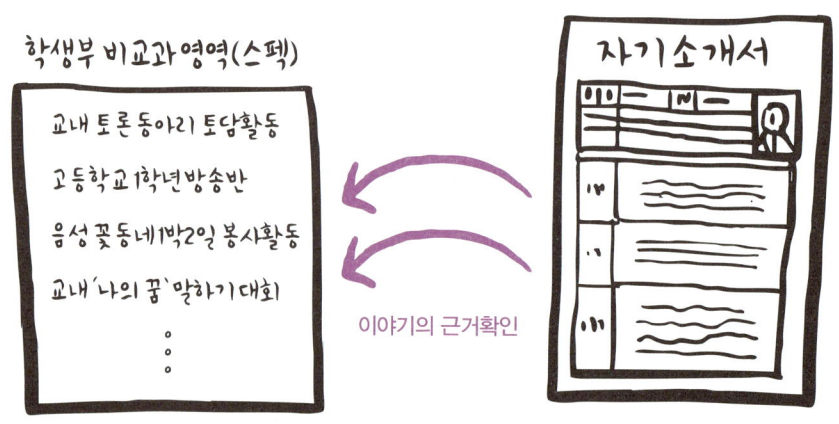

학생부 비교과영역(스펙)

교내 토론 동아리 토담활동
고등학교 1학년 방송반
음성 꽃동네 1박2일 봉사활동
교내 '나의 꿈' 말하기 대회
⋮

자기소개서

이야기의 근거확인

아니야! 아니야!! 아니라고!!!

왜냐하면 자기소개서의 궁극적인 목적은,

'저 내신은 별로여도 상당히 괜찮은 학생이에요.'
'저는 글로벌한 인재예요.'
'저는 미래 대한민국 IT 산업을 이끄는 리더가 될 거랍니다.'
'저는 당신이 찾고 있는 그런 인재예요.'

같은 너의 주장을 입학사정관에게 어필해서 입학사정관을 설득하는 것, 입학사정관이 너에게 면접을 볼 수 있는 기회를 주도록 하는 것이기 때문이야.

자기소개서의 목적은 설득.

자기소개서를 통해서 입학사정관을 설득하기 위해서는, 너의 주장에 대한 근거로써 이야기(Story)를 풀어나가야해. 그런데 365일 일상이 학교와 집 외에는 정말 아무것도 없다면 그만큼 이야기를 풀어나가기가 어렵겠지. 반면에 학교와 집 외에 봉사활동과 동아리 등 비교과 교외 활동을 했다면 그만큼 네가 할 수 있는 이야기가 많아져. 즉, 스펙이 있으면 네가 할 수 있는 '이야기'가 많아지는 것이지. 여기서 주목해야 할 것은 스펙이 많고 화려하다고 해서 반드시 할 이야기가 많아지는 것은 아니라는 점이야. 아무 생각없이, 억지로, 누군가가 시켜서, 학생부에 기록될 한 줄을 위해서 하게 된 활동들이라면, 그렇게 해서 만든 스펙이라면 그것이 아무리 화려할지라도 할 이야기는 없을 수밖에. 반대로 스펙이 화려하지 않더라도, 스펙이 적더라도 남들과는 다른 너라는 사람을 오롯이 보여주는 솔직담백한 이야기가 있다면, 자기소개서의 설득력은 상당히 높아지겠지. 자기소개서의 설득력이 높으면? 1차 서류심사에 합격할 가능성도 동시에 높아지게 돼.

"지난해 면접에서는 고등학교 시절 몰입한 것이 무엇이고 어떤 과정을 거쳐 무슨 성과를 냈는지를 주로 평가했다. 한 학생은 치킨가게를 운영하는 어머니가 쉽게 케첩을 채울 수 있도록 새로운 형식의 케첩통을 직접 개발한 스토리를 말해 좋은 평가를 받았다"

– 박정선 입학사정관협회장(2011.03.18. 매일경제)

"스펙보다는 스토리를 본다. 많은 학생과 학부모들이 벼락치기로 준비한 별 관심도 없는 대회에 출전해 입상한다. 입학사정관들의 눈에 들기 위한 스펙용이라고 본다. 하지만 학부모나 학원이 만들어준 그런 입상 경력은 심층면접 한 번이면 금방 티가 난다."

– 경희대학교 임진택 입학사정관(2009. 11. 08. 매일경제)

"입학사정관 전형에서는 학교 생활을 충실히 이수한 학생이 자기주도적으로 '고민'하는 과정에서 자연스럽게 나타나는 '활동의 개연성과 스토리'를 높이 평가하며, 화려한 '스펙'은 없지만 이 같은 학교 생활을 한 수험생들이 입학사정관 전형을 통해 합격하는 경우가 늘어나고 있다."

– 교육과학기술부 장관 이주호(2011. 08. 19. 헤럴드경제)

"대학은 입학사정관제 전형을 통해 학교 교육에 대한 신뢰를 바탕으로 성장한 학생을 선발하고자 하기 때문에 무분별한 '스펙쌓기'는 지원자 평가에 아무런 도움이 되지 않습니다."

– 2012학년도 서울대학교 입학사정관제 안내 브로셔

"성균관대 입학사정관제에는 '스토리'가 있다. 같은 스펙이라도 그 배경을 읽어내려고 힘쓴다. 점수가 말해주지 않는 것, 그 '사람'을 알 수 있는 스토리에 집중해 학생들을 뽑는다."

– 2011. 07. 01 한국대학신문

따라서 지금 당장 새롭게 좀 더 화려한 스펙을 쌓으려고 애쓰지 말자. 스펙을 쌓으려고 수능 공부 접고 내신 관리를 소홀히 하는 어리석은 실수는 범하지 말자. 그 대신, 너만의 진솔한 이야기(Story)를 찾도록 하자.

스펙 < 이야기(Story)

　　이야기를 찾는 일은 새롭게 스펙을 쌓는 것보다 시간과 노력, 비용이 훨씬 적게 들면서 1차 서류 심사를 가장 효과적으로 준비하는 방법이기도 해.

'그런데 저는 딱히 재밌거나 감동적인 이야기를 할 만한 게 없어요'

　　자기소개서에서 필요한 스토리는 눈물 없이는 볼 수 없는 감동적인 드라마를 지칭하는 게 아니야. 살아오면서 겪었던 평범하고 소소한 경험들을 말하는 것이지. 표면적으로는 학교 - 집 - 학교 - 집을 반복했을지라도 알게 모르게 보고 듣고 경험했던 것들이 있기 때문에 누구나 다 스토리가 있는 자기소개서를 쓸 수 있어. 단지 무엇이 스토리이며 그것을 어떻게 찾아야 하는지를 잘 모르는 것 뿐이야. 그래서 이 책의 2장인 자기소개서 파트에서는 스토리를 쉽고 빠르게 찾을 수 있는 방법을 알아보도록 할게. '스펙'에 대한 이야기를 마무리하면서 여기서 논의했던 핵심 사항만 간단히 정리해볼까.

　　1차 서류 심사의 합격률을 높이기 위해서
　　양질의 스펙을 쌓으려고 하기보다
　　너라는 사람을 알 수 있는
　　이야기를 찾도록 하자.

05 매력적인 자기소개서를 쓰자

자기소개서란 '나는 어떤 사람입니다'를 주장하는, 설득을 목적으로 하는 글이야. 서류의 꽃이라고 할 수 있지. 왜냐하면 결국엔 학생부 비교과 영역과 포트폴리오, 각종 증명서류들은 자기소개서를 통해서 네가 주장하는 '나는 어떤 사람입니다'에 대한 객관적인 증거 자료들이기 때문이지. 자기소개서가 '주장'이라면 나머지 서류들은 주장에 대한 '근거'가 되는 거야. 말하자면 자기소개서는 주연이고 나머지 서류들은 조연이라고 할 수 있어. 이것을 그림으로 나타내 보면 다음과 같아.

자기소개서란 네가 어떤 사람인지 분명하게 주장하는 글이야. 그래서 독자인 입학사정관이 네 자기소개서를 읽으면 바로 너란 사람이 어떤 사람인지 머릿속에 이미지를 그릴 수 있도록 해야 해. 특히나 입학사정관의 눈 앞에서 아른거리는 매력적인 자기소개서를 쓰려면 스토리는 필수. 그래서 지금부터는 주장에 대한 근거로써 스토리가 있는 자기소개서를 매력적인 자기소개서라고 지칭하도록 할게.

스토리가 있는 자기소개서 = 매력적인 자기소개서

　그런데 '매력적인 자기소개서'가 구체적으로 어떠한 자기소개서를 의미하는지 확실하게 감이 안 올 거야. '스토리'라는 것도 익히 들어왔지만 무엇을 스토리라고 해야 하는지 애매하지. 똑같이 자기소개서를 쓰더라도 어떤 친구의 자기소개서에는 스토리가 있고 또 어떤 친구의 자기소개서에는 스토리가 전혀 없기도 하지. 똑같이 1000자를 빽빽하게 채워 넣었는데도 말야.

　'글'이 스토리가 되려면 충족시켜야 하는 조건이 있어. 바로 **인물, 사건, 배경**이야. 오호, 많이 들어봤던 거다. 그치? 언어영역이나 국어 시간에 배웠던 거야. 인물과 사건, 배경이 있어야만 스토리가 완성된다는 거. 스토리가 있는 자기소개서는 바로 이와같이 인물, 사건, 배경을 기준으로 구체적인 사건이나 에피소드를 기술했다는 점에서 독자의 마음을 사로잡는 매력적인 자기소개서가 돼.

　실제 자기소개서를 통해서 확인해보도록 하자. 다음 장에는 [Pitamin Project]에 참가했던 학생의 자기소개서 두 편이 수록되어 있어. 각각의 자기소개서에 **인물, 사건, 배경을 중심으로 스토리가 기술되어 있는 매력적인 자기소개서는 무엇인지** 생각하면서 차분하게 읽어보도록 하자. 참고로 두 학생이 자기소개서를 통해 제시한 스펙에는 형광펜으로 미리 표시를 해놓았어.

저는 국제 사회와 정치외교 분야에 관심이 많습니다. 그래서 저는 외교와 관련된 G20포럼, 모의유엔에 직접 참여하여 담당한 국가 입장을 대표하면서 학교에서 경험하지 못한 범세계적인 시각과 인종과 민족을 초월한, 성숙한 세계인으로서 깨어있는 의식과 역할, 노력이 중요하다는 것을 깨닫게 되었습니다. 인류 모두가 평화롭게 공영, 공존하는 지구공동사회를 추구하는 ○○대의 이념과 인류 모두가 함께 행복을 누리기 위해 협력하여 노력해야 한다는 제 가치관이 일치하여 제가 ○○대에 지원하게 되었습니다. 최근 평창 동계올림픽 유치와 G20 정상회담, FTA 등 국가 간에 이해관계가 상충되는 상황에서 컨벤션 기획자 역할의 중요성을 알게 되었고, 회의 환경을 직접 기획하는 일을 전문적으로 배우고 싶어 컨벤션 경영학과에 지원하게 되었습니다. 저는 ○○대에 입학하여 컨벤션 경영의 이론과 기술, 컨벤션 유치와 이벤트와 전시 운영 실무를 익히고 싶습니다. 현재 제 영어실력은 원어민 수준이지만 중국어와 스페인어 등 외국어 공부를 더해서 컨벤션경영 전문가로서의 언어구사 능력과 자질을 갖추고자 노력할 것입니다. 수준 높은 정신을 키우는 문화적 소양이 중요하다고 생각합니다. 외국 관광객들이 63빌딩보다는 북촌 한옥마을에 감동하듯이 외교나 관광, 비즈니스 산업 전반에 걸쳐 우리 전통문화를 현대적인 시각으로 접목시킬 수 있는 전문인이 되고 싶습니다. 그 이유는 2010년, 2011년 연등행렬과 템플스테이와 외국인 연등 만들기 대회, 연등축제에서 외국인 안내자원봉사를 하며 외국인들이 체험을 통한 문화활동을 가장 좋아한다는 것을 알게 되었기 때문입니다. 2011년 1월 ○○대 △△캠퍼스에서 'Global Classroom' 스텝으로 참가하여 회의진행을 배웠습니다. 현재 'Global Classroom'이 국제학부에서만 운영되고 있지만 입학 후 국제학부와 컨벤션경영학과 선배들, 동료들과 'Global Classroom' 모의유엔을 함께 기획하고 진행해보고 싶은 목표도 있습니다.

지원동기와 지원한 분야를 위해 어떤 노력과 준비를 해왔는지 교내외 활동 중 본인에게 가장 의미 있다고 생각되는 활동을 기술하세요.

아버지와 삼촌의 영향을 받아 어릴 적부터 토목에 관심이 많았습니다. 할머니 댁에 내려가면서 아버지는 도로를 보시고 "여기는 아빠가 고친 도로야. 예쁘게 잘 고쳤지 아들!" 이런 말씀을 하시고는 했습니다. 그래서 제게는 토목이 낯설지 않고 늘 친숙하게 다가왔습니다.

고교 진학 후 좀 더 공부를 열심히 해야겠다는 생각을 했습니다. 그러나 토목에 대한 관심과 토목전문가로서의 꿈만 가지고 있었지 인문계 학교에서 토목을 알아간다는 것은 쉬운 일이 아니었습니다. 그래서 기초공부는 열심히 하되 토목을 알기 위해서는 봉사활동과 견학을 통해 직접적으로 체험을 해야겠다고 생각했습니다. 토목에 관련된 봉사활동을 찾는 것은 생각만큼 쉬운 일이 아니었습니다. 봉사활동 관련 사이트를 다 찾아봤지만 복지관이나 양로원에 관한 봉사만 있을 뿐 토목 쪽으로는 찾을 수가 없었습니다. 고민하다가 부평구청 도시계획과에 직접 찾아가 토목 관련 봉사를 어렵게 문의하여 하수관 계획, 도시 도로 계획에 보조업무, 주차장 부지결정, 도로변경결정을 위한 현지조사 등의 봉사를 하게 되었습니다.

처음에는 잘 몰라서 실수도 많이 했지만 점점 실수도 줄어들었습니다. 도로 관련 봉사를 하던 중 인천에 송도매립공사, 지하철 7호선 연장공사, 송도 하수종말 처리장 공사를 한다는 것을 알게 되었습니다. 쉽게 접할 수 없는 대규모의 토목 현장을 직접 체험하고 느끼고 싶었습니다. 도시계획 팀장님께 부탁을 드렸지민 안 된다고 하셨습니다. 그러나 저는 포기하지 않고 시간보다 더 일찍 와서 늦게까지 시키지 않는 일도 정말 열심히 했습니다. 두 번 다시 만나기 힘든 기회를 놓치고 싶지 않았기 때문입니다. 열심히 봉사하는 모습이 마음에 드셨는지 마침내 체험과 봉사를 할 수 있도록 허락해주셨습니다. 봉사를 하면서 저는 토목이 도로 뿐만 아니라 지하철, 간척사업 등 큰 공사들도 있다는 것을 알게 되었고 토목 전문가들과 만나 공사에 대해 자세히 설명도 들을 수 있었습니다. 이를 통해 토목이 무엇인지를 눈과 귀 그리고 몸을 통해 크게 느낄 수 있었습니다.

스토리가 있는
매력적인 자기소개서는?

어때? 너라면 누구의 자기소개서를 더 좋게 평가할 것 같아? 누구의 자기소개서가 더 매력적으로 느껴지니?

일단 자기소개서에 표시된 스펙만 보면 단연코 첫 번째 학생이 우수하다고 할 수 있어. 이 학생의 스펙은 'G20포럼, 모의유엔, 외국인 안내 자원봉사 활동, Global Classroom'으로 상당히 화려한 편이지. 아마 상당수의 학생들이 첫 번째 학생의 스펙을 보고 마음속 깊은 곳에 감춰두었던 쭈구리 근성이 꿈틀대는 것을 느꼈을 거야. 반면에 두 번째 학생의 경우 자기소개서에 드러난 스펙 자체는 '부평구청 도시계획과 봉사활동'이거 딱 하나야. 딱 하나. 그리고 사실 구청 봉사활동은 엄청나게 화려한 스펙이라고 볼 수 없어. 관공서 봉사활동은 누구나 다 할 수 있는 평범한 활동이니까.

그런데, 스펙과 별개로 스토리가 있는 매력적인 자기소개서는 두 번째 학생의 자기소개서야. 실제로 두 번째 자기소개서를 쓴 학생은 아주대학교 건설환경공학부에 최종 합격했는데 이 학생이 지원했던 다른 대학의 – 단국대, 세종대, 인천대 – 1차 서류 심사도 모두 통과했어. 이 학생의 내신은 3.2였고 구청 봉사활동 이외에 내세울만한 스펙은 그리 많지 않았어(학급 반장 및 교내 동아리 부장 활동, 해비타트 봉사활동, 우수 봉사활동 인천시 교육감상 수상, 고등학생 리더십 훈련 프로그램 수료 등). 그럼에도 불구하고 1차 서류를 모두 통과했다는 사실은 이 학생의 자기소개서가 매우 좋은 평가를 받았다는 것을 의미해.

두 번째 학생의 자기소개서가 매력적인 자기소개서가 될 수 있는 이유는 스토리가 있기 때문이야. 즉, 인물과 사건, 배경을 제시하여 구체적이고 생생하게 자신의 경험담을 이야기했고, 그 이야기가 결국 '저는 토목에 관심이 많아서 건설환경공학부에 지원하게 되었습니다'라는 주장에 대한 탄탄한 근거가 된 것이지.

지원동기와 지원한 분야를 위해 어떤 노력과 준비를 해왔는지 교내외 활동 중 본인에게 가장 의미 있다고 생각되는 활동을 기술하세요.

아버지와 삼촌의 영향을 받아 어릴 적부터 토목에 관심이 많았습니다. 할머니댁에 내려가면서 아버지는 도로를 보시고 "여기는 아빠가 고친 도로야, 예쁘게 잘 고쳤지 않니!" 이런 말씀을 하시고는 했습니다. 그래서 제게는 토목이 낯설지 않고 늘 친숙하게 다가왔습니다.

고교 진학 후 좀 더 공부를 열심히 해야겠다는 생각을 했습니다. 그러나 토목에 대한 관심과 토목전문가로서의 꿈만 가지고 있었지 인문계 학교에서 토목을 알아간다는 것은 쉬운 일이 아니었습니다. 그래서 기초공부는 열심히 하되 토목을 알기 위해서는 봉사활동과 견학을 통해 직접적으로 체험을 해야겠다고 생각했습니다. 토목에 관련된 봉사활동을 찾는 것은 생각만큼 쉬운 일이 아니었습니다. 봉사활동 관련 사이트를 다 찾아봤지만 복지관이나 양로원에 관한 봉사만 있을 뿐 토목 쪽으로는 찾을 수가 없었습니다. 고민하다가 **부평구청 도시계획과에 직접 찾아가 토목 관련 봉사**를 어렵게 문의하여 하수관 계획, 도시 도로 계획에 보조업무, 주차장 부지결정, 도로변경결정을 위한 현지조사 등의 봉사를 하게 되었습니다.

처음에는 잘 몰라서 실수도 많이 했지만 점점 실수도 줄어들었습니다. 도로 관련 봉사를 하던 중 인천에 송도매립공사, 지하철 7호선 연장공사, 송도 하수종말처리장 공사를 한다는 것을 알게 되었습니다. 쉽게 접할 수 없는 대규모의 토목 현장을 직접 체험하고 느끼고 싶었습니다. 도시계획 팀장님께 부탁을 드렸지만 안 된다고 하셨습니다. 그러나 저는 포기하지 않고 시간보다 더 일찍 와서 늦게까지 시키지 않는 일도 정말 열심히 했습니다. 두 번 다시 만나기 힘든 기회를 놓치고 싶지 않았기 때문입니다. 열심히 봉사하는 모습이 마음에 드셨는지 마침내 체험과 봉사를 할 수 있도록 허락해주셨습니다. 봉사를 하면서 저는 토목이 노로뿐만 아니라 지하철, 간척사업 등 큰 공사들도 있다는 것을 알게 되었고 토목 전문가들과 만나 공사에 대해 자세히 설명도 들을 수 있었습니다. 이를 통해 토목이 무엇인지를 눈과 귀 그리고 몸을 통해 크게 느낄 수 있었습니다.

인물:
본인, 도시계획 팀장님,
공사 현장의 토목 전문가

사건:
송도매립공사 등 대규모
토목 현장에서의 체험 활동
하기 위한 노력

배경:
부평구청 도시계획과,
각종 토목 공사현장

스토리

↓

매력적인 자기소개서

반면에 첫 번째 자기소개서는 매력적인 자기소개서라고 보기 어려워. 스토리가 없기 때문이야. 컨벤션 경영학과에 대한 지원 동기로써 주장도 분명하고 정중하고 예의바른 언어를 사용했다는 점은 높이 평가할 만해. 그러나 주장에 대한 근거로 설득력있는 스토리를 제시하지 않았어. 예를 들어서 다음의 문장을 보자.

'최근 평창 동계올림픽 유치와 G20 정상회담, FTA 등 국가 간에 이해관계가 상충되는 상황에서 컨벤션 기획자 역할의 중요성을 알게 되었고 회의 환경을 직접 기획하는 일을 전문적으로 배우고 싶어 컨벤션 경영학과에 지원하게 되었습니다.'

컨벤션 경영학과에 지원하게 된 근거로써 제시한 'G20 정상회담, FTA 등 국가 간에 이해관계가 상충되는 상황'은 이 학생이 직접 경험하고 겪은 '스토리'가 아니야. 형식적으로 따져봐도 이 문장에는 인물과 사건, 배경이 어디에도 존재하지 않아. 다른 부분도 마찬가지야.

'그 이유는 2010년, 2011년 연등행렬과 템플스테이와 외국인 연등만들기 대회, 연등축제에서 외국인 안내자원봉사를 하며 외국인들이 체험을 통한 문화활동을 가장 좋아한다는 것을 알게 되었기 때문입니다. 2011년 1월 ○○대 △△캠퍼스에서 'Global Classroom' 스텝으로 참가하여 회의진행을 배웠습니다.'

이 부분, 단순한 스펙 나열식의 대표적인 예를 보여주고 있어. 여기에도 인물과 사건, 배경은 없어. 즉, 스토리가 없기 때문에 읽는 사람의 마음이 움직이지도 않고, 설득력이 낮을 수밖에 없어. 물론 1차 심사 결과도 좋지 못했어. 스펙이 훌륭한데도 불구하고 1차 서류 심사를 통과하지 못했거든.

실제 사례를 통해서 우리가 알 수 있는 사실은 다음과 같아.

① 매력적인 자기소개서 → 1차 합격률 상승

② 화려한 스펙 → 매력적인 자기소개서

③ 솔직담백한 스토리 → 매력적인 자기소개서

매력적인 자기소개서가 1차 서류 심사의 합격률을 높여주는 이유는 간단해. 자기소개서를 심사하는 입학사정관도 너희와 같은 '마음'을 가지고 있는 사람이거든. 매력적인 자기소개서를 제출한, 마음이 끌리는, 호감이 가는 학생에게 한 번이라도 더 기회를 주고 싶은 것이 사람의 마음이거든. 그리고 사실 그러한 평가 방식을 도입하려고 하는 것이 입학사정관제이기도 하고.

또한 스펙이 화려하다고 해서 반드시 매력적인 자기소개서가 되는 것은 아니라는 점에 주목하도록 하자. 앞의 예에서도 살펴 보았지만 객관적인 스펙이 아무리 좋을 지라도 그것이 자기소개서를 통해서 독자의 마음을 충분히 사로잡지 못한다면, 1차 심사결과는 그야말로 모 아니면 도. 내신이 월등하게 높아서 운 좋게 붙거나 내신이 중간 정도이거나 하위권이라면 광탈(미친듯한 탈락) 자진 예약이지.

이제 무엇이 매력적인 자기소개서이고, 매력적인 자기소개서를 쓰려면 스토리가 있어야 하며, 스토리란 구체적으로 무엇을 의미하는지 알았어. 그렇다면, 자기소개서를 직접 써봐야겠지? 배웠으면 써먹어야 내 것이 되는 거니까.

그런데……

스토리가 있는 매력적인 자기소개서 쓰기? 말이 쉽지. 자기소개서를 쓰는 것 자체도 너무 어려워. 우리도 인정해. 하얀 모니터 화면에 깜빡거리는 커서를 보며 수차례 머리를 쥐어 뜯어야 했던 경험, 우리도 있거든. 과거 고등학교 때 수시 원서를 쓸 때와 대학에 와서 인턴십 원서를 접수할 때. 정말 미치지. 겪어보지 않은 사람은 몰라.

그래서 우리는 이 책의 2장에서 매력적인 자기소개서 작성 방법을 소개할 거야. 대다수의 학생들이 평소에 글쓰기 활동을 많이 해보지 않았다는 점을 고려해서 합격자의 자기소개서를 나열해놓고 이 표현은 이래서 좋다 저래서 좋다는 식의 분석은 최소한으로 할 거야. 왜냐하면 완성된 자기소개서를 분석하는 일과 머릿속에 있는 생각을 정돈된 문장과 문단으로 표현하는 것은 전혀 다른 차원의 일이기 때문이야. 말하자면 남이 작성하고 분석해 놓은 자기소개서를 열심히 따라 읽는다고 해서 자기소개서를 잘 쓸 수 있느냐? 아니란 말이지. 따라서 2장에서는 자기소개서를 직접 작성해야 하는 '글쓴이'의 관점에서 매력적인 자기소개서를 쓰는 방법을 단계별로 차근차근히 알아보도록 할 거야. 네가 해야 할일은 지금까지 그래왔듯이 그저 열심히 읽기만 하면 돼. 끝!

06 입학사정관제 면접 합격 제 1원칙

우리는 입학사정관 전형의 1차 평가인 서류의 구성 항목으로는 학생부와 자기소개서, 포트폴리오, 추천서, 기타 증빙 서류가 있고, 각각의 서류 항목들을 수험생의 입장에서 어떻게 준비해야 하는지를 알아보았어.

지금부터는 입학사정관 전형의 2차 평가라고 할 수 있는 면접의 종류와 그 준비 방법을 알아보도록 할게. 면접도 서류와 마찬가지로 대학별로 그 명칭만 조금씩 다를 뿐이지 결국에는 면접 진행 방식에 따라 크게 세 가지로 구분이 돼.

1. 인성면접 : 서류 제출 내용의 확인, 전공 관련 지식이나 생각을 평가
2. 토론(토의) 면접 : 학생들간의 토론(토의) 과정을 평가
3. 발표면접 : 학생 한 사람이 다수의 면접관을 상대로 하는 발표를 평가

이 세 가지를 통틀어서 일반적으로 '심층면접'이라고 부르기도 해. 먼저 인성면접은 일대다로 진행하는 경우가 많은데, 학생이 서류로 제출한 내용들을 확인하려는 목적에서 이뤄져. 때에 따라서 면접관이 학생에게 전공 관련 지식이나 생각을 묻는 경우도 있기 때문에 기존 수시 모집 전형의 '구술고사'와 비슷하다고 봐도 무방해.

두 번째로 토론면접은 다대다로 진행되는데, 토론 주제가 주어지면 그에 대해서 학생들끼리 찬성과 반대에 대한 의견을 나누게 돼. 학생들이 펼치는 의견의 타당성과 토론 참가자들 서로 간의 의사소통 과정을 평가하지. 토의면접은 토론과 달리 찬반 의견을 제시하기보다, 참가자들의 적절한 의견 합의점을 도출하는 데 목적을 두고 있고.

마지막으로 발표면접은 일대다로 진행되고 학생이 주어진 시간동안 생각을 정리해서 '발표'를 하면 그에 대해서 면접관이 추가적인 질문을 할 수도 있고 학생과 면접관이 토론을 하기도 해. 토론(토의)면접과 마찬가지로 학생과 면접관 간의 의사소통 과정에서 평가가 이루어지지.

이 세 가지 유형의 면접 모두, 수험생의 입장에서는 걱정스러울 거야. 수능 시험이나 내신처럼 이전에 해본 경험이 없으니까. 그리고 수능 시험 문제는 적어도 문제 풀이를 생각할 수 있는 시간이 있고, 논술은 틀리게 써도 다시 지우고 고쳐쓸 수가 있어. 그런데 면접은? 한번 잘못 내뱉은 말은 다시 주워 담을 수가 없어. 즉각적으로 답변을 해야 하는 경우가 많으니까. 게다가 답변에 따라 면접관의 반응이 달라지는데 그 반응이라는 것을 도무지 예측할 수가 없어. 그렇기 때문에 막연한 두려움, 심하게는 공포를 느끼기도 하지.

그렇다면, 면접을 어떻게 준비해야 할까? 면접 예상 문제집을 사서 모범 답안을 분석해볼까? 면접 빈출 질문들을 뽑아서 예상 답변을 외워야 할까? 기출문제를 구해서 모범 답안을 암기해야 할까? 입학사정관제 면접, 대체 어떻게 준비해야 할까?

입학사정관제 면접준비 방법?

1. 모범답안 분석 글 열심히 읽기

2. 면접 빈출 질문의 예상 답변 암기하기

3. 기출문제 모범 답안 암기하기

이번에도 부탁 하나만 할게.
제발, 열심히 읽기만 하지 말자! 답안 암기만 하지 말자!

그 이유, 첫 번째. '모범 답안 분석 글 읽기' 자체는 좋은 면접준비 방법이야. 답변을 할 때의 내용 구조도 살펴볼 수 있고 논리도 익힐 수 있거든. 그런데 문제는 '읽기'만 하는 것, 이게 문제가 돼. 남이 열심히 분석해놓은 글을 밑줄 긋고 형광펜으로 별 표시 해가며 밤새 읽는다고 내가 면접을 할 때 똑똑한 답변을 할 수 있느냐? 아니란 말이지. 읽기만 한다고 해서 면접 실력이 향상되지 않아.

두 번째. 면접문제의 기출문제나 예상 문제에 대한 답안을 암기하는 행위는 수능 기출문제와 수능 예상 문제집의 정답을 외우는 것과 마찬가지의 어리석은 행동이야. 답을 암기한다고 해서 새로운 문제를 잘 풀 수 있느냐, 천만에. 면접도 수능과 마찬가지로 절대로 똑같은 문제를 출제하지 않아. 설사 비슷한 소재를 다룬 문제가 나왔다 하더라도 답변을 외우게 되면 동문서답을 하게 돼서 오히려 안좋은 평가를 받을 수 있지. 면접은 남의 생각을 베껴서 청산유수로 말 잘하는 학생을 뽑기 위해서 존재하는 게 아니야. 조금 틀리더라도, 조금 논리가 부족하더라도, 조금 서툴더라도 면접관은 너의 생각을 듣고 싶어하거든.

그렇다고 아예 준비 방법이 없는 것이냐, 그건 아니야. 왕도는 아니지만 면접을 준비할 수 있는 가장 정확하고 효과적인 방법이 있어. 말하자면 입학사정관제 면접 합격의 제 1원칙이라 할 수 있지. 그건 바로,

대학수학능력 향상.

입학사정관제 면접준비 방법이 '대학수학능력 향상'인 이유는 서류 확인 차원에서 실시하는 인성면접을 제외한 모든 형태의 면접이 궁극적으로 검증하고자 하는 것이 지원자의 대학수학능력이기 때문이야.

그런데 잠깐, 대학수학능력? 다들 익숙한 단어일 거야. 혹시 대학수학능력을 '수능'이라 읽진 않았니? 둘 다 거기서 거기, 똑같은 것 아니냐고 반문할 수도 있겠다. 하지만 수능과 대학수학능력은 엄연히 달라. 너희들이 생각하는 수능은 대학수학능력을 평가하는 객관식 시험을 의미해. 여기서 말하고자 하는 대학수학능력은 '능력' 혹은 '역량' 자체를 지칭하거든. 즉, 원래의 한자어대로 정확히 풀이하자면 대학수학능력이란 '대학에서 수업을 듣고, 스스로 공부를 할 수 있는 능력'을 의미해.

아직 고등학생이기 때문에 그 능력이라는 것이 구체적으로 뜻하는 바가 무엇인지 머릿속에 잘 그려지지 않을 거야. 그래서 대학생의 시각에서 대학수학능력의 예를 생각해보았어.

- 고등학교 때와는 차원이 다른 상당히 높은 수준의 강의를 듣고 이해한다.
- 전공 분야의 전문적인 지식과 논리 구조를 스스로 깨우친다.
- 강의와 서적을 통해 배운 지식을 나만의 언어와 논리로 풀어서 설명한다.
- 권위있는 학자들의 견해와 고전 이론 및 연구 결과들을 비판하고 반박한다.

바로 이러한 것들을 해낼 수 있는 능력이 대학수학능력이야. 단순히 지식을 많이 알고 있느냐의 차원이 아니라 알고 있는 지식을 분석하고 종합하는 모든 사고(思考)의 과정이 대학수학능력에 포함돼.

실제로 지금까지 존재해왔던 모든 입시제도에서 제1의 학생 평가 기준은 대학수학능력이었어. 이 대학수학능력을 검증하기 위해 정시 모집 전형에서는 대학수학능력시험이, 수시 모집 전형에서는 논술고사와 인적성검사가, 입학사정관제에서는 면접이 시행된 것이지.

한국 대교협에서도 입학사정관제 지원자는 대학수학능력이 기본적으로 전제되어야 함을 분명하게 밝히고 있어.

"입학사정관제는 대학이 건학 이념 및 인재상에 부합하는 학생을 선발하기 위하여 기본적인 학업 수행 능력을 갖춘 학생을 대상으로 학생의…(중략)…다양한 요소를 고려하여 학생을 선발하는 제도이다." – 한국 대학교육협의회 발간, 대학의 자율적 입학사정관제 운영방안(2010)

학업수행 능력을 갖춘 학생을 대상으로 한다는 말은 대학수학능력이 모든 평가의 기본적인 전제 조건이 된다는 것을 의미해. 서울대학교에서도 입학사정관 전형 지원 학생들을 위한 입학사정관제 안내서를 발간했는데, 이 안내서에서도 서울대학교는 학생의 학업 능력이 가장 중요한 평가 기준임을 밝히고 있어.

"입학사정관제 전형에 있어 학업 능력은 가장 중요한 평가 항목이다. 다만 종합적인 판단을 위해 내신 및 수능 성적 등 세부 평가 영역의 반영 비율을 일률적으로 정하지는 않는다." – 서울대학교 입학처 발간, 입학사정관제 안내서(2011)

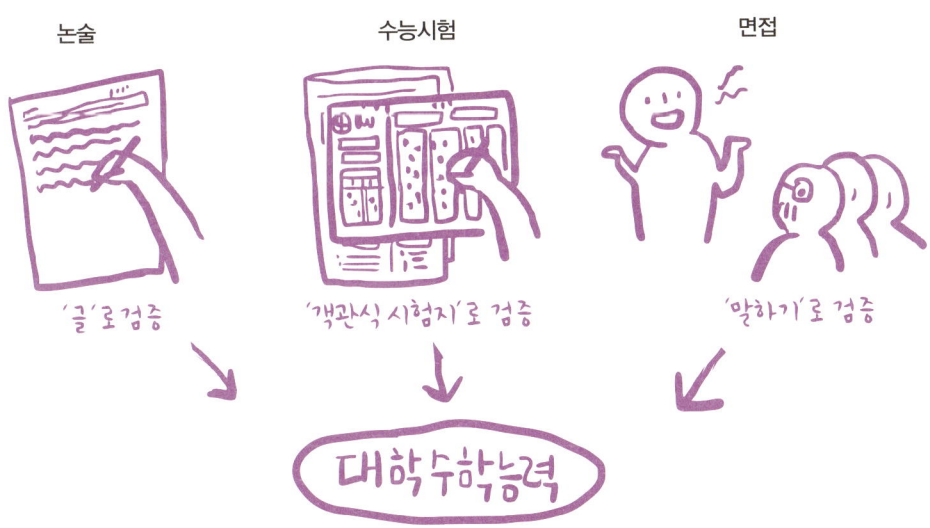

논술   수능시험   면접

'글'로 검증   '객관식 시험지'로 검증   '말하기'로 검증

대학수학능력

면접을 준비하기 위해 대학수학능력을 향상시켜야 한다는 사실이 아직까진 와닿지 않을 거야. 하지만 대학의 입학사정관 전형 면접문제 유형을 보게되면 확실히 알게 될 거야. 대학이 면접을 통해서 대학수학능력을 갖춘 학생을 선별하고자 한다는 사실을. 면접의 질문뿐만이 아니라 면접장에서 학생들에게 나눠주는 지문이 수능의 언어 및 사회 탐구 영역의 그것과 비슷하고 어떤 지문들은 난이도도 훨씬 높거든. 오히려 수능의 지문이 쉽게 느껴질 정도로 말야. 면접문제 유형은 이 책의 4장에서 좀 더 자세히 살펴보도록 할게.

그렇다면, 어떻게 대학수학능력을 향상시킬 수 있을까?

너희들도 대강은 짐작했다시피, 이 대학수학능력이라는 것은 하루 아침에 짠하고 완성되지 않아. 고액 족집게 과외를 한다고 해서, 1주일 내내 코피 쏟으며 벼락치기를 한다고 해서 대학수학능력이 갖춰지는 게 아니란 말이지. 수능점수를 단기간에 향상시키기 어려운 것과 마찬가지야. 충분히 긴 시간 동안 일정량의 지식을 축적하고 동시에 사고(思考)의 훈련을 반복적으로 수행해야만 비로소 대학에서 공부하는 데 필요한 '머리'가 완성되기 때문이야. "면접은 하루 아침에 완성되는 것이 아니니까 미리미리 준비해라"라는 학교 선생님들의 주옥같은 멘트에는 그만한 이유가 있었던 것이지. 면접 시험 일주일 전에 그제서야 면접 준비를 시작한다면, 이미 늦은 거야. 면접에서 필요한 잔기술 정도는 적당히 익힐 수 있어도 면접의 핵심 근간이 되는 대학수학능력은 일주일 만으로는 불가능하거든.

그렇다면 서류 합격자 발표가 공지되기 훨씬 이전부터 면접을 준비해야 한다는 것인데, 여기서 딜레마가 발생해.

'미리부터 면접 준비했다가 서류에서 떨어지면 괜히 시간만 낭비하는 거잖아. 그렇다고 면접 준비에서 아예 손 놓고 있을 수도 없고.'

'수능 공부에 내신 관리하기에도 벅찬데 거기다가 면접까지 준비하라니. 시간은 부족한데 셋 다 준비한다고 하면 결국 죽도 밥도 안 되는 꼴이 되고 말텐데.'

입학사정관제 지원을 결심한 수험생이라면 누구나 다 하게 되는 고민이야. 면접을 학기 초부터 준비하려고 하니 시간이 아까워 보이고, 그렇다고 서류 접수 이후부터 면접을 준비하려고 하니 그 짧은 기간 동안 진짜 대학수학능력을 향상시킬 수 있을지 확신할 수도 없고 말야. 시간은 자꾸만 흘러가는데 계속 이렇게 고민만 하고 있자니, 이 또한 스트레스야.

어떻게 해야 할까…?

07 수험생용 입학사정관제 준비 전략

 입학사정관제 준비 전략이 필요한 이유가 바로 여기에 있어. 면접 준비와 관련하여 너희들이 겪고 있는 딜레마를 해결하면서 황금같은 수험생의 시간을 효율적으로 활용하기 위해서야. 말하자면, 수능 시험, 논술, 면접에 동일하게 요구되는 대학수학능력을 향상시키면서 입학사정관제의 면접을 중점적으로 준비하기 위해 입학사정관제 준비 전략이 필요한 것이지.

 입학사정관제 준비 전략은 크게 두 가지야. 대학수학능력 향상을 목적으로 하는 '대수능 전략'과 대학별로 각기 다른 면접의 형태와 방식에 맞춰 실제 면접을 연습하는 '실전 준비 전략'인데, 이것을 그림으로 나타내보면 다음과 같아.

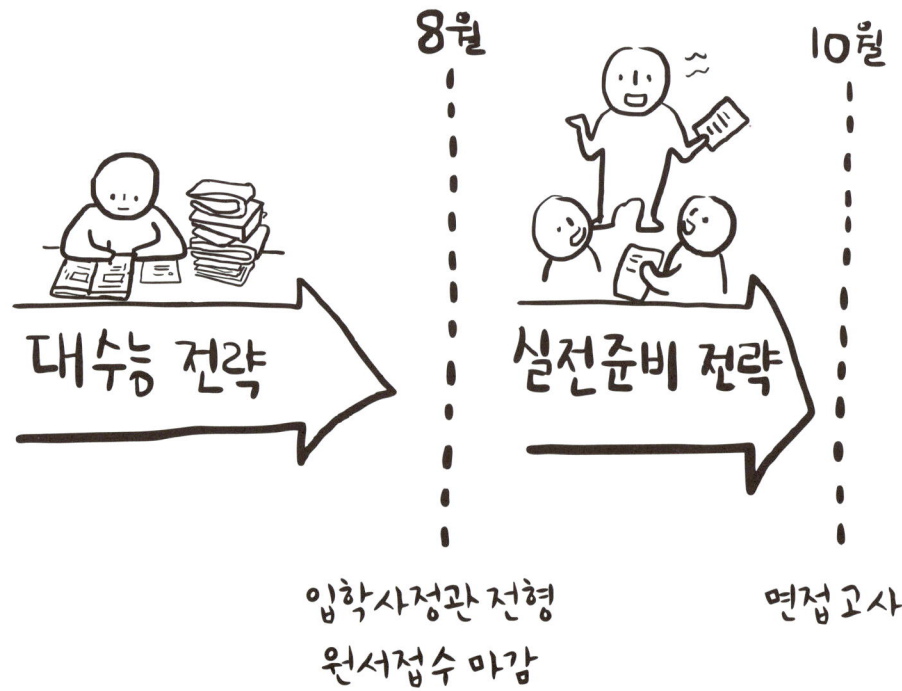

지금부터는 이 두 가지 전략의 목표와 구체적인 실행 방안에 대해서 알아보도록 할게. 먼저 대수능 전략부터 살펴볼까?

1 대수능 전략

	대수능 전략
소요기간	중·장기적 : 최소 3개월 소요
목표 활동 내역	대학수학능력 향상
실행방안	(1) 대학수학능력에 요구되는 사고력 이해하기 (2) 사고력 훈련하기
기대 효과	수능 시험, 논술 고사, 면접에 공통적으로 요구되는 대학수학능력을 향상시킨다.

　대수능 전략의 소요기간은 최소 3개월이야. 앞에서도 언급했다시피 대학수학능력은 양질의 지식과 고차원적인 사고력의 집합체로서, 외부에 존재하는 지식을 머릿속에 저장하고 그것을 '쪼개고, 합치고, 뒤섞고, 정리하고, 재첨가시키는' 사고(思考)의 과정을 오랫동안 반복적으로 수행했을 때 향상되는 능력이야. 따라서 학기 초부터 입학사정관 전형 원서접수 마감 시기인 8월 말~9월 초까지는 대수능 전략을 활용하여 대학수학능력 향상에 온 힘을 쏟아야 해.

　사실, 대학수학능력을 향상시킬 수 있는 방법은 굉장히 많아. 사고(思考)의 과정이 발생하는 모든 활동은 대학수학능력 향상에 도움이 되기 때문이야. 독서를 하면서, 다큐멘터리를 보면서, 글을 쓰면서, 친구들과 토론을 하거나 다른 사람들이 토론을 하는 모습을 보면서, 신문을 읽으면서, 잡지를 읽으면서, 수업을 들으면서, 발표 준비를 하면서 자연스럽게 대학에서 공부를 할 수 있는 '머리'가 갖춰지는 것이지. 문제집을 푸는 것도 마찬가지야.

　　그러나 수험생의 입장에서 대학수학능력의 향상 또한 최대한 효율적인 방식으로 이뤄져야 한다는 점에는 논란의 여지가 없으리라 생각해. 독서도 좋고 신문 읽기도 좋고 '100분 토론' 시청도 좋지만 **투자한 시간 대비 대학수학능력의 향상 폭이 최대**가 되어야 해. 그리고 무엇보다도 여유시간이 많지 않은 수험생에게 해야할 일이 '여러가지'로 늘어난다는 것 자체가 비효율적이야. 가능하다면 하나의 방법으로 대학수학능력과 관계되는 모든 형태의 면접과 수능 시험까지 **'한방에'** 준비할 수 있다면 효율성이 극대화되겠지?

그래서 우리는 이 책의 3장에서 대학수학능력을 향상시킬 수 있는 효율적인 방법을 제시하도록 할 거야. 여러 가지 사고력 훈련 도구를 통해 대학수학능력을 향상시키고 동시에 입학사정관제의 면접 뿐만 아니라 수능시험의 언어 및 사회 탐구 영역과 논술까지 간접적으로 준비할 수 있도록 말이지. 왜냐하면 겉으로 보이는 평가의 방식이 다르다 뿐이지 논술과 수능시험, 면접의 출발점이 결국에는 대학수학능력으로 동일하기 때문이야. 즉, 대수능 전략을 사용한다고 해서 수능 공부나 논술 준비시간이 부족해지는 문제는 발생하지 않아. 오히려 시간을 벌 수 있게 되는 것이지.

따라서 대수능 전략에서 면접 준비를 위해 네가 해야 할 일은 지금까지 그래왔듯이 이 책의 3장을 차분히 읽으면서 사고력 훈련 방법을 익히는 거야. 단, 눈으로만 읽지 말고 열심히 머리를 굴리는 연습도 같이 해볼 것! 그리고 잊지말아야할 것은, 대학수학능력이 하루 아침에 완성되지 않는다는 사실. 충분히 오랜 시간을 가지고 반복적으로 훈련을 해야만 해. 그렇기 때문에 면접장에 들어가기 전, 적어도 3개월 이상은 대학수학능력 향상에 전력을 다하도록 하자.

② 실전 준비 전략

	실전 준비 전략
소요기간	단기적 : 최대 1개월 소요
목표	대학별 각기 다른 면접 유형에 맞춰서 실전 면접 연습
실행방안	(1) 모의면접 준비하기 (2) 모의면접 진행 후 피드백 주고 받기
기대 효과	실전 면접에서 유용하게 쓰일 다양한 면접 스킬들을 익힌다.

이제 실전 준비 전략을 살펴보도록 할게. 실전 준비 전략의 목표는 각기 다른 대학의 전형에 맞춰서 실전 면접을 준비하는 데 있어. 실전 준비 전략은 대수능 전략보다 소요되는 시간이 적은 편이야. 대수능 전략을 통해서 대학수학능력이 갖춰지면 면접을 준비하는 일은 일종의 표면적인 잔기술을 익히는 일이기 때문에 상대적으로 쉽거든. 따라서 입학사정관 전형에 지원한 이후 약 한 달 정도는 실전 준비 전략을 중심으로 실전 형태로 면접을 준비하면 돼. 그럼 이제부터 그 구체적인 실행 방안을 알아보도록 할게.

이 책의 3장에 소개된 방법대로 8월까지 대학수학능력을 향상시키는 데 집중했다면, 그 이후부터는 모의면접을 해봐야 해. 즉, 원서를 접수한 이후부터는 본격적으로 실전 상황에 최대한 비슷하게 맞춰서 모의면접을 연습해보는 것이지.

모의면접을 해야 하는 이유는 첫째, 실제 면접장에서 떨지 않기 위해서야. 면접장에 가면 누구나 다 긴장을 하게 돼. 떨려. 그런데 긴장감을 넘어 공포를 느끼는 친구들이 있어. 왜냐하면 실제 면접이 어떻게 진행될지 모르기 때문이야. 인간이 공포를 느끼는 이유는 간단해. 앞으로 무슨 일이 일어날지 모르기 때문이지. 그런데 앞으로의 일어날 일을 어느정도 예측할 수 있다면, 어느 정도 익숙해져 있다면? 긴장감이 줄어들겠지. 그래서 모의면접을 하는 거야. 실제 면접과 가장 비슷한 상황에 익숙해짐으로써 알 수 없는 미래에 대한 막연한 두려움과 공포심을 최소한으로 줄이는 것이지.

둘째, 예상치 못한 상황에 대처하는 임기응변을 기르기 위해서야. 면접의 특성상 면접관은 언제든지 너에게 추가 질문을 할 수가 있어. 네가 예상했던 질문일 수도 있지만, 갑작스럽고 뜬금없는 질문이 될 수도 있어. 그런데 갑작스럽고 예상치 못한 상황을 처음 접해보게 되면? 얼굴이 붉어지면서 말을 더듬고 어찌할 바를 몰라서 횡설수설하게 돼. 말 그대로 입 근육만 열심히 움직일 뿐 아무런 의미가 없는 내용들을 뱉어버리는 사태가 발생하는 거야. 그런데 이와 같은 상황을 모의면접을 통해서 미리 접해보게 되면 '임기응변'을 발휘하는 스킬이 생기게 돼. 입학사정관의 기습 공격에 최소한의 방어를 할 수 있는 여유가 생기게 되는 것이지.

　셋째, 말을 조리있게 하는 연습을 하기 위해서야. 면접은 화술 테스트가 아니지? 그렇기 때문에 말을 능수능란하고 매끄럽게 잘 하지 못한다고 기죽을 필요 없어. 고급스럽고 왠지 있어보이는 단어들을 활용하지 못한다고 상심할 필요도 없어. 대신 네가 정확하게 알고 있는 쉽고 명확한 단어들을 이용하여 문장을 구성하고 논리적 순서에 맞게 '말'하는 연습을 해야 해. 너의 머릿속에 있는 생각이 아무리 논리적이고 정확하다 할지라도 그것이 입에 다다랐을 때 중구난방으로 정신없이 쏟아지면 입학사정관도 네 생각을 파악하기가 어렵거든. 횡설수설 더듬거려도 마찬가지야. 따라서 머릿속의 생각을 말로 끄집어내는 모의면접을 많이 해보도록 하자. 많이 하면 할수록 느는 게 '말'이거든.
　그런데 실전 모의면접을 연습하기 위해서는 먼저 네가 지원한 각 대학의 면접에 대한 다음의 정보를 명확하게 정리해두어야 해.

---

1. 면접 유형 : 인성 / 구술고사 형태의 인성 / 토론 / 발표

2. 기출문제 공개 유무
　① 있을 경우 기출문제 확보
　② 없을 경우 이 책의 공식 웹사이트(www.passplay.co.kr) 참조

3. 면접 진행 방식
　① 준비 시간 : _____ 분
　② 진행 시간 : _____ 분
　③ 면 접 관 : _____ 명

　이 세 가지는 각 대학의 입학사정관제 홈페이지의 FAQ나 Q&A, 모집전형안내서에서 확인해볼 수도 있지만, 가장 빠르고 정확한 방법은 입학처에 직접 전화를 해보는 거야. 전화하기를 부끄럽고 어색해하는 친구들, 있지? 입학처 홈페이지, 네이버 지식인, 각종 수능 커뮤니티에 글 올려 놓고 댓글 달리기를 기다리면서 말야.

수험생에게 시간은 금이야. 온라인 홈페이지 여기저기를 돌아다니면서, 댓글 기다리면서 시간 낭비하지 말고, 가장 정확한 정보를 제공해줄 수 있는 입학처에 직접 물어보도록 하자. 이 세 가지 정보를 최대한 정확하게 정리해놔야 실제 면접 상황과 유사한 형태의 모의면접을 연습해볼 수 있거든.

위의 세 가지 정보를 정리했다면 이제 실전 모의면접을 진행해보도록 하자. 학급 친구들이랑 면접 스터디 그룹을 만들어서 해 볼 수도 있고, 선생님이나 부모님 앞에서 면접문제를 풀고 예시 답안을 이야기해 볼 수도 있어. 온라인 커뮤니티에서 같은 대학의 전형에 지원한 친구들을 모아서 주말마다 함께 모의면접을 연습해 볼 수도 있겠지. 지금부터는 네가 친구 혹은 선생님들과 실전 모의면접을 진행할 때 활용할 수 있는 방법들을 알아보도록 할 거야. 이것은 우리가 실제로 [Pitamin Project]를 진행할 때 적용했던 방법들이기도 해.

(1) 인성면접

인성면접에 들어가면 반드시 하게 되는 것이 자기소개야. 면접장에 들어가서 의자에 앉게 되면 "일단 한번 자기소개부터 해보라"는 식으로 면접이 시작되거든. 그래서 많은 학생들이 면접을 앞두고 자기소개를 열심히 준비하지. 그런데 문제는 이 자기소개가 면접 상황에 따라 30초가 될 수도 있고, 3분 혹은 5분이 될 수도 있다는 거야. 만약에 네가 예전에 면접을 해본 사람들의 증언(?)을 듣고 3분짜리 자기소개를 준비했는데, 면접관이 시간이 없으니까 짧게 30초만 하라고 하면 어떻게 될까? 아마 대부분의 학생들은 당황해서 말을 버벅거리게 될 거야. 특히 자기소개 글을 써서 문장 자체를 통째로 외운 학생들이라면 이때부터 패닉에 빠지게 돼. 문장을 기준으로 혹은 시간을 기준으로 자기소개를 암기해서 준비하면 발생할 수 있는 문제이지. 그래서 우리는 이와 같은 문제를 예방할 수 있는 '고무줄 자기소개 연습법'을 제안하고자 해. 크게 네 단계로 이뤄지고 구체적인 방법은 다음과 같아.

① 자기소개에 들어갈 내용을 생각해본다.

② 그 내용을 대표적으로 표현해줄 수 있는 핵심 키워드나 이미지를 3~5개 이내로 떠올려본다.

③ 키워드나 이미지를 A4 용지에 적거나 인쇄한다.

④ 키워드나 이미지를 보면서 자기소개를 '말'로 해본다.

키워드나 이미지를 머릿속에 넣어 놓고 자기소개를 연습하게 되면 실제 면접장에서 너에게 주어진 시간과 관계없이 '유동적으로' 자기소개를 할 수 있게 돼. 특히 시간이 변동되더라도 자기소개 내용의 핵심 키워드나 이미지를 머릿속에 연상시켜서 그것을 중심으로 '말'을 하기 때문에 핵심 내용에서 벗어날 위험도 줄어들지. 즉, 말하고자 하는 핵심을 중심으로 자유자재로 말하기 시간과 내용을 조절할 수 있기 때문에 '고무줄' 자기소개 연습법인 것이지. 실제로 [Pitamin Project] 참가 학생들도 이 방법을 이용해서 자기소개를 준비했었고.

① 자기소개에 들어갈 내용을 생각해본다.

② 그 내용을 대표적으로 표현해줄 수 있는
핵심 키워드나 이미지를
3~5개 이내로 떠올려본다.

③ 키워드나 이미지를
A4용지에 적거나 인쇄한다.

④ 키워드나 이미지를 보면서
자기소개를 '말'로 해본다.

자기소개가 준비되었다면 그 다음에 해야 할 일은? 각 대학별로 제출한 자기소개서를 꼼꼼히 읽으면서 예상 질문을 뽑아보는 거야. 인성면접의 궁극적인 목적은 네가 제출한 서류의 사실 여부를 확인하는 데 있어. 즉, 질문의 내용이 대체로 서류를 벗어나지 않는다는 것이지. 특히 자기소개서는 서류의 중심이라고 할 수 있기 때문에 자기소개서를 중심으로 추가 질문이 구성되는 경우가 많아. 따라서 자기소개서를 기반으로 예상 질문을 뽑아보도록 하자. 방법은 간단해. 육하원칙에 근거해서 질문을 만들어보는 거야.

누가 / 언제 / 어디서 / 무엇을 / 어떻게 / 왜?

다음은 [Pitamin Project]에 참여했던 학생의 자기소개서 일부를 발췌한 글이야. 이 자기소개서를 읽으면서 육하원칙에 따라 예상 질문을 뽑아보는 연습을 간단하게 해보자.

숭실대독서토론대회의 지정도서는 세 권으로 한 번은 독서의 형식으로 읽었고, 한 번은 하나하나 뽑아내 포스트잇을 붙여가며 읽었습니다. 찬성과 반대를 나누어 작성하되, 좋은 근거가 생기면 서로 의논 후 입론서를 작성했습니다. 운이 좋게도 입론서로 평가되는 예선을 통과해 본선진출이라는 쾌거를 이뤄냈습니다. 본선에 참가한 첫날, 지방에서 상경한 피곤함과 긴장으로 일찍 잠들었습니다. 다음 날, 타 팀들은 밤을 샜다는 얘기를 듣고 아침을 걸러가며 입론서를 손보아 예선토론에 참가했습니다. 두 번의 토론을 거쳐 발표된 준결승 진출 명단에 우리팀의 이름이 적혀있는 것을 보고 여름인데도 팔에 소름이 돋았던 기억이 아직도 생생합니다. 준결승에서 쟁쟁한 팀을 만나 3위에 그쳤지만, 예상치 못한 좋은 성과는 준비하는 힘든 과정을 더욱 보람차게 해주었습니다.

…(이하 생략)

누구와, 언제, 왜 참여했나요?

어떤 내용의 책이었나요?

숭실대독서토론대회의 지정도서는 세 권으로 한 번은 독서의 형식으로 읽었고, 한 번은 하나하나 뽑아내 포스트잇을 붙여가며 읽었습니다. 찬성과 반대를 나누어 작성하되, 좋은 근거가 생기면 서로 의논 후 입론서를 작성하였습니다. 운이 좋게도 입론서로 평가되는 예선을 통과해 본선진출이라는 쾌거를 이뤄냈습니다. 본선에 참가한 첫날, 지방에서 상경한 피곤함과 긴장으로 일찍 잠들었습니다. 다음날, 타 팀들은 밤을 샜다는 얘기를 듣고 아침을 걸러가며 입론서를 손보아 예선토론에 참가하였습니다. 두 번의 토론을 거쳐 발표된 준결승 진출 명단에 우리팀의 이름이 적혀있는 것을 보고 여름인데도 팔에 소름이 돋았던 기억이 아직도 생생합니다. 준결승에서 쟁쟁한 팀을 만나 3위에 그쳤지만, 예상치 못한 좋은 성과는 준비하는 힘든 과정을 더욱 보람차게 해주었습니다.

…(생략)

입론서의 내용을 간략하게 이야기해 줄 수 있나요?

이외에도 다른 추가적인 질문들을 뽑아볼 수 있겠지? 입론서는 어떻게 작성했으며, 토론을 할 때 가장 어려웠던 점은 무엇이며, 준결승에서 만난 팀은 어떤 점이 강점이었는지 등등. 인성면접을 실제로 준비할 때도 이와 비슷한 방식으로 예상 질문을 작성해보면 돼. 단, 자신의 자기소개서를 최대한 객관적인 시각에서 바라볼 것. 가능한 모든 애정을 버리고 철저히 제3자의 시각에서 너의 자기소개서를 읽어보도록 하자. 그래야 출제(?) 확률이 최대한으로 높은 예상 질문을 만들어낼 수 있거든.

(2) 토론, 발표면접

토론, 발표 모의면접은 인성면접과 달리 혼자서 하는 것보다 여럿이서 팀을 구성하는 것이 훨씬 효과적이야. 구술고사 형태의 인성면접과 발표면접은 친구들끼리 돌아가면서 면접관의 역할을 할 수 있고, 세 명 이상의 친구가 모이게 되면 토론면접까지 함께 진행할 수 있어.

앞서 언급했던 면접의 네 가지 필수 정보를 입학처를 통해서 확인했다면, 이제는 그 네 가지의 정보를 적용하여 실전 모의면접을 연습해보도록 하자. 기출문제를 확보했다면 그 기출문제를 풀어서 답변하는 모든 과정을 실제 면접 상황과 동일하게 맞춰서 진행하면 돼. 기출문제를 구할 수 없었나면 답변의 유형에 따라 비슷한 면접문제들을 구해서 연습하면 되고. 가령, 찬반 의견을 묻는 면접이라면 찬반 의견을 밝혀야 하는 주제들을 선택해서 문제를 만들거나 비슷한 유형의 타대학 기출문제를 이용해서 모의면접을 연습해볼 수 있겠지?

그런데 친구들과 함께 모의면접을 하게 되면 한계점이 있어. '면접관의 눈'으로 상대방에게 질문을 하고 답변을 분석하기가 어렵다는 거야. 아무래도 또래 친구들이고 면접관을 해본 경험이 없기 때문에 그럴 수밖에 없겠지. 게다가 면접에 대한 분명한 평가 기준을 가지고 있지 않으면 모의면접 연습이 흐지부지 진행될 가능성이 커. 어느 정도를 '좋게' 평가할지 친구들간에 서로 합의가 되어 있지 않으면 제대로 된 피드백(feedback)도 줄 수가 없어.

그래서 우리는 너희들이 친구들과 모의면접을 연습할 때 서로를 '면접관의 눈'으로 바라보는 데 도움이 될 수 있는 면접 평가표를 보여주려고 해. 이 면접 평가표는 [Pitamin Project]를 할 때 우리가 직접 만들어서 이용했던 거야. 실제로 이 평가표를 이용해서 우리가 학생들의 모의면접을 평가하기도 했지만, 학생들에게 이 평가표를 나눠주고 다른 친구들의 면접을 직접 평가해보도록 했는데 기대했던 것보다 효과가 좋았어. '평가자'의 눈으로 다른 친구들의 면접을 지켜보니 학생들은 스스로 어떤 점이 좋고 나쁜지를 빠르게 습득할 수 있었어. 다른 친구들의 면접을 통해 '나는 이렇게 해야지, 나는 저렇게 하지 말아야지'하고 배우는 거지. 면접 평가표의 자세한 이용 방법을 비롯한 모의면접 실전 준비 전략은 이 책의 4장에서 좀 더 구체적으로 알아보도록 할게.

1장에서 지금까지 우리가 살펴본 내용이야.

- 입학사정관제란 서류와 면접으로 대학을 갈 수 있는 입시제도이다.
- 입학사정관 전형 합격 확률을 높이기 위해서 내신 성적을 향상시켜야 한다.
- 진실성있는 스토리를 담은 스펙이 좋은 평가를 받을 수 있다.
- 면접 합격 제 1원칙은 대학수학능력이다.
- 면접 준비 전략은 대수능 전략과 실전 준비 전략이 있다.
- 대수능 전략은 8월 말까지 대학수학능력을 향상시키는 데 목적을 두고 있다.
- 실전 준비 전략은 9월 초부터 시작하여 모의면접을 통해 실전 감각을 빠르게 끌어올리는 것이다.

이제 입학사정관제란 무엇이며, 수험생은 무엇을 어떻게 준비해야 할지 확실히 알았지? 다음 장부터는 입학사정관제 준비의 핵심이라 할 수 있는 자기소개서 작성 방법과 면접 준비방법을 알아보도록 할게.

준비됐지?

2장

매력적인
자기소개서?

식은 죽 먹기!

진실성이 느껴지도록 해야 한다. 나만의 개성이 넘치는 이야기를 담아야 한다. 지원자만의 색깔이 묻어나야 한다. 스토리가 있어야 한다. 구체적인 사실들을 위주로 내용을 구성해야 한다. 솔직 담백한 것이 최고다. 단순한 스펙 나열식의 자기소개서는 지양한다. 설득력있는 자기소개서를 써야 한다. 입학사정관의 눈길을 사로잡아야 한다.

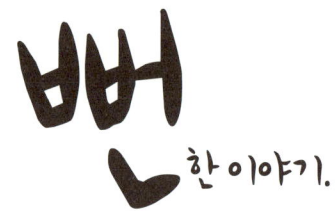

뻔한 이야기.

이 정도는 이미 알고 있다고. 문제는,

어떻게(How)?

입학사정관제 관련 특집 기사나 단행본, 안내 책자 등을 보면 '어떤' 자기소개서를 써야 하는지에 대한 것들이 상세히 나와있어. 표현은 다르지만 결국 앞장에서 제시한 것과 동일한 내용을 말하고 있다고 볼 수 있지. 합격한 선배들로부터 익히 들어왔던 이야기들일 거야. 그렇기 때문에 어떤 자기소개서를 써야 하는지 정도는 너도 이미 잘 알고 있어.

그런데 그것을 어떻게 써야 하는지에 대해서는, 글쎄? 아마 잘 모를 거야. 마치 '공부를 잘해야 한다'는 것은 알고 있지만 '어떻게' 해야 공부를 잘 할 수 있는지 모르는 것과 비슷하다고 볼 수 있지. 어떻게 써야 설득력이 높고 구체적인 스토리가 되는지, 또 어떻게 해야 개성이 넘치는 자기소개서를 쓸 수 있는지를 제대로 가르쳐주는 사람이 없었거든. 이미 완성된 자기소개서를 분석하기만 할 뿐, 완성에 이르기까지의 과정은 어느 누구도 속 시원히 대답해주지 않았어.

이 장은 바로 그런 문제점에 착안하고 있어. 즉, 누구의 자기소개서가 이래서 좋다 저래서 나쁘다는 식의 분석은 최소한으로 할 거야. 대신, 자기소개서를 완성하기까지의 모든 과정들을 세분화하여 네가 이 챕터를 끝내는 즉시 자기소개서 한 편을 뚝딱 써낼 수 있도록 내용을 구성했어.

한편, 자기소개서 작성 과정을 들여다보기 위해서는 예시가 필요해. 그렇지 않으면 결국엔 너희들도 이미 다 알고 있는 뻔한 이야기로 흘러가버리고 말거든. 그래서 우리는 한 대학의 실제 자기소개서 양식을 예로 들어 매력적인 자기소개서를 작성하는 구체적인 방법을 알아보도록 할 거야. 이 양식을 예시로 선택한 이유를 차근차근 알려줄게. 첫째, 이 학교의 자기소개서 양식이 대다수의 학교에서도 공통적으로 적용되는 질문을 담고 있기 때문에. 둘째, 해가 거듭되더라도 바뀌지 않는 대교협 기준 기본 자기소개서 질문을 대체적으로 충실하게 따르고 있기 때문에. 마지막으로 셋째, 이런 유형의 예시를 통해서 배운 자기소개서 작성 스킬은 특정 대학이나 전형에 상관없이 이용할 수 있는 것이기 때문에.

따라서, 본인이 지원하는 대학교의 자기소개서 질문과 다르더라도 걱정하지 말자. 특정 대학의 완성된 모범 자기소개서를 보자는 게 아니라, 자기소개서를 쓰는 과정과 필요한 기술을 최대한 쉽고 빠르게 익히자는 것이니까.

그럼, 이제 본격적으로 매력적인 자기소개서 작성 방법을 알아보도록 할게. 크게 여섯 가지 단계로 구성되어 있어. 여섯 가지 단계를 순서대로 따라가면서 자기소개서 작성 과정과 기술을 배워보도록 할 거야.

[매력적인 자기소개서 작성 방법]

Step1. 자기소개서 질문 분석하기

Step2. 키워드 던지기

Step3. 인재상 반영하기

Step4. 스토리 발전시키기

Step5. 자유롭게 쓰기

Step6. 고쳐쓰기

01 대체 원하는 게 뭔데?

Step1 자기소개서 질문 분석하기

입학사정관제 파트에서 자기소개서의 궁극적인 목적은 '설득'이야. 그리고 설득력을 높이기 위해 주장에 대한 근거로 '스토리'를 제시해야 한다고 했어. 기억나지? 이 말은 스토리를 제시하기 전에 주장을 명확하게 해야 한다는 것을 의미하기도 해. 말하자면 네가 아무리 솔직담백하고 생생한 스토리를 자기소개서에 풀어 놓는다 해도 그것이 질문에서 요구한 사항이 아닐 때는, 동문서답. 좋은 평가를 받을 수 없어.

자기소개서에서 주장을 명확하게 제시한다는 말은 '자기소개서 질문에 대한 답변을 명쾌하게 제시하는 것'을 의미해. 그리고 질문에 대한 답을 분명하게 하려면 일단 질문에서 요구하는 사항이 무엇인지를 빠짐없이, 중복되지 않게 파악해야 해. 이를 위해서는 자기소개서 질문을 꼼꼼히 뜯어봐야 하지. 언어 영역의 발문 분석과 비슷한 맥락에 있다고 보면 돼. 하지만 언어 영역보다는 쉬워. 걱정하지 않아도 돼. 자기소개서 질문을 분석할 때는 딱 두 가지 질문만 기억해두면 되거든.

1. 질문의 핵심어가 뭐지?
2. 핵심어에 대한 추가적인 조건은 뭐지?

간단하지? 질문이 궁극적으로 묻고자 하는 핵심어를 찾고 그 핵심어에 대한 추가적인 조건들을 기준으로 해서 질문을 잘게 찢으면 돼. 말이 어렵지 대한민국 국민공통교육과정을 거친 고등학생이라면, 한국말을 할 줄 아는 사람이라면 누구나 쉽게 해낼 수 있어. 구체적인 방법은 예시를 통해서 살펴보도록 하자.

이 질문의 핵심어는 성장과정이야. 의미상으로 가장 중요한 단어지. 한편, 첫 번째 질문은 핵심어에 대한 추가적인 조건을 제시하고 있어. 자기소개서 작성자의 성격, 태도, 가치관이야. 즉, 성격과 태도, 가치관을 성장과정을 통해서 알고 싶다는 것이 이 질문의 궁극적인 의도인 것이지. 이를 바탕으로 해서 질문을 잘게 찢어보면 다음과 같아.

(1)　① 성격을 알 수 있게 성장과정을 말해봐.
　　　② 태도를 알 수 있게 성장과정을 말해봐.
　　　③ 가치관을 알 수 있게 성장과정을 말해봐.

크게 세 개의 질문으로 찢어지지? 그런데 여기서는 '등'이라고 했기 때문에 반드시 세 개의 질문 모두에 답을 할 필요는 없어. 네가 자신있는 것만 선택해서 답변을 해도 돼. 또는 성격과 태도, 가치관 이외의 것(생활 신조, 좌우명 등)을 선택해도 되겠지? 네가 실제로 자기소개서를 작성할 때는 이처럼 핵심어에 해당하는 단어나 구에 동그라미를 치고 번호를 매겨주면 돼. 그리고 잘게 찢은 질문들을 자기소개서 양식에 그대로 적어주거나 아니면 메모장에 따로 적어놓도록 하자. 이 질문들은 Step2에서 다시 이용할 거야. 첫 번째 질문에 대한 간단한 분석이 끝났으니 이제 두 번째 질문도 분석해보도록 하자.

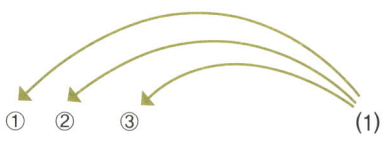

　　　　① 　② 　③ 　　　　　(1)

1. 자신의 성격, 태도, 가치관 등이 잘 나타나도록 성장과정을 구체적으로 기술하시오.
(600자 이내)

> **2. 자신이 전공을 선택하게 된 이유와 장래목표를 구체적으로 기술하시오.**
>   **(800자 이내)**

두 번째 질문의 핵심어는? 자신이 전공을 선택하게 된 이유와 장래목표, 두 가지야. 그리고 여기서는 특별히 추가 조건을 제시하지 않고 있어. 그렇기 때문에 이 두 가지에 대한 답변만 해주면 끝.

사실 이 질문은 대다수의 대학들이 자기소개서에 항상 빠뜨리지 않고 넣는 질문이기도 해. 그만큼 정확하고 임팩트있는 답변을 해야만 하지. 그런데 이와 관련해서 너희들이 오해하고 있는 부분이 있어. 무엇이냐면, 장래목표와 전공 선택 이유가 반드시 일치해야 한다고 생각하는 거야. 가령 경제학과를 지원하면 반드시 은행원이 되거나 경영학과를 지원하면 반드시 CEO가 되어야 한다고 생각하는 거지. 즉, 전공과 장래 목표의 분야가 동일한 영역에 속해야 한다고 생각하는 거야.

오해야. 반드시 동일한 영역에 속할 필요는 없어. 예를 들자면 인문학적인 소양을 갖춘 CEO가 되고 싶어서 철학과에 지원할 수도 있고, 혹은 어느 한 가지 분야, 예를 들어서 컴퓨터 공학에 특화된 CEO가 되고 싶어서 컴퓨터 공학과에 지원할 수도 있지. 요즘에는 오히려 '융복합'적인 역량을 갖춘 사람을 훨씬 훌륭하게 평가하기도 하니까. 즉, '학과와 장래목표가 얼마나 일치하느냐'는 사실 그렇게 중요하지 않아. 전공과 동일한 분야에서 사회 생활을 시작하는 사람이 드물기도 하고. 정말 중요한 것은 '일치성'이 아니라 '논리적 타당성'이야.

전공 선택 이유 = 장래 목표 (X)

전공 선택 이유 → 장래 목표 (O)

예를 들어서 너의 장래 목표가 영화감독인데 심리학과를 지원했다면, 영화감독이 되기 위해서 왜 심리학을 공부해야 한다고 생각하는지 이유와 목표 의식이 명확해야 해. 심리학과와 영화감독의 연결고리가 논리적으로 타당해야 한다는 뜻이야. 특히나 타당성을 뒷받침해주는 그 생각들이 단순히 책상 앞에서 머리를 굴려서 나온 게 아니라 실제 경험을 통해서 깨달은 것이라면 완벽하겠지. 이 질문이 궁극적으로 요구하는 것은 장래 목표와 전공 선택 이유의 연결 고리를 탄탄하게 만들어주는 너만의 스토리야.

어쨌든 두 번째 질문은

(1) 전공을 선택하게 된 이유를 말해봐.
(2) 장래목표를 말해봐.

로 정리할 수 있어. 이 두 가지 질문에 대해서 빠짐없이 중복되지 않게 답변을 해야 해. 아울러 (1)과 (2)의 논리적 연결이 '타당'해야만 하지. 바로 이 '타당성'이 너만의 경험에 뿌리를 둔 생생한 스토리로 제시되어야 해. 그래야만 설득력을 최대치까지 높일 수 있어.

> 2. 자신이 전공을 선택하게 된 이유와 장래목표를 구체적으로 기술하시오.
> (800자 이내)

연결 : 타당성, 설득력있게

두 번째 질문까지 분석이 모두 끝났다면 이제 마지막 세 번째 질문으로 넘어가도록 하자. 앞의 예와 마찬가지로 질문의 핵심어를 파악하고 그 핵심어에 대한 추가적인 요구 조건을 확인하면 돼.

> **3. 고등학교 재학시절 중 기억에 남는 활동들을 구체적인 과정과 결과가 나타나도록 기술하시오. (1000자 이내)**

마지막 세 번째 질문의 핵심어는 뭐지? '기억에 남는 활동들'이야. 그런데 1번 질문과 비슷하게 추가적인 조건이 있어. '과정과 결과'지. 즉, 단순히 '무슨 무슨 활동들이 참 좋았어요'라고만 서술해서는 안된다는 뜻. 활동 과정 중 언제 어디서 어떤 사람들을 만나서 어떤 사건들이 있었으며 그 결과는 어떠했는지를 '스토리 텔링하라'는 거야. 이것이 이 질문의 추가적인 조건이지. 또한 활동'들'이라고 했기 때문에 적어도 두 개 이상을 언급해야 함은 물론이고. 따라서 세 번째 질문은 특별히 질문을 찢을 필요 없이 다음과 같이 원래 질문과 동일한 형태를 따르게 돼.

(1)-① 기억에 남는 활동들을 과정과 결과를 알 수 있게 말해봐.

(1)   ①

> 3. 고등학교 재학시절 중 기억에 남는 활동들을 구체적인 과정과 결과가 나타나도록 기술하시오. (1000자 이내)

우리는 지금까지 자기소개서 질문 세 가지를 분석해 보았어. 분석의 목적은 질문이 궁극적으로 묻고 있는 핵심어와 그에 대한 추가적인 조건을 파악하는 데 있었어. 네가 지원하려는 다른 대학교의 질문도 이와 동일한 방식으로 분석해보면 돼. 질문 분석이 모두 끝났으면 다음 단계로 넘어가도 좋아.

1. 성격을 알 수 있게 성장과정을 말해봐.
   태도를 알 수 있게 성장과정을 말해봐.
   가치관을 알 수 있게 성장과정을 말해봐. (600자 이내)

2. 전공을 선택하게 된 이유를 말해봐.
   장래목표를 말해봐. (800자 이내)

3. 기억에 남는 활동들을 과정과 결과를 알 수 있게 말해봐. (1000자 이내)

02 키워드를 던져라

Step2 키워드 던지기

 자기소개서 질문 항목이 묻는 것이 무엇인지를 파악했다면 이제 답변으로 생각나는 것들을 '키워드'로 자유롭게 적어보자. 키워드란 너의 생각이나 **과거 경험들에 대한 기억을 가장 잘 표현해주는 단어나 짧은 구**를 의미해. 이는 자기소개서 질문에 대한 답변이면서 동시에 매력적인 자기소개서의 핵심 요소라 할 수 있는 스토리의 소재(Source)가 되기도 하지. 예를 들면 다음과 같아. 자기소개서 질문 1번에 대한 키워드 예시야. 여기서는 '성격'만 선택해서 답변을 해보는 것으로 할게.

---

1. 성격을 알 수 있게 성장과정을 말해봐.
  태도를 알 수 있게 성장과정을 말해봐.
  가치관을 알 수 있게 성장과정을 말해봐. (600자 이내)

(예시)
교내 교지 편집부, 회원 부족 문제 해결 (도전적)
주말 농장에서 고추와 감자, 고구마를 꾸준히 기름 (끈기)
내일 아침 경제 신문 읽고 주요 기사 스크랩 (근면성실함)

 Step1에서 분석한 질문에 대해서 위와 같이 완성된 문장이나 글이 아닌 단어나 짧은 구를 적는 이유는 Step2의 목적이 일종의 브레인스토밍(Brainstorming)에 있기 때문이야. 브레인스토밍이란 두뇌에서 폭풍이 몰아친다는 의미로 머릿속에서 가능한 많은 아이디어를 생각해내고 그걸 밖으로 끄집어 내는 것을 의미해. 즉, 최대한 많은 생각과 과거의 경험, 기억들을 떠올려 보는 것이지. 이를 위해서는 너의 머리가 문장을 만들거나 완성된 글을 쓰는 데 추가적인 에너지를 소모하지 않

도록 해야 해. 그래야 브레인스토밍을 더 효과적으로 할 수 있어. 따라서 완성된 문장이나 글이 아닌 간단한 키워드를 중심으로 너의 생각들을 최대한 많이 쏟아내 보자.

한편, 브레인스토밍을 할 때 반드시 지켜야 하는 규칙이 있어. 이는 자기소개서 에도 동일하게 적용돼. 크게 세 가지가 있지. 첫째, 비판하지 않는다. 무엇이 좋은 답변인지 무엇이 나쁜 답변인지에 대한 가치 판단을 하지 않는 거야. 예를 들어, 질문에 대한 답변으로 '주말 농장에서 고추와 감자, 고구마를 기른 것'보다 '교내 교지 편집부 부장으로 회원 부족 문제를 해결한 것'이 더 좋지 않을까라는 생각 자체를 Step2에서 만큼은 의도적으로라도 하지 않도록 해야 해. 왜냐하면 가치 판단으로 인해 너의 솔직한 생각이 가로막히게 되거든.

둘째, 최대한 자유롭게 생각한다. 이 단계에서 많은 학생들이 '학생부'에 있는 스펙과 관련된 이야기들만 답변으로 떠올리는 경우가 많아. 입학사정관제 파트에서 이미 확인했다시피 매력적인 자기소개서를 완성하는 것은 화려한 스펙이 아니라 너라는 사람의 향기가 느껴지는 진솔한 이야기야. 그렇기 때문에 학생부 상에 존재하는 스펙에만 지나치게 얽매일 필요 없어. 고등학교 재학 중에 있었던 과거의 경험과 기억들을 자유롭게 떠올리고 최대한 많이 끄집어내도록 하자.

스펙 < 이야기(Story)

화려한 스펙 → 매력적인 자기소개서

솔직담백한 스토리 → 매력적인 자기소개서

셋째, 쉽고 편안한 표현을 사용한다. 문어체에 가까운 추상적이고 어려운, 한자어가 섞인 용어들을 쓰기보다 네가 평소 친구들이나 가족들과 말을 할 때 사용하는 단어와 표현들을 이용해서 키워드를 정리해보도록 하자. 다시 한 번 강조하지만, 이 단계의 목적은 '자유롭게 생각하고 기억을 더듬는 것'에 있어. 그리고 그러한 목적을 달성하기 위해서 키워드는 최대한 쉽고 간편한 것이어야 해. 고품격 언어는 자유로운 '사고 활동'을 방해하기 때문에 이 단계에서는 웬만하면 쓰지 않는 게 좋아. 단어와 문체 다듬기는 자기소개서의 내용이 모두 확정되고 초안을 작성한 후에, 최종 단계에서 해도 늦지 않거든.

이제 Step1에서 분석했던 질문들에 대한 키워드의 예시를 보도록 할게. 네가 자기소개서를 작성할 때는 자기소개서 양식을 따로 출력해서 다음과 같이 키워드를 직접 적어도 되고, 메모지에 질문을 따로 적고 그에 대한 키워드를 적어도 돼. 컴퓨터 워드 프로그램을 이용해서 키워드를 문서 파일에 적어놔도 되고. 방법은 크게 중요하지 않아. 최대한 자유롭게 기억을 더듬어보는 것, 그것이 핵심이니까.

---

1. 전공을 선택하게 된 이유를 말해봐.
   장래목표를 말해봐. (800자 이내)

(예시 : 경제학과 지원)

(1) 진공을 신택하게 된 이유를 말해봐.

  취업이 잘 될 것 같아서.

  경제 전문지 기자 / 펀드 매니저 / 경영 전략 컨설턴트로서 필요한 기초 경제 지식 갖추려고.

  '경제학 콘서트'라는 책을 읽고 흥미를 느껴서.

  아하 경제 기자단 활동으로 경제에 재미를 느껴서.

(2) 장래목표를 말해봐.

  취업(?) / 경제 전문지 기자 / 펀드 매니저 / 경영 전략 컨설턴트

2번 질문에 대한 키워드는 위와 같이 간단히 적어볼 수 있겠지? 사실은 이보다 더 많은 키워드가 연결될 수도 있어. 특히나 장래목표를 가지게 된 이유까지 서술한다고 하면 더 많은 키워드를 떠올려볼 수 있을 거야. 이 단계에서 생각이 명쾌하게 정리되지 않는다고 해서 걱정할 필요는 없어. 생각을 정리하기 위해서 브레인스토밍을 하는 것이기도 하니까.

그런데 키워드 중에는 '취업이 잘 될 것 같아서'와 같은 다분히 현실적인 답변들이 존재하기도 해. 나쁘다는 게 아니야. 취업이 잘 될 것 같아서 학과를 선택했다는 이유도 무시할 수는 없으니까. 단, 앞에서도 이야기 했다시피 너의 전공 선택 이유와 장래 목표가 논리적으로 타당하게 연결되어야 해. 예를 들어서 경제학과에 진학하면 어느 기업이든 쉽게 취업을 할 수 있을 것 같아서 경제학과에 지원했다고 하면 빵점. '어디든 취업이 잘 되겠지'라는 막연한 생각은 논리적 타당성이 매우 떨어지거든. 반면에 네가 '인문학도로서 중공업 관련 기업의 재무 담당자가 되는 것'이 목표인데, 이를 위해서는 경제학과에 진학하는 것이 '업무에 필요한 역량을 기르고 전문가로서 자격을 갖추는 데 가장 적합하다고 판단하여 경제학과에 지원했다'고 하면 이전보다는 논리적 타당성이 높아지지. 따라서 이와 같은 질문에서는 키워드 자체가 100% 순수할 필요는 없어. 논리적 연결성만 탄탄하게 뒷받침된다면 순진하지 못한 키워드도 괜찮아.

3번 질문에 대한 키워드도 다음과 같이 적어볼 수 있어. 참고로 괄호 안에 나열되어 있는 단어들은 활동들에 대한 과정과 결과를 나타내는 키워드들이야.

3. 기억에 남는 활동들을 과정과 결과를 알 수 있게 말해봐. (1000자 이내)

아빠 공장에서 일손 도와드린 것 (부품 조립, 완제품 배열, 포장, 탕수육 포상)

교내 축제 때 교지 전시회 준비한 것 (밤샘, 다툼, 사람들의 좋은 반응)

KDI 시장 경제 교실 참가한 것 (지원 경쟁, 강의, 토론, 지적 받기)

화장실 청소한 것 (청소부장, 관리 감독 철저하게, 인내심, 주번과 협동, 선행상)

1인 1악기 연주 대회에서 반 대표 지휘자 활동 (선곡, 연습, 우승)

등등….

키워드들을 보면 교지 전시회 준비나 KDI 시장 경제 교실 참가, 1인 1악기 연주 대회 참가는 학생부에 있을법한 것들이야. 그런데 아빠 공장에서 일손을 도와드린 일이나 화장실 청소를 한 것은 학생부에 기록되어 있는 스펙이라고 볼 수 없어. 이처럼 질문에 대한 답변으로 스펙과 관련없는 것들을 떠올릴 수도 있어. 다시 한 번 강조하지만 스펙보다 스토리가 중요해. 스토리가 있는 스펙이라면 더할 나위 없이 좋겠지만 그렇다고 해서 스펙에 얽매일 필요는 없어. 너라는 사람을 오롯이 잘 보여주면서 질문에 대한 설득력있는 답변이 되는 스토리라면, 스펙이 아니어도 OK.

이처럼 키워드를 이용해서 자기소개서 질문에 대한 답변을 간단하게 정리해보았다면 이제 다음 단계 Step3으로 넘어가도록 하자.

03 인재상 반영하기

Step3 **인재상 반영하기**

Step1에서 자기소개서 질문 분석을 마치고 Step2에서 키워드를 떠올리는 작업까지 마무리했다면 그 다음에 해야 할 일은 네가 지원할 대학 입학사정관 전형의 인재상에 맞춰서 자기소개서의 콘셉트(Concept)를 명확하게 설정하는 거야. 그런데 인재상을 입학처 홈페이지나 모집요강에 나와있는 멋있는 단어 혹은 문장들 쯤으로 치부해버리는 일은 없었으면 좋겠어. 대학이 괜히 있어 보이고 싶어서 만들어낸 말 같지만, 사실은 그렇지가 않아. 인재상은 대학의 입학사정관 전형이 어떠한 유형의 사람을 가장 선호하는지를 나타내는 실마리를 제공하거든. 예를 들어서 설명해볼게. 여기 A, B, C 세 학생의 자기소개서가 있어. 세 편의 자기소개서를 읽고 난 후, 각각의 자기소개서에 대한 전체적인 느낌이 다음과 같았어.

A : 학교 생활을 성실하게 하고
봉사정신이 투철한 학생

B : 학생회 임원을 비롯한
동아리 부장 활동으로
리더십이 뛰어난 학생

C : 나무 박사로 불리며
나무에 대한 관심과 흥미가
전문가 수준인 학생

A, B, C 학생 중에 가장 우수한 학생과
우수하지 못한 학생을 꼽으면?

우수한 학생은 없다.

우수하지 않은 학생 또한 없다.

그러나
.
.
.

A보다 B를, B보다 C를, C보다 A를

좀 더 선호할 수는 있다.

수많은 학생들 중에서 어떤 유형의 학생을 더 선호하는지를 말해주는 기준, 이것이 바로 인재상이야. 즉, 자기소개서를 읽었을 때 전체적인 콘셉트 혹은 느낌이 대학의 해당 전형이 추구하는 인재상에 가까우면 가까울수록, 1차 서류 심사에서 선택받을 확률이 좀 더 높아진다는 것이지.

그런데 여전히 '자기소개서는 나를 소개하는 글이니까, 나만의 주관대로 쓴다, 인재상 따위를 반영할 필요는 없다'라고 생각하는 친구들이 있을 거야. 그래서 실제 사례를 준비했지. 다음은 아주대학교 'ACE 전형'이 추구하는 인재상이야. 먼저 인재상에 대한 설명을 읽어보도록 하자. 그리고 다음 페이지에 나와있는 H의 자기소개서를 읽어보자. H는 실제로 2012학년도 아주대학교 'ACE 전형'에 지원했고 여기 나와있는 자기소개서도 'ACE 전형'에 접수할 때 제출했던 거야. H의 자기소개서를 읽고 자기소개서에서 드러나는 전체적인 느낌이 'ACE 전형'의 인재상과 가까운지 그렇지 않은지를 생각해보자.

H가 지원했던 아주대 ACE 전형의 인재상
우수한 학교생활을 바탕으로 공동체 의식을 지니고 미래에 에이스 인재로 거듭날 수 있는 학생 → 팔방미인형 인재

1. 자신의 성장과정과 이러한 환경이 자신의 삶에 미친 영향에 대해 기술하세요. (1000자 이내)

'제 삶의 신조는 책임지는 사람이 되자'입니다. 어린 시절 저는, 또래친구들과 잘 다투고 자기만 아는 말썽꾸러기였습니다. 군인이신 아버지께서는 그때마다 잘못을 엄하게 꾸짖으셨고, 회초리를 드시며 스스로 반성할 시간을 갖도록 하셨습니다. 자기 행동에 책임질 줄 아는 사람으로 자라길 바라셨기 때문입니다.

그러나 중학생 때 잠시 이런 교육관에 반발하는 마음이 생겨 아버지와 대화 없이 지낸 적도 있었습니다. 그래서 아버지께서는 저와 가까워지기 위해 함께 농구를 하시면서 학교생활의 어려움은 없는지, 친구관계는 어떤지 살펴 주셨습니다. 그리고 평소의 불만이나, 힘든 일에 대해 말할 수 있는 가족회의 시간을 만드셨습니다. 처음엔 마지못해 참여했지만, 평소 가진 불만을 가족 앞에서 털어놓다 보니 아버지를 비롯한 가족에게 가졌던 오해를 해결할 수 있었습니다. 이런 아버지의 관심 덕분에 자칫 비뚤어지고 흔들리기 쉬운 사춘기를 크게 방황하지 않고 무사히 보낼 수 있었고, 책임감있는 사람으로 성장할 수 있었습니다.

한편 고등학교에 진학하면서는 저는 미래의 꿈을 구체적으로 키울 수 있었습니다. 오랫동안 진로에 대해 고민 하던 중, 드라마 〈혼〉을 보고난 뒤 범죄심리학자를 삶의 목표로 정하게 되었습니다. 그러나 현실적이지 못하다는 주변의 걱정들이 많았고, 저 또한 꿈에 대해 확신하지 못한 채 불안해했습니다. 이를 극복하기 위해 미래에 대한 커리어로드맵을 만들고, 심리학 서적 읽기와 심리학 캠프 활동 참여 등 계획을 세우고, 실천했습니다. 입시에 대한 불안감을 일관되고 지속적인 활동으로 전환하면서 진로선택에 대한 신념을 군건히 할 수 있었고, 이를 통해 인내력과 집중력도 배울 수 있었습니다.

2. 지원동기와 지원한 분야를 위해서 어떤 노력과 준비를 해왔는지 교내외 활동 중 본인에게 가장 의미있다고 생각되는 활동을 기술하세요. (1000자 이내)

고등학교 2학년 때 '나의 꿈 나의 미래'라는 교내 대회에서 '프로파일러-사건의 마스터키인가?'를 주제로 1500명 전교생 앞에서 발표를 했습니다. 처음엔 많이 알려지지 않은 분야를 소개하기에 더 긴장했지만, 당시 이슈가 된 김길태 사건을 소개하며 분위기를 잡아, 잘 마무리 할 수 있었습니다. 대회를 통해 꿈을 보다 구체화 할 수 있었고, 발표 능력도 기를 수 있었습니다. 대회를 준비하던 중 아주대학교의 '진로설정 분야별 멘토 프로그램'과 범죄심리학을 따로 다루는 소학회, '범인'을 알게 되면서 아주대학교 심리학과 진학을 목표로 하게 되었습니다.

그런데 동시에 수학이 심리학 연구에 필요한 통계학의 기초가 된다는 사실도 알게 되었습니다. 수학은 제가 가장 자신없어 하는 과목이었습니다. 학교 수업도 따라가기가 어려웠습니다. 하지만 심리학과 진학을 위해서는 수학에 대한 두려움을 극복해야 했습니다. 그래서 매일 매일 수학 학습 목표량를 세워서 목표치를 달성했을 때마다 하나씩 지워가는 스케줄러를 작성하기 시작했습니다. 처음에는 스케줄러 작성 자체에 대한 번거로움으로 쓰지 않는 날도 많았지만, 일을 완수하는 성취감으로 4개월 동안 계획에 따라 꾸준히 실천하며 끝까지 포기하지 않았습니다. 그 결과 4등급이었던 수학을 2등급으로 향상시켰습니다. 적극적으로 시도해봄으로써 고질병이던 수학에 대한 두려움을 극복했고, 시너지 효과였는지 다른 과목의 성적도 향상 됐습니다.

겨울 방학 때는 서울대학교에서 주최하는 심리학 캠프에서 기초적인 심리학 개론을 배웠습니다. 교수님께서는 범죄심리학자가 되겠다고 한 제게 '심리학의 많은 분야 중 왜 굳이 인간의 추악한 모습을 보려하는가?'라고 물으셨습니다. 이에 '범죄를 예방하기 위해 누군가는 꼭 그런 모습을 보아야만 앞으로 생길 피해자를 막을 수 있기 때문입니다'라고 말씀드렸고, 지금까지도 그 꿈에 대한 의지는 확고합니다. 이런 일련의 활동은 준비된 예비 심리학도로서 아주대학교 심리학과에서 더욱 성장하리라 믿습니다.

이 자기소개서를 읽고난 후의

전체적인 느낌은?

.
.
.

심리학에 꽂혔구나.

과연, H의 1차 서류 심사 결과는?

자기소개서, 이 정도면 그럭저럭 잘 썼어. 매력적인 자기소개서의 핵심 요건인 스토리도 자기소개서 전체에 걸쳐서 잘 나타나있고 말야. 내신이 낮았냐고? 글쎄. H의 내신 등급은 2.5였는데 이 보다 내신이 낮은 [Pitamin Project] 학생이 붙은 것으로 보면 내신이 불합격에 결정적 요인이 된 것 같진 않아.

H가 불합격했던 이유는 전형이 추구하는 인재상과 일치하지 않는 스토리로 자기소개서를 작성했기 때문이었어. H의 자기소개서를 읽어보면 '저는 심리학을 진로 목표로 설정했기 때문에 그와 관련된 준비들을 많이 했습니다'라는 인상이 강하게 느껴지지. 자기소개서의 전체 흐름이 심리학이라는 하나의 분야에 초점(심리학 관련 이야기 소재에 형광펜으로 표시)이 맞춰져 있어. 그런데 ACE 전형은 특정 한 분야뿐만이 아니라 다양한 분야에 관심과 흥미를 가지고 있는 다재다능한 학생을 인재상으로 추구하고 있어. H의 자기소개서에서 느껴지는 전체적인 콘셉트와는 거리가 멀지. H 나름대로 심리학과 관련된 진로 계발 활동을 열심히 했고, 성실하게 학교 생활을 했던 훌륭한 학생이었어. 하지만 ACE 전형이 가장 선호하는 유형의 학생은 아니었던 거야.

중요하니까, 다시 한 번 더 상조할게.

"전형이 추구하는 인재상을 반영하여 자기소개서를 써야 한다"

"대학별·전형별 인재상에 따라 관련 활동이나 실적을 기술하도록 할 수 있다. 지원하는 전형의 특성을 잘 파악한 뒤 본인이 왜 해당 전형에 부합하는 인재인지 부각하라."

— 이화여자대학교 안정희 입학사정관(2011. 07. 06 중앙일보)

"한양대 수시모집 입학사정관 전형은 전형에 따라 인재상과 평가방식의 차이가 뚜렷하다. 지난해 학업우수자전형에 지원했다면 합격할 가능성이 높았던 학생이 미래인재전형에 지원해 불합격하기도 했다. 자신에게 적합한 전형을 미리 알고 준비하는 지혜가 필요하다."

— 한양대학교 오차환 입학처장(2012. 03. 13. 동아일보)

"지원하는 전형의 인재상에 맞고 전공 적합성이 높은 내용을 자기소개서에 작성하도록 해야합니다."

— 숭실대학교 이희정 입학사정관(2011. 07. 28. EBS 뉴스 인터뷰)

자기소개서를 읽었을 때 전체적인 콘셉트 혹은 느낌이
대학의 해당 전형이 추구하는 인재상에 가깝도록 쓴다.

…… 어떻게?

Step2에서 찾아낸

키워드를 인재상에 맞춰 골라낸다.

Step2에서 찾아낸 키워드들이 곧 이야기의 소재가 된다고 했어, 기억나니? 이 키워드들의 조합을 어떻게 만드느냐에 따라 자기소개서가 인재상에 가깝다는 느낌을 줄 수도 있고 멀다는 인상을 줄 수도 있어. 예시를 통해서 확인해보자. 다음 페이지에는 A와 B 유형의 자기소개서가 제시되어 있어. 키워드들의 전체적인 조합만 다를뿐, 나머지는 동일해. 이 조합의 차이에 따라 A와 B 자기소개서의 전체적인 콘셉트가 어떻게 달라지는지 생각해보자.

1. 성격을 알 수 있게 성장과정을 말해봐.
   ### 태도를 알 수 있게 성장과정을 말해봐.
   ### 가치관을 알 수 있게 성장과정을 말해봐. (600자 이내)

주말 농장에서 고추와 감자, 고구마를 꾸준히 기름 (성격 : 끈기)

부모님의 가르침, 효사랑 노인 요양원 봉사활동 (가치관 : 나보다 다른 사람 먼저)

2. 전공을 선택하게 된 이유를 말해봐.
   ### 장래목표를 말해봐. (800자 이내)

(예시 : 경제학과 지원)

전공 선택 이유 :

경제 전문지 기자로서 필요한 기초 경제 지식 갖추려고.

『경제학 콘서트』라는 책을 읽고 흥미를 느껴서.

아하 경제 기자단 활동으로 경제에 재미를 느껴서.

장래목표 : 경제 전문지 기자

3. 기억에 남는 활동들을 과정과 결과를 알 수 있게 말해봐. (1000자 이내)

1인 1악기 연주 대회에서 반 대표 지휘자 활동 (선곡, 연습, 우승)

교내 축제 때 교지 전시회 준비한 것 (밤샘, 다툼, 사람들의 좋은 반응)

1. 성격을 알 수 있게 성장과정을 말해봐. **태도를 알 수 있게 성장과정을 말해봐.** **가치관을 알 수 있게 성장과정을 말해봐. (600자 이내)**
매일 아침 경제 신문 읽고 주요 기사 스크랩 (성격 : 근면성실함) TESAT[경제이해력검증시험] 형편없는 점수, 긍정의 힘으로 극복(태도 : 긍정적)
2. 전공을 선택하게 된 이유를 말해봐. **장래목표를 말해봐. (800자 이내)**
(예시 : 경제학과 지원)   전공 선택 이유 : 경제 전문지 기자로서 필요한 기초 경제 지식 갖추려고. '경제학 콘서트'라는 책을 읽고 흥미를 느껴서. 아하 경제 기자단 활동으로 경제에 재미를 느껴서.   장래목표 : 경제 전문지 기자
3. 기억에 남는 활동들을 과정과 결과를 알 수 있게 말해봐. (1000자 이내)
1인 1악기 연주 대회에서 반 대표 지휘자 활동 (선곡, 연습, 우승) KDI 시장 경제 교실 참가한 것 (지원 경쟁, 강의, 토론, 지적 받기)

A와 B 자기소개서 중에서,

어느 한 쪽 분야로 치우치지 않은
균형 잡힌 사람에 가깝게 느껴지는 자기소개서는?

특정 분야에 뛰어난 자질이나 재능을
보유하고 있는 사람에 가깝게 느껴지는 자기소개서는?

　A는 지원 분야인 경제학뿐만이 아니라 다방면(봉사활동, 문화 예술, 동아리)에 관심과 흥미가 많다고 느껴지는 반면 B는 지원 분야인 경제학에 올인(All-in)한 듯한 인상을 주지. 브레인스토밍을 통해서 찾은 키워드들 중에 무엇을 자기소개서의 중심 이야기 소재로 선택하고 집중하는가에 따라 자기소개서의 전체적인 콘셉트가 해당 전형의 인재상에 가깝게 느껴지기도 하고 멀게 느껴질 수도 있어. 완성된 형태의 자기소개서를 읽지 않더라도 이야기의 중심 소재가 되는 키워드만 확인해봐도 알 수 있지.

　사실, "한 쪽 분야로 치우치지 않은 균형 잡힌 사람"은 2012학년도 중앙대학교 다빈치 인재 전형이 추구하는 인재상이었고 "특정 분야에 뛰어난 자질이나 재능을 보유하고 있는 사람"은 2012학년도 동국대학교 Do Dream 특성화 전형이 추구하는 인재상이었어. 만약 예시로 살펴보고 있는 자기소개서가 중앙대학교 다빈치 전형의 자기소개서 양식이라면, 네가 이 전형에 지원할 때는 B보다 A유형에 가까운 자기소개서를 작성해야겠지?

　그런데 인재상을 반영하여 자기소개서를 쓰라고 하면 대다수의 학생들은 모집 요강이나 홈페이지에 명시되어 있는 인재상에 대한 설명을 적당히 긁어와서 거기서 쓰인 단어나 구, 문장을 자신의 자기소개서에 그대로 차용하는 경우가 많아. 다음을 볼까?

> **해당 학부(과)에 지원한 동기와 입학 후 학업(진로) 계획에 대해 서술하세요.**
>
> 저는 국제 사회와 정치외교 분야에 관심이 많습니다. 그래서 저는 외교와 관련된 G20포럼, 모의유엔에 직접 참여하여 담당한 국가 입장을 대표하면서 학교에서 경험하지 못한 범세계적인 시각과 인종과 민족을 초월한, 성숙한 세계인으로서 깨어있는 의식과 역할, 노력이 중요하다는 것을 깨닫게 되었습니다. 인류 모두가 평화롭게 공영, 공존하는 지구공동사회를 추구하는 ○○대의 이념과 인류 모두가 함께 행복을 누리기 위해 협력하여 노력 해야 한다는 제 가치관이 일치하여 제가 ○○대에 지원하게 되었습니다……(생략)

입학사정관제 파트에서 예시로 보았던 실제 자기소개서의 일부분이야. 형광펜으로 표시된 부분이 '차용'의 대표적인 예야. 이 대학의 홈페이지에 나와있는 단어와 구를 순서만 조금 바꿔서 그대로 자신의 자기소개서에 쓴 거야. 인재상 반영이란 '저는 이 대학의 전형이 추구하는 인재상과 일치합니다'라고 직접적으로 말한다고 되는 게 아니야.

말이 아니라, 너의 과거 행동과 경험들이 그 전형이 추구하는 인재상의 정신, 특성과 일치해야 하는 거야. 그래서 Step2에서 뽑아냈던 키워드들의 조합을 인재상에 맞춰서 조절해주는 거야. 키워드들은 중심 이야기 소재이면서 동시에 말이 아닌 너의 행동과 경험들을 담고 있기 때문이지.

따라서 자기소개서 질문에 대한 답변으로 키워드를 떠올렸다면 해당 전형의 인재상에 맞춰서 키워드를 골라내도록 하자. 여기에 절대적인 정답은 없어. 전형의 인재상에 대한 설명을 차분히 읽어보고 너의 자기소개서가 그 전형이 선호하는 인재와 가까운지 그렇지 않은지를 깊이 있게 생각해봐야 해. 여러 차례 강조하지만 수시 지원 횟수가 6회로 제한된 지금, 자기소개서 한 장만으로도 입학사정관을 설득시킬 수 있어야 해. 그렇기 때문에 인재상 반영은 필수.

키워드 조합을 통해서 인재상 반영 작업을 마무리 했다면 자기소개서의 전체 내용 구조는 완성되었다고 봐도 무방해. 우리가 조금 전에 중앙대학교를 예시로 들었지? 그렇다면 A유형이 인재상을 반영하는 키워드의 전체 조합이면서 동시에 **자기소개서의 기본 골격**이 돼. 나무에 비유하자면 가장 큰 줄기라고 할 수 있지. 줄기를 만들었으니 이제 가지를 뻗어 나가야겠지?

04 이야기를 풍성하게

Step4 스토리 발전시키기

기본 줄기에 가지를 뻗어나가는 '스토리 발전시키기' 작업을 본격적으로 시작해 보도록 할게. A 유형의 자기소개서를 보자. 각각의 질문에 대한 답변으로 제시한 키워드들이 이번 Step4를 거치게 되면 풍성한 이야기로 재탄생하게 돼. 지금부터 는 키워드를 스토리로 발전시키는 구체적인 방법을 알아보도록 할게.

똑같은 글이라도 '스토리'가 되기 위한 조건을 충족시키느냐 그렇지 않느냐에 따라 읽는 사람의 마음을 사로잡는 스토리가 될 수도 있고 그렇지 않을 수도 있어. 여기서 말하는 스토리를 충족시키는 조건이란,

배경, 사건, 인물

을 말해. 원래는 소설 구성의 3요소로 '인물, 사건, 배경'이라고 국어 시간에 배웠을 거야. 그런데 자기소개서는 소설이 아니지? 소설 구성의 3요소와는 조금 달라. 따라서 이 챕터에서 만큼은 논의 전개의 편리성을 위해서 '배경, 사건, 인물'이라고 통칭하도록 할게.

배경과 사건, 인물이 구체적으로 서술되어 있으면 스토리가 있는 매력적인 자기 소개서가 되고 그렇지 않으면 밋밋한 설명문이 돼. Step2에서 찾았던 키워드들을 이용해서 완성된 형태의 문장과 문단을 구현할 때도 이 세 가지 요소를 갖추도록 해야 해. 이를 위해서는 키워드 각각에 대한 배경과 사건, 인물을 간단하게라도 정리해둬야 하지.

이 작업을 하기 위해서는 메모장(혹은 노트)과 연필이 필요해. 일단 메모장에 다음과 같은 표를 그리도록 하자.

여기에 키워드를 적으세요	
배경	
사건	
인물	

이 표에 배경, 사건, 인물을 간략하게 정리하도록 할 거야. 이 표에 정리된 내용을 참고해서 다음 단계인 Step5에서 쓰기 작업을 진행할 거고. 먼저, 배경부터 정리해보자. 배경은 다음과 같이 크게 두 가지의 요소로 구성돼.

배경 = 언제(when) + 어디서(where)

키워드와 관련해서 네가 서술하고자 하는 사건의 배경을 시간 및 공간적인 측면에서 정리해보는 거야. 사건은 시간적인 측면에서 장기적이고 연속적인 '기간'이 될 수도 있고 단기적이고 비연속적인 '날짜' 혹은 '시간'이 될 수도 있겠지. 예를 들자면 '고등학교 1학년 1학기 전체 기간'이 될 수도 있고 '20××년 식목일'이 될 수도 있어. 공간은 '시간'이나 '사건'의 변화에 따라 변할 수도 있고 그렇지 않을 수도 있어. 짧은 시간 내에 발생한 사건으로 그 배경이 ○○사회복지관에 한정될 수도 있고 장기간에 걸쳐서 발생한 사건이라면 교실, 운동장, 화장실 등으로 여러 개가 될 수도 있겠지. 자기소개서를 쓸 때는 공간이 매우 특수한 경우, 사건이 하나의 공간에만 한정되는 경우로만 공간적인 배경을 정리해주도록 하자. 사건의 변화에 따라 공간이 변한다면 중요한 것은 사건이지 공간 자체가 아니거든. 예시를 보자. 자기소개서 A 유형의 3번 질문 중에서 키워드 하나를 선택해서 배경을 정리해보았어.

3. 기억에 남는 활동들을 과정과 결과를 알 수 있게 말해봐. (1000자 이내)
1인 1악기 연주 대회에서 반 대표 지휘자 활동 (선곡, 연습, 우승) 교내 축제 때 교지 전시회 준비한 것 (밤샘, 다툼, 사람들의 좋은 반응)

1인 1악기 연주 대회에서 반 대표 지휘자 활동 (선곡, 연습, 우승)	
배경	언제? 고등학교 1학년 1학기 5월 첫째 주부터 셋째 주까지. 어디서? 학교 (교내)

배경을 간략하게 정리했다면 이제 '사건'을 정리해보도록 하자. 사건이란 네가 정의한 배경 내에서 발생하는 크고 작은 온갖 일들을 의미해. 성적이 떨어진 일, 부모님께 꾸지람을 들었던 일, 주말 농장에서 기른 고구마가 썩어버린 일, 백일장에서 최우수상을 수상한 일 등등…. 이 사건들을 시간 순서대로 펼쳐보는 거야. 함축적인 '키워드'로 표현되어 있던 사건들을 구체적이고 자세하게 풀어놓는 것이지. 예시를 통해서 확인해보도록 하자.

1인 1악기 연주 대회에서 반 대표 지휘자 활동 (선곡, 연습, 우승)	
배경	언제? 고등학교 1학년 1학기 5월 첫째 주부터 셋째 주까지. 어디서? 학교 (교내)

사건	시작? 처음부터 지휘자 자청함.
	과정? 음악 선생님의 조언에 따라 선곡. 연습 일정 조정. 지휘 연습.
	         의상을 맞추기 위한 회의 진행. 의상 주문. 대회 당일 음료수
	         한턱 쐈음.
	결과? 실수없이 지휘 마무리. 청중 반응 좋았음. 학년 우승!

   시간 순서에 따라서 시작부터 과정 결과에 이르기까지 발생했던 사건들을 간략하게 '구'의 형태로 정리했어. 예시처럼 '시작', '과정', '결과'를 중심으로 사건을 펼쳐 놓아도 되고 '처음-중간-끝'으로 정리해도돼. 이외에도 시간 순서대로 사건을 펼쳐 놓기 위한 여러가지 방법이 있을 수 있겠지? 네가 편한 방식을 선택하면 돼. 예시에 나와있는 것을 그대로 따를 필요는 없어.

   한편, 위의 표를 보면 형광펜으로 따로 표시해둔 것들을 확인할 수 있을 거야. 이 형광펜으로 표시한 것들에는 공통점이 있어. 무엇이냐면,

"네가 어떤 행동을 했는지?"

를 나타내. 사건이란 네가 정의한 배경 내에서 발생하는 크고 작은 온갖 일들이라고 했지? 그 크고 작은 온갖 일들의 중심에 너의 행동(Action)이 존재해야 해. 왜냐하면 사건에서 가장 중요한 것은 다른 사람들의 반응도 아니고, 겉으로 보이는 현상도 아니야. 자기소개서이기 때문에 네가 어떻게 행동했느냐, 이것이 가장 중요해. 따라서 너의 행동을 중심으로 사건을 시간 순서대로 펼쳐놓도록 하자.

사건을 간략하게 정리했다면 이제 마지막으로 '인물'을 정리하도록 하자. 배경과 사건이 정리되면 인물 정리하기는 쉬워. 네가 기술하고자 하는 사건에서 등장하는 주요 인물들을 적으면 돼. 이번에도 예시를 통해서 확인해보자.

1인 1악기 연주 대회에서 반 대표 지휘자 활동 (선곡, 연습, 우승)	
배경	언제?　고등학교 1학년 1학기 5월 첫째 주부터 셋째 주까지. 어디서?　학교 (교내)
사건	시작?　처음부터 지휘자 자청함. 과정?　음악 선생님의 조언에 따라 선곡. 연습 일정 조정. 지휘 연습. 　　　　의상을 맞추기 위한 회의 진행. 의상 주문. 대회 당일 음료수 　　　　한턱 쐈음. 결과?　실수 없이 지휘 마무리. 청중 반응 좋았음. 학년 우승!
인물	나, 음악 선생님, 반 친구들, 대회 당일 청중

어때, 간단하지? 나머지 다른 키워드들도 이와 같은 방식으로 배경과 사건, 인물을 정리하면돼. 이렇게 스토리 발전시키기 작업을 모두 끝마쳤다면 이제 다음 단계 '자유롭게 쓰기'로 넘어가도록 하자.

1. 성격을 알 수 있게 성장과정을 말해봐.
   태도를 알 수 있게 성장과정을 말해봐.
   가치관을 알 수 있게 성장과정을 말해봐. (600자 이내)

주말 농장에서 고추와 감자, 고구마를 꾸준히 기름 (성격 : 끈기)

부모님의 가르침. 효사랑 노인 요양원 봉사활동 (가치관 : 나보다 다른 사람 먼저)

2. 전공을 선택하게 된 이유를 말해봐.
   장래목표를 말해봐. (800자 이내)

(예시 : 경제학과 지원)

전공 선택 이유 :

경제 전문지 기자로서 필요한 기초 경제 지식 갖추려고.

『경제학 콘서트』라는 책을 읽고 흥미를 느껴서.

아하 경제 기자단 활동으로 경제에 재미를 느껴서.

장래목표 : 경제 전문지 기자

3. 기억에 남는 활동들을 과정과 결과를 알 수 있게 말해봐. (1000자 이내)

1인 1악기 연주 대회에서 반 대표 지휘자 활동 (선곡, 연습, 우승)

교내 축제 때 교지 전시회 준비한 것 (밤샘, 다툼, 사람들의 좋은 반응)

1인 1악기 연주 대회에서 반 대표 지휘자 활동 (선곡, 연습, 우승)		
배경	언제?	고등학교 1학년 1학기 5월 첫째 주부터 셋째 주까지.
	어디서?	학교 (교내)
사건	시작?	처음부터 지휘자 자청함.
	과정?	음악 선생님의 조언에 따라 선곡. 연습 일정 조정. 지휘 연습. 의상을 맞추기 위한 회의 진행. 의상 주문. 대회 당일 음료수 한턱 쐈음.
	결과?	실수 없이 지휘 마무리. 청중 반응 좋았음. 학년 우승!
인물	나, 음악 선생님, 반 친구들, 대회 당일 청중	

05 즐거운 타자질

Step5 자유롭게 쓰기

스토리 발전시키기 작업까지 마무리했다면, 이제 해야 할 일은 문장 쓰기. 자기소개서 질문에 대한 답변을 한 문장으로 적고 앞 단계에서 정리했던 배경, 사건, 인물에 따라서 구체적으로 서술할 스토리를 여러 개의 문장으로 쓰는 단계야. 다음과 같은 구조를 따르면서 문장을 써주면 돼.

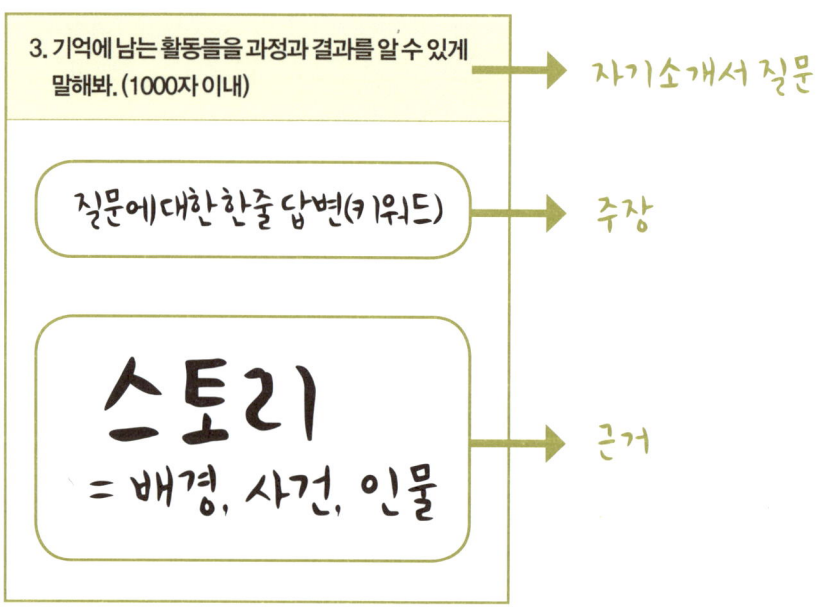

이 그림을 보면 자기소개서 질문에 대해 Step2에서 찾은 키워드나 한줄 답변이 글의 가장 처음에 나오는 것을 알 수 있어. 조금 유식한 말로 두괄식이라고 하지? 스토리는 매력적인 자기소개서를 완성하는 필수 요소가 되지만 스토리만으로 자기소개서를 완성할 순 없어. 설득을 위한 분명한 '주장'이 있어야 해. 주장을 두괄식으로 가장 먼저 제시한 다음 주장에 대한 근거로써 스토리를 풀어나가야 하지. 미괄식이 아닌 두괄식으로 서술해야 하는 이유는 간단해. 입학사정관에게 최대한 임팩트있게 너의 주장을 전달하기 위해서. 입학사정관이 읽어야 할 자기소개서가 몇 장이 될지 상상해봤니? 적게는 수십 장 많게는 수백 장에 이르지. 입학사정관도 사람이야. 자기소개서를 읽는 내내 동일한 수준의 집중력을 유지할 순 없어. 자기소개서를 읽기 시작했을 때 자기소개 질문에 대한 지원자의 분명한 답변을 파악할 수 없으면 집중력이 떨어지게 되고 네가 전달하고자 하는 메시지가 입학사정관의 머릿속에 각인되지 못하고 그대로 날아가 버리지. 설득에 실패하는 거야. 따라서 질문에 대한 답변 혹은 주장을 두괄식으로 먼저 제시하고 그 다음에 그에 대한 근거로 스토리를 풀어나가도록 하자.

한편, 이 단계에서 문장 쓰기를 할 때 주의해야 할 점이 있어. 뭐냐면,

① 표현은 일기를 쓰듯 편안하고 자유롭게 한다.
② 주장과 근거(스토리)를 명확하게 구분한다.
③ 스토리는 배경, 사건, 인물을 따르도록 한다.

이번 단계의 소제목은 '자유롭게' 쓰기야. 여기서 말하는 자유로움은 겉으로 드러나는 '표현'에만 해당해. 내용은 왼쪽 페이지에 나와있는 틀 – 주장과 근거, 배경과 사건, 인물 – 을 벗어나지 않도록 하자. 내용적인 측면에서의 틀은 일종의 뼈대와 같아. 이 뼈대를 벗어나는 내용을 쓰게 되면 내용의 통일성도 떨어지고 논리의 일관성도 떨어지게 돼. 또한 나중에 내용을 정리하기가 어려워지게 돼. 따라서 내용의 틀은 최대한 지키면서 표면적으로 보이는 문장만 자유롭게 쓰도록 하자.

가능한 쉽고 편안한 단어와 표현들을 사용해서 문장을 써야 하는 이유는 문장을 쓸 때 처음부터 품격있는 단어들과 고급스런 표현들을 사용하면 문장이 잘 안 써지거든. 문장이 잘 써지지 않으면 이와 동시에 네 머릿속에 있는 생각들이 제대로 표현되지가 않아. 그렇기 때문에 어휘나 표현, 맞춤법 등에 얽매이지 말고 쓰라는 거야. 그렇다고 해서 유치하거나 어색한 표현들을 써서 그대로 자기소개서를 제출하라는 의미는 아니야. 여기서는 일단 최대한 자유롭게 쓰고, 마지막 Step6에서 고쳐쓰면 돼. 앞 페이지에 이어서 자기소개서 A 유형의 3번 질문을 예시로 보여줄게. 예시를 참고해서 어떤식으로 문장을 쓰면 되는지를 파악해두도록 하자.

1인 1악기 연주 대회에서 반 대표 지휘자 활동 (선곡, 연습, 우승)	
배경	언제? 고등학교 1학년 1학기 5월 첫째 주부터 셋째 주까지. 어디서? 학교 (교내)
사건	시작? 처음부터 지휘자 자청함. 과정? 음악 선생님의 조언에 따라 선곡. 연습 일정 조정. 지휘 연습. 　　　의상을 맞추기 위한 회의 진행. 의상 주문. 대회 당일 음료수 　　　한턱 쐈음. 결과? 실수 없이 지휘 마무리. 청중 반응 좋았음. 학년 우승!
인물	나, 음악 선생님, 반 친구들, 대회 당일 청중

3. 기억에 남는 활동들을 과정과 결과를 알 수 있게 말해봐. (1000자 이내)

주장
(두괄식)

가장 기억에 남는 활동 첫 번째는 고등학교 1학년 1학기 때 열렸던 '1인 1악기 연주 대회'에서 반 대표로 지휘자를 하게 된 경험이다.

평소 나서는 걸 좋아해서 가장 먼저 내가 지휘자를 하겠다고 했다. 다른 반은 자기들끼리 알아서 곡을 선택했지만 나는 반 친구들과 함께 음악 선생님께 선곡을 부탁했다. 음악 선생님이 선택해주신 곡은 〈Sister Act〉라는 영화의 'I'll follow him'이었다. 원곡을 들어보니 손발이 오그라드는 것만 같았다. 그래도 음악 선생님의 센스를 믿고 열심히 연습했다. 지휘자의 사명감으로 다른 반이 연습을 안할 때 음악실을 따로 예약해서 연습을 하고 주말에도 시간이 되는 친구들만 따로 모아서 연습을 했다. 혼자서 지휘 연습을 하고 음악 선생님께 코치를 부탁하기도 했다. 대회 1주일 전에는 반의 단합과 합창의 완성도를 높이기 위해 친구들에게 의상을 맞출것을 제안했다. 그래서 회의를 진행하여 의상도 맞추었다. 파이팅의 의미로 대회 당일에는 반 전체에 음료수를 샀다. 결과는 성공적이었다. 충분한 연습 덕분에 지휘도 실수없이 잘 했고 사람들의 반응도 뜨거웠다. 우리는 학년 전체 1등을 했고 담임 선생님은 수고했다며 반 전체에 피자를 사주셨다. 모두가 함께 열심히 노력한 결과가 좋아서 기뻤다. 무엇보다도 그 과정 자체가 즐거웠다. 두 번째는…(생략)

근거 (스토리 = 배경 + 사건 + 인물)

06 다듬고 고치고 고치고 고치고

Step6 고쳐쓰기

이제 다 왔어. 매력적인 자기소개서 작성 마지막 단계, 고쳐쓰기야. Step5에서 완성했던 자기소개서를 이 단계에서 고쳐쓰면 돼. 예의바르고 격식있는 단어들과 표현들을 사용해서 말야. 고쳐쓰기를 할 때 1차적으로는 지금부터 소개될 고쳐쓰기 가이드라인에 따라서 너 스스로 해보도록 하고, 그 다음부터는 국어 선생님께 맞춤법이나 어색한 표현들, 내용적으로 추가하거나 삭제할 부분을 검토해달라고 부탁드리자. 너 혼자서 고쳐쓰는 데는 분명히 한계가 있거든. 형식적인 측면에서 고쳐쓰기의 가이드라인은 크게 여섯 가지로 정리할 수 있어.

첫째, 해당 학교에서 제공하는 기본 형식에 맞추도록 한다. 일반적으로 각 대학은 자기소개서와 관련된 기본 틀이나 형식을 학생들에게 미리 공지하거나 아예 정해진 형식의 기재란을 배포하는 경우가 많아. 글씨 모양, 글씨 크기, 줄 간격, 정해진 글자 수가 이에 해당하지. 정해진 형식을 준수하는 것은 가장 기본적인 사항이야. 그럼에도 불구하고 수많은 지원자들 중에서 어떻게든 눈에 띄고 싶은 욕심에 형식을 지키지 않고 자기소개서를 제출하는 학생들이 종종 있어. 그래야만 좋은 평가를 받을 수 있다는 생각을 하기 때문이지.

천만에.

독자의 마음을 사로잡는 매력적인 자기소개서는 기본 형식을 지킨다는 전제에서부터 출발해. 사람 냄새나는 진솔한 이야기가 풍부하게 제시되어있다 할지라도 가장 기본적인 형식을 지키지 않으면 그것은 규정을 어기는 행위가 돼. 불합격으로 가는 가장 빠른 지름길을 선택한 셈이지.

둘째, 문단 나누기를 한다. 다음 두 편의 자기소개서는 입학사정관제 파트에서 소개되었던 자기소개서야. 네가 입학사정관이라면 두 편의 자기소개서를 '처음' 보았을 때 '첫인상'이 어떨 것 같아?

해당 학부(과)에 지원한 동기와 입학 후 학업(진로) 계획에 대해 서술하세요.

저는 국제 사회와 정치외교 분야에 관심이 많습니다. 그래서 저는 외교와 관련된 G20포럼, 모의유엔에 직접 참여하여 담당한 국가 입장을 대표하면서 학교에서 경험하지 못한 범세계적인 시각과 인종과 민족을 초월한, 성숙한 세계인으로서 깨어있는 의식과 역량, 노력이 중요하다는 것을 깨닫게 되었습니다. 인류 모두가 평화롭게 공영, 공존하는 지구공동사회를 추구하는 ○○대의 이념과 인류 모두가 함께 행복을 누리기 위해 협력하여 노력 해야 한다는 제 가치관이 일치하여 제가 ○○대에 지원하게 되었습니다. 최근 평창 동계올림픽 유치와 G20 정상회담, FTA 등 국가간의 이해관계가 상충되는 상황에서 컨벤션 기획자 역할의 중요성을 알게 되었고 회의 환경을 직접 기획하는 일을 전문적으로 배우고 싶어 컨벤션 경영학과에 지원하게 되었습니다. 저는 ○○대에 입학하여 컨벤션 경영의 이론과 기술, 컨벤션 유치와 이벤트series 전시 운영 실무를 익히고 싶습니다. 현재 제 영어실력은 원어민 수준이나 중국어와 스페인어 등 외국어 공부를 더해서 컨벤션경영 전문가로서의 언어구사 능력과 자질을 갖추고자 노력할 것입니다. 수준 높은 정신을 키우는 문화적 소양이 중요하다고 생각합니다. 외국 관광객들이 65조충밀당보다는 북촌 한옥마을에 감동하듯이 외교나 관광, 비즈니스 산업 전반에 걸쳐 우리 전통문화를 현대적인 시각으로 접목시킬 수 있는 전문인이 되고 싶습니다. 그 이유는 2010년, 2011년 연등행렬과 템플스테이와 외국어 연등만들기 대회, 연등축제에서 외국인 안내자원봉사를 하며 외국인들이 체험을 통한 문화활동을 가장 좋아한다는 것을 알게 되었기 때문입니다. 2011년 1월 ○○대 △△캠퍼스에서 'Global Classroom' 스텝으로 참가하여 회의진행을 배웠습니다. 현재 'Global Classroom'이 국제학부에서만 운영되고 있지만 입학 후 국제학부와 컨벤션경영학과 선배들, 동료들과 'Global Classroom' 모의유엔을 함께 기획하고 진행해보고 싶은 목표도 있습니다.

→ 문단 나누기 전혀 없음.

:

'어휴, 글씨가 빽빽하네. 갑갑하다'

지원동기와 지원한 분야를 위해 어떤 노력과 준비를 해왔는지 교내외 활동 중 본인에게 가장 의미 있다고 생각되는 활동을 기술하세요.

농사일과 방앗간 일을 하시는 부모님께서는 평소에 농기계를 많이 사용하십니다. 기계가 고장나면 부모님께서는 손수 기계를 고치곤 하셨는데, 이 과정에서 여러 차례 몸을 다치곤 했습니다. 부모님의 그런 모습을 보면서 저는 늘 안타까움을 느꼈고, 농기계를 보다 안전하고 편리하게 사용할 수 있는 방안에 대해서 고민하게 되었습니다. 그리고 이 과정에서 자연스럽게 기계공학에 관심을 갖게 되었습니다.

특히, 고등학교 1학년 때 단위 체험소로는 세계 최대인 포스코 광양제철소를 방문할 기회가 있었습니다. 저는 그 곳에서 철강 제품을 만들어 내는 과정 속에서 뿜어져 나오는 열기와 땀방울들을 느낄 수 있었습니다. 그리고 현장 관계자로부터 이 모든 과정이 과학적 지식을 바탕으로 만들어지고 있다는 설명을 들었습니다. 놀라움과 흥분으로 가슴이 두근거렸습니다. 바로 이 때 저는 기계공학을 대학 전공 과목으로 공부해야겠다는 결심을 하게 되었습니다. 그래서 기계공학 분야에 전통이 있고 분명한 비전을 가지고 있는 ○○대학교 기계공학과에 지원하게 되었습니다.

기계공학으로 진로 목표를 결정한 후, 저는 고등학교 2학년 때부터 이과를 선택하여 수학과 과학 과목에 더욱 관심을 갖고 열심히 공부하기 시작했습니다. 또한 교내 정규 수업 뿐만이 아니라 EBS 강의와 심화 강좌를 수강하는 등 저 스스로 대학수학능력을 향상시키기 위해 노력했습니다.

또한 집에 새로운 기계가 들어오면 분해해 보기도 하고 직접 작동하면서 사용시의 여러 불편 사항을 점검해 보는 등 기계에 대한 관심을 놓지 않았습니다. 물론 이 과정에서 실수를 하여 부모님께 꾸중을 듣기도 하고, 어떤 날은 그 실수가 도움 지나쳐서 기술자를 동원하여 수리해야 하는 사태도 있었습니다. 하지만 이러한 경험을 통해서 저는 기계 공학을 몸소 배우고 느낄 수 있었습니다.

→ 문단 나누기 있음.

:

'읽기 편하겠다'

문단 나누기 자체가 당락을 좌우할 만큼 엄청나게 중요한 요소는 아니야. 하지만 독자인 입학사정관에게 단락 나누기가 된 자기소개서와 그렇지 않은 자기소개서는 전혀 다른 인상을 줄 수 있어. 같은 값이면 다홍치마. 또한 단락 나누기를 하게 되면 읽는 사람의 집중력을 지속적으로 유지시킬 수 있다는 점에서도 좋아. 다음을 볼까?

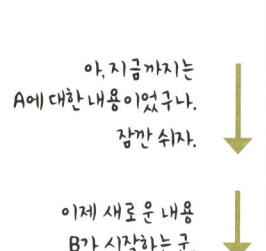

아, 지금까지는
A에 대한 내용이었구나.
잠깐 쉬자.

이제 새로운 내용
B가 시작하는군.

> 지원동기와 지원한 분야를 위해 어떤 노력과 준비를 해왔는지 교내외 활동 중 본인에게 가장 의미 있다고 생각되는 활동을 기술하세요.
>
> 농사일과 방앗간 일을 하시는 부모님께서는 평소에 농기계를 많이 사용하십니다. 기계가 고장나면 부모님께서는 손수 기계를 고치곤 하셨는데, 이 과정에서 여러 차례 몸을 다치셨습니다. 부모님의 그런 모습을 보면서 저는 늘 안타까움을 느꼈고, 농기계를 보다 안전하고 편리하게 사용할 수 있는 방안에 대해서 고민하게 되었습니다. 그리고 이 과정에서 자연스럽게 기계공학에 관심을 갖게 되었습니다.
>
> 특히, 고등학교 1학년 때 단위 제철소로는 세계 최대인 포스코 광양제철소를 방문할 기회가 있었습니다. 저는 그 곳에서 철강 제품을 만들어 내는 과정 속에서 뿜어져 나오는 열기와

그림과 다르게 단락 나누기가 되어 있지 않으면 읽는 사람은 쉬어야 할 포인트를 찾지 못하기 때문에 쉽게 피로감을 느끼게 돼. 집중력이 떨어질 수밖에 없겠지. 사람의 머리가 쓸 수 있는 에너지는 한정되어 있으니까.

그렇다면 단락 나누기는 어떻게 해야 할까? 단락 나누기를 할 때는 '1 단락 = 1 주제'의 원칙만 기억해두면 돼. 한 단락별로 하나의 주제를 담는 거야. 이야기 소재가 달라지거나 서술하는 시간이나 시점이 변화될 때 주제도 같이 변하니까 이 때 단락을 구분해주면 돼.

그런데 정해진 글자수를 다 채우고도 단락 나누기가 잘 되지 않는다? 그렇다면 네가 서술하는 내용에 대해서 너 스스로 주제를 분명하게 정리하지 못하고 있다는 것을 의미할 수도 있어. 이럴 때는 언어 영역 문제집을 풀 때와 마찬가지로 네가 쓴 글의 주제가 무엇인지 스스로에게 질문을 던져보면 돼. 너 스스로가 답을 하지 못한다면? 주제가 분명치 않다는 거야. 이럴때는 무작정 쓰기보다 다시 한 번 생각을 정리해보도록 하자.

셋째, 구어체적인 속어와 은어를 사용하지 않는다. 속어는 비격식적인 어휘나 표현으로 주로 사적인 상황이나 집단에서 사용돼. 은어는 속어와 비슷한데 특정 집단에서만 사용되는 용어라는 점에서 약간의 차이점이 있지. 쉽게 말하자면 너희들 사이에서 문자를 주고 받거나 채팅을 할 때 쓰이는 용어나 표현들이 은어에 속하는 경우가 많아. 자기소개서는 일종의 공식 문서이기 때문에 속어와 은어를 사용하지 말아야 한다는 사실은 너희들도 이미 잘 알고 있을 거야. 그런데 문제는 휴대전화와 인터넷을 통해 너무나도 자주 속어와 은어를 사용하다보니 이것이 속어인지 은어인지 제대로 인식하지 못한채 자기소개서를 제출하는 친구들이 생각보다 많다는 점이야. 따라서 속어와 은어는 혼자서 수정하려고 하기보다는 학교 선생님이나 부모님께 부탁해서 문어체적인 어휘와 표현으로 수정하도록 하자.

넷째, 높임법을 사용한다. 글을 읽는 입학사정관과 너는 어떤 사이지? 무슨 관계가 있지? 아무런 사이도 아닌, 남이지. 글을 쓰는 너와 읽는 사람인 입학사정관과의 심리적 거리가 멀어. 그렇기 때문에 격식체를 사용해야해. 왜냐고? 그게 한글의 규칙이니까. 한편, 입학사정관은 너보다 나이가 많은 어른이야. 그렇기 때문에 격식체 중에서도 합쇼체의 높임법을 써야해. 합쇼체, 어디서 많이 들어봤던 거다, 그치? 간단하게 말하자면 합쇼체란 평서문이 '-ㅂ니다'로 끝나는 문체를 지칭해. 다음의 예시를 보자. 형광펜으로 표시된 부분이 합쇼체의 종결어미야.

한꺼번에 그 모든 문제를 해결하기가 쉽지만은 않았습니다.
봉사활동을 통해서 나눔의 즐거움을 깨달을 수 있었습니다.

간혹 글자수가 부족해서 다음과 같은 문체로 자기소개서를 제출하는 친구들이 종종 있어.

한꺼번에 그 모든 문제를 해결하기가 쉽지만은 않았다.
봉사활동을 통해서 나눔의 즐거움을 깨달을 수 있었다.

이와 같이 '-다'의 종결어미를 갖춘 문장을 '해라체'라고 하는데 이것은 일반적으로 상대방을 낮출 때 쓰여. 입학사정관은 너보다 나이가 많은 어른이라고 했지? 글자수가 부족하다고 말이 짧아지면, 독자인 입학사정관을 낮추는 것과 마찬가지. 그러니 반드시 합쇼체의 종결어미로 높임법을 쓰도록 하자.

다섯째, 문장 길이는 되도록 짧게 한다. 문장을 길고 화려하게 쓸수록 잘쓴 글이라고 생각하는 친구들이 의외로 많아. 다음의 예시를 볼까?

> …(생략) 따라서, ○○대학교 건축학부에 진학하는 것이 건축적 소양을 넓히고, 예술가로서의 미적 감각과 건축의 기술적인 능력을 연마하여 건축가로서 성장하는 데 밑거름이자 원동력이 되기에 적합하다고 생각했고 또 그것이 저의 적성에 맞다고 판단했기 때문에 ○○대학교 건축학부에 지원하게 되었습니다. 진로를 확고히 정했던 근 2년간 학업에 소홀하지 않을뿐더러 교내 진로체험 맞춤형 교육에서 건축을 선택하여 교육을 받고, 관련도서를 정독하며 도서에 등장하는 명소를 답사하는 등의 활동을 통해 적은 양이라도 건축에 대한 기본 지식을 쌓는 토대가 되게끔 노력했습니다.

띄어쓰기를 포함하여 전체 305자의 글에서 문장이 딱 두 개야. 한 문장의 길이가 상당히 긴 편이지. 문장이 길어지면 전달하고자 하는 메시지가 독자에게 분명하게 인식되지 않아. 또한 독자 입장에서는 쉬어야 할 지점을 찾지 못하다보니 쉽게 피로감을 느끼게 돼. 문장이 길어지다보니 했던 말을 또 반복하는 사태가 발생하기도 하고. 말하자면, 중언부언하는 거야. 자기소개서의 궁극적인 목적은 설득이야. 설득을 위해서는 너의 주장과 근거가 독자에게 간단명료하게 표현되어야해. 즉, 짧고 단순한 문장을 써야 하지. 문장이 짧다고 해서 너의 지적 수준이 낮다고 생각하는 사람, 아무도 없어. 오히려 짧고 간결한 문장으로 전달하고자 하는 메시지가 정확하게 표현되면 훌륭한 자기소개서라는 평가를 받을 수 있지.

문장을 간결하게 쓰기 위해서는 세 가지의 원칙만 기억해두면 돼.

① 마침표로 끝나는 하나의 문장에는 하나의 메시지만 담자.
② 쉼표를 이용할 때는 최대 두 문장까지만 연결하도록 하자.
③ 접속사나 지시어를 이용해서 문장을 자연스럽게 연결하자.

이 두 가지 원칙을 반영해서 앞에서 살펴보았던 예시를 고쳐보면 다음과 같아.

···(생략) 따라서, ○○대학교 건축학부에 진학하고자 합니다. 왜냐하면 그것이 건축적 소양을 넓히고, 예술가로서의 미적 감각과 건축의 기술적인 능력을 연마하여 건축가로서 성장하는데 밑거름이자 원동력이 되기에 적합하다고 생각하기 때문입니다. 또 그것이 저의 적성에 맞다고 판단했습니다. 한편, 진로를 확고히 정했던 근 2년간 학업에 소홀하지 않았습니다. 교내 진로체험 맞춤형 교육에서 건축을 선택하여 교육을 받고, 관련도서를 정독하며 도서에 등장하는 명소를 답사했습니다. 이와 같은 활동을 통해 적은 양이라도 건축에 대한 기본 지식을 쌓는 토대가 되게끔 노력했습니다.

문장 하나 당 하나의 메시지로 문장을 짧게 끊어보았어. 그런데 이렇게 문장을 나누게 되면 문장간의 연결이 부자연스러워지기도 해. 그래서 지시어와 접속사를 사용해서 문장과 문장을 연결해주었어. 형광펜으로 표시된 부분이야. '한편'은 접속사(그리고, 그런데, 그럼에도 불구하고 등)이고 '이와 같은'은 지시어(이처럼, 그렇게, 저것 등)야. 지금은 언어영역 시간이 아니니까 문법적인 설명은 여기까지만 하도록 할게. 혹시 혼자서 문장 짧게 다듬기가 어렵다면, 학교 국어 선생님께 조언을 구하도록 하자. 대학이 걸린 문제인데, 이 정도 정성은 들여야겠지?

여섯째, 피동형 표현을 쓰지 않는다. 피동형 표현이란 주어가 다른 주체에 의해서 동작이나 행위를 당하게 된다는 의미로 접미사 '-이,히,리,기'나 '-어지다, 되다, 게 되다'와 같은 말이 들어있어. 우리말은 행위나 동작이 아닌 '사람'을 문장의 주체로 여기는 정신에 뿌리를 두고 있기 때문에 피동문보다는 능동문이 훨씬 자연스러워. 다음의 문장을 볼까?

'우연한 기회로 친구와 함께 수원에 있는 효사랑 요양원에 봉사를 가게 된 저는 그곳에서 안연희 할머님과 주귀례 할머님을 뵙고 지금까지 했던 시간 보내기 식 봉사활동과는 전혀 다른 경험을 하게 되었습니다'

특별히 이상한 점이 없는 것 같지만 사실 이 문장에서도 피동형 표현들이 쓰였어. '봉사를 가게 된'과 '경험을 하게 되었습니다', 이 두 가지. 가게 된(가게 되다) 혹은 하게 되었다(하게 되다)는 피동형 표현의 대표적인 예라고 할 수 있어. 영어의 번역투 문장을 어렸을 때부터 접하다보니 피동형 표현이 어색하다는 사실조차도 인지하지 못하는 친구들이 많아. 본인이 읽어봤을 때 큰 문제가 없다하더라도 독자인 입학사정관의 입장에서는 어색하고 불편하게 느껴질 수 있으니까 반드시 피동형 표현들은 능동형으로 바꿔주도록 하자.

'우연한 기회로 친구와 함께 수원에 있는 효사랑 요양원에 봉사를 갔던 저는 그곳에서 안연희 할머님과 주귀례 할머님을 뵙고 지금까지 했던 시간 보내기 식 봉사활동과는 전혀 다른 경험을 했습니다'

지금까지 우리는 고쳐쓰기를 할 때 참고할 수 있는 기본 가이드라인 여섯 가지를 살펴보았어.

첫째, 해당 학교에서 제공하는 기본 형식에 맞추도록 한다.

둘째, 문단 나누기를 한다.

셋째, 구어체적인 속어와 은어를 사용하지 않는다.

넷째, 높임법을 사용한다.

다섯째, 문장 길이는 되도록 짧게 한다.

여섯째, 피동형 표현을 쓰지 않는다.

이 외에도 고쳐쓰기를 할 때 생각해야 할 사항들을 간략히 정리해보면 다음과 같아.

– 한자어나 외래어는 어쩔 수 없는 경우를 제외하고는 우리말로 순화해서 사용하도록 한다.

– 전문용어는 본인이 정확히 알고 있는 것만 사용하도록 한다.

– 똑같은 어휘 표현을 한 문장 내에서나 앞뒤 문장에서 반복 사용하는 것을 피한다.

– 추상적이고 애매모호한 표현들은 최소화한다.

– 맞춤법을 따른다.

– 만일을 대비해서 복사본을 준비해둔다.

위의 사항들을 반영해서 Step5에서 함께 보았던 예시를 고쳐 써보았어. 어떤 부분이 잘못되었고, 그것을 어떤식으로 수정했는지에 유의하면서 예시를 살펴보도록 하자. 다음 장으로 넘겨볼래?

3. 기억에 남는 활동들을 과정과 결과를 알 수 있게 말해봐. (1000자 이내)

　　가장 기억에 남는 활동 첫 번째는 고등학교 1학년 1학기 때 열렸던 '1인 1악기 연주 대회'에서 반 대표로 지휘자를 하게 된 경험이다. 평소 나서는 걸 좋아해서 가장 먼저 내가 지휘자를 하겠다고 했다. 다른 반은 자기들끼리 알아서 곡을 선택했지만 나는 반 친구들과 함께 음악 선생님께 선곡을 부탁했다. 음악 선생님이 선택해주신 곡은 〈Sister Act〉라는 영화의 'I'll follow him'이었다. 원곡을 들어보니 손발이 오그라드는 것만 같았다. 그래도 음악 선생님의 센스를 믿고 열심히 연습했다. 지휘자의 사명감으로 다른 반이 연습을 안 할 때는 음악실을 따로 예약해서 연습을 하고 주말에도 시간이 되는 친구들만 따로 모아서 연습을 했다. 혼자서 지휘 연습을 하고 음악 선생님께 코치를 부탁하기도 했다. 대회 1주일 전에는 반의 단합과 합창의 완성도를 높이기 위해 친구들에게 의상을 맞출 것을 제안했다. 그래서 회의를 진행하여 의상도 맞추었다. 파이팅의 의미로 대회 당일에는 반 전체에 음료수를 쐈다. 결과는 성공적이었다. 충분한 연습 덕분에 지휘도 실수없이 잘 했고 사람들의 반응도 뜨거웠다. 우리는 학년 전체 1등을 했고 담임 선생님은 수고했다며 반 전체에 피자를 사주셨다. 모두가 함께 열심히 노력한 결과가 좋아서 기뻤다. 무엇보다도 그 과정 자체가 즐거웠다. 두 번째는… (생략)

공백 포함 전체 663자

3. 기억에 남는 활동들을 과정과 결과를 알 수 있게 말해봐. (1000자 이내)

가장 기억에 남는 활동 첫 번째는 고등학교 1학년 1학기 때 열렸던 '1인 1악기 연주 대회'에서 반 대표로 지휘자를 했던 경험입니다. 매사에 적극적인 성격으로 가장 먼저 지휘자를 하겠다고 했습니다. 다른 반은 자체적으로 곡을 선택했지만 저는 반 친구들과 함께 음악 선생님께 선곡을 부탁했습니다. 음악 선생님이 선택해주신 곡은 〈Sister Act〉라는 영화의 'I'll follow him'이었습니다. 딱히 마음에 드는 곡은 아니었지만 음악 선생님의 감각을 믿고 열심히 연습했습니다. 지휘자의 사명감으로 다른 반이 연습을 안할 때나 주말에도 음악실을 따로 예약해서 연습을 했습니다. 혼자서 지휘 연습을 하고 음악 선생님께 지도를 부탁하기도 했습니다. 대회 1주일 전에는 반의 단합과 합창의 완성도를 높이기 위해 친구들에게 의상을 맞출 것을 제안하고 회의를 진행했습니다.

마침내, 대회 당일. 저는 긴장하고 있는 친구들을 격려하는 차원에서 음료수를 샀습니다. 충분한 연습 덕분에 지휘도 실수없이 잘 했고 사람들의 반응도 뜨거웠습니다. 결과는 성공적이었습니다. 저희반은 학년 전체 1등을 했습니다. 담임 선생님은 수고했다며 반 전체에 피자를 사주셨습니다. 모두가 함께 열심히 노력한 결과가 좋아서 기뻤습니다. 무엇보다도 그 과정 자체가 즐거웠습니다.

두 번째는… (생략)

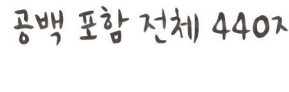

공백 포함 전체 440자

여섯 가지 가이드 라인으로 제시했던 것 중에서 첫 번째 사항만 제외하고 모든 사항들을 적용하여 자기소개서를 수정했어. 추가적으로 언급했던 '똑같은 어휘 표현을 동일한 문장이나 바로 앞뒤 문장에서 반복해서 사용하지 않는다'도 적용되었고. 형광펜으로 표시한 것들이 부적절한 표현들인데 이들이 여섯 가지의 가이드라인 중에서 무엇에 해당하는지는 설명하지 않을거야. 나중에는 너 스스로 고쳐쓰기를 해야 하니까 이 정도는 네가 생각해보길 바랄게.

이렇게 해서 한 차례 정도 고쳐쓰기를 마무리했다면 친구들이나 부모님, 학교 선생님께 부탁해서 어색한 표현이나 수정이 필요한 내용들을 다시 확인하도록 하자. 그리고 최대한 많이 고쳐쓰도록 하자. 자기소개서의 완성도를 최대한으로 끌어올리기는 데 있어 고쳐쓰기 외에는 특별한 방법이 존재하지 않아. 우리가 아는 저명한 작가들도 글 한편을 완성하기 위해 수십 번 이상의 고쳐쓰기 과정을 거쳐. 하물며 글쓰기 경험이 별로 없는 친구들이라면 더더욱 많이 읽고 고쳐쓰도록 해야겠지. 또한 잘 쓰든 못 쓰든 다른 친구들의 자기소개서를 읽어보는 것도 상당히 많은 도움이 돼. 잘 쓴 자기소개서를 볼줄 아는 '눈'이 생기기 때문이야. '눈'이 생기면, 고쳐쓰기가 훨씬 수월해지거든.

지금까지 우리는 예시를 활용해서 매력적인 자기소개서를 쓰는 방법 여섯 단계를 알아보았어. 이 책에서 소개된 방법을 충실히 잘만 따른다면 입학사정관의 마음을 사로잡는 멋진 자기소개서를 완성할 수 있을 거야. 그런데 이 여섯 가지 단계를 한 번에 혼자서 하려면 다소 번거로운 부분이 없지 않아. 특히나 'Step4 스토리 발전시키기'와 'Step5 자유롭게 쓰기'는 컴퓨터와 메모장을 총동원 해야 하기 때문에 다소 귀찮고 복잡하게 느껴질 수도 있어. 그래서 이 책에 소개된 자기소개서 작성 여섯 단계 전체를 이 책의 공식 웹사이트(www.passplay.co.kr)에 옮겨 놓았어. 글쓰기가 자신 없는 학생들도 사이트를 통해서 쉽고 빠르게 매력적인 자기소개서를 완성할 수 있도록 했지. 사이트에서 완성된 자기소개서는 언제든지 파일로 다운받아서 저장할 수 있고.

여섯 단계를 혼자 하기가 부담스럽거나 시간이 촉박하다고 느껴지는 친구들은 사이트를 참고하도록 하자. 자기소개서를 다 쓴 친구들은 이제 면접 파트로 넘어가도 좋아.

지금까지 정말 수고 많았어!

3장

면접은 쉬워?

착각
하지 마!

아래 사항에 유의하여, 실제 면접이라고 생각하고 문제를 풀이해보시오.

(1) 한 시험지 당, 문제풀이 시간은 총 15분입니다.

(2) 한 시험지에 대해 5분짜리 발표를 구성해주십시오.(±1분 가능)

(3) 5분의 발표 동안 화이트보드를 적극적으로 활용해야 합니다.

(4) 시험지 내에는 어떤 표시도 할 수 없으며, 면접장에 들어가기 전
    조교에게 반납하셔야 합니다.

(5) 발표 시 필요한 모든 내용은 나눠드린 연습장에 필기해주십시오.
    (면접장에 지참 가능함)

(6) 시험지 유출 및 기타 규정사항을 어길 시,
    부정행위로 간주하여 불합격 처리될 수도 있음을 알려드립니다.

면접고사 문제지

《자기추천자 전형 인문계열》

다음의 제시문을 읽고, 아래 문제에 답하시오.

(가)

실험자들은 두 개의 피실험 집단에게 다음과 같은 문제상황을 제시하였다.

'600명이 거주하고 있는 어느 마을에 전염병이 돌고 있다. 백신을 두 가지 방법으로 사용할 수 있다면 어떤 방법을 선택하겠는가?'

첫 번째 피실험 집단에게는 아래와 같은 대안이 주어졌다.

"백신 A를 사용하면 마을 주민 600명 중 200명을 살릴 수 있다. 이에 비해 백신 B를 사용할 경우 마을 주민 600명 중 모두가 살아남을 확률이 1/3, 혹은 마을 주민 전체가 죽을 확률이 2/3이다. 둘 중 어떠한 백신을 사용하겠는가?"

이에 반해, 두 번째 피실험 집단에게는 첫 번째 집단과는 다른 형식의 대안이 주어졌다.

"백신 C를 선택하면 마을 주민 600명 중 400명이 죽게 된다. 이에 반해 백신 B를 선택하면 마을 주민 600명 중 전체가 죽을 확률이 2/3인 반면, 전체가 살아남을 확률은 1/3이다."

두 번째 피실험 집단에게 주어진 대안은 첫 번째 피실험 집단의 대안과 말만 다를 뿐, 그 내용은 같다. 하지만 두 피실험 집단의 실험 결과는 극명한 차이를 보였다. 첫 번째 피실험 집단 참여자 중 72%가 백신 A를 사용하겠다고 답한 것에 비해, 두 번째 피실험 집단 중 백신 A와 동일한 효과를 지닌 백신 C를 선택한 사람의 비율은 22%에 불과하였다.

(나)

(다)

　　사자성어 조삼모사(朝三暮四)는 아래의 유래에서 기인하였다.

　　중국 송나라 때 저공(狙公)이란 사람이 원숭이를 많이 기르고 있었다.

　　그러던 어느 날 먹이가 부족하자 저공은 원숭이들에게 이렇게 말했다.

　　"앞으로 너희들에게 도토리를 아침에 3개, 저녁에 4개만 주겠다."

　　그러자 원숭이들이 아침에 도토리 3개로는 배가 고파 못 견딘다며 한바탕 소란을 피웠다. 그래서 저공은 생각을 바꾸어 원숭이들에게 이렇게 제의했다.

　　"그렇다면 아침에 4개를 주고 저녁에 3개를 주겠다."

　　원숭이들은 저공의 이야기를 듣고 모두 기뻐했다.

『열자(列子)』

(라)

　기준점 효과(Anchoring effect)는 인간이 갖고 있는 심리적 특징을 나타내는 용어로, 실제적인 가치를 꼼꼼히 따지기 보다는 자신의 머릿속에 그려지는 기준과 비교해서 판단하는 현상을 의미한다. 이러한 기준점 효과는 경제, 경영, 정치 등 다양한 사회 분야에서 활용되고 있다.

　그 대표적인 예로 세계 유명 명품 매장인 ○○○이 있다. ○○○은 이 효과를 적절히 이용하여 상품을 판매하고 있다. 우선 ○○○ 매장을 방문해보면, 매장 한가운데 흑 다이아몬드 10개가 박힌 값 비싼 시계가 놓여진 것을 볼 수 있다. 시계의 가격은 50억에 육박하는 것으로, 아무리 부유한 사람이라 해도 선뜻 구매하기 어려운 가격이다. 하지만 자신이 시계를 살 수 없다는 사실 때문에, 사람들은 그 시계의 가격에 대해 부러움, 시기, 질투 등 복합적인 감정을 느끼게 된다. 시계를 중심으로는 매장 내 상품들이 배치되어 있는데, 시계에 비해서는 상대적으로 저렴한 가격이다. 하지만 절대적으로 본다면 다른 상품들의 가격 역시 비싼 편에 속하는 것이다. 그러나 이미 시계를 본 고객들은 머리 속에 시계 가격이 기준점이 되어, 다른 상품들이 절대적으로 비싼 가격임에도 불구하고 마치 싼 물건인양 쉽게 구매한다.

[문제1] 제시문 (가)는 인간의 심리에 영향을 미치는 요소에 대해 설명하고 있다.
　　　　이 요소를 (나), (다), (라)에 적용시켜 설명하시오.

[문제2] 제시문 (가)의 요소를 일상생활, 경제, 사회 등에 바람직하게 적용시킬 수 있는
　　　　두 가지 사례를 제시하시오.

15분 동안 2개의 문제를 모두 풀어냈는가?
5분의 발표를 할 수 있을 정도로 문제를 완전히 분석했다면
다음 페이지로 넘겨도 좋다.

면접고사 문제지

《네오르네상스 전형 인문계열 1》

다음은 프로이트와 웨스터마크가 나눈 가상의 대화이다. 두 학자의 입장을 근거로 하여, 자신의 입장을 논리적으로 서술하시오.

웨스터마크: 이봐, 프로이트. 인간은 본능적으로 혈연 간의 성관계를 피하는 존재야. 1891년에 나온 『인간 결혼의 역사』라는 나의 저서를 읽어봤다면 알겠지만, 인간은 천성적으로 혈연 간의 성관계를 원하지 않는다고.

프로이트: 이보게, 웨스터마크. 자네의 생각에는 모순이 있네. 인간은 태어날 때부터 혈연 간의 성관계에 대한 욕망을 가진 존재라구. 만약 그렇지 않다면 오늘날 존재하는 '햄릿'이나 그리스 신화 속 '오이디푸스' 같은 인물은 어떻게 설명할 것인가? 인간이 본능적으로 혈연 간의 성관계를 원하지 않았다면 이런 문학 그리고 예술 작품들은 인류사회에 등장조차 하지 않았겠지. 이것이 바로 인간이 혈연 간의 성관계에 대한 욕구가 있다는 반증이네.

웨스터마크: 그렇게 쉽게 단정지을 수는 없네. 자네의 주장은 과학적 근거가 부재한 단순 추측에 지나지 않아. 나는 '인간은 유아기부터 함께 자란 남녀에게 성적 매력을 느끼지 못한다'라는 가설을 세우고 나름대로 과학적인 실험과 검증을 하고자 노력했네. 나의 검증에 따르면 인간은 유아기부터 함께 지낸 관계인 가족 구성원 누군가에 대해서는 성적인 욕구를 느낄 수 없는 것일세.

프로이트: 자네의 가설에는 한계가 있어. 인간이 태어난 이후 최초로 목격하게 되는 이성이 누구인가? 바로 자신의 부모라네. 남아는 자신의 어머니에 대한 강한 성적

욕구를 느끼는 반면, 여아는 아버지에 대한 강한 성적 욕구를 느끼지. 특히 나는 남아의 어머니에 대한 성적 욕구에 주목했네. 3-5세 즉 남근기에 해당하는 아이에게서 이러한 경향은 강하게 나타나네. '아버지처럼 어머니를 자유롭게 사랑하고 싶다'는 무의식적인 욕망이 아버지에 대한 선망으로 변하면서 아버지와의 동일시가 이루어지는 것이지. 하지만 이 동일시가 어머니에 대한 성적 욕망을 완전히 제거했다는 의미는 아니라네. 근친상간에 대한 인간의 욕구는 본능적으로 존재하는 것이며 완전히 제거하는 것이 불가능한 일이거든.

웨스터마크: 자네의 생각이 신선하다는 것에는 동의하네. 하지만 여전히 과학적인 자료가 부재하지 않은가? 혈연 간의 성관계를 인간이 천성적으로 원한다는 자네의 주장에 대해 추측만이 존재할 뿐 명확한 증거가 없지 않은가? 나의 연구 결과에 따르면, 초창기 인류는 분명 혈연 간의 성관계를 맺은 적도 있네. 하지만 혈연 간의 성관계를 통해 탄생한 아이들이 빨리 죽거나 혹은 기형적인 장애를 갖는 모습을 보며 자연스럽게 인류사에서 이러한 욕구는 도태되었지. 혈연 간의 성관계가 생물학적으로 위험하다는 것을 안 후, 인간들은 이에 대한 아무런 욕구도 느끼지 못하게 된 것이네.

프로이트: 자네 성경을 읽어보면 알겠지만, 아담과 이브는 사실 남매 관계였네. 아담과 이브를 통해 후대의 인간들이 탄생하게 된 것이지. 인류의 기원에 해당되는 인물들 조차 혈연 간 성관계를 맺은 것이네. 또한 인류 사회는 현재까지도 혈연 간의 성관계에 대해 사회적 그리고 문화적으로 규제를 해왔지. 일종의 사회적 금기를 만들어 혈연 간의 성관계를 강력하게 억제해온 것이네. 이에 대한 '사회적 금기'가 대부분의 국가와 사회에 존재한다는 사실, 이것보다 더 확실한 근거가 어디 있겠는가?

5분 동안 발표를 할 수 있을 만큼,
혈연 간 성관계에 대해 자신의 입장이 정리되었는가?
그럼 다음 페이지로 넘겨도 좋다.

면접고사 문제지

《네오르네상스 전형 인문계열 2》

다음의 제시문을 읽고, 아래 문제에 답하시오.

(가)

두 부족이 있다. 한 부족은 브라질과 베네수엘라의 경계에 위치한 오리노코 강을 따라 살고 있는 석기 수렵·채집민인 야노마모 족이고, 다른 하나는 뉴욕과 뉴저지 주 경계에 있는 허드슨 강을 따라 살면서 휴대폰으로 말하고 카페라테를 마시는 뉴욕 시민들이다. 이 두 부족은 모든 인간들과 똑같은 약 3만 개의 유전자를 공유하고 있다. 따라서 생물학적으로 타고난 지능 측면에서는 본질적으로 같다. 그러나 뉴욕 시민의 생활양식과 야노마모 족의 잘 보존된 수렵·채집민의 생활양식은 엄청나게 다르다. 야노마모 족은 바퀴(자동차)를 발명하지도 못했고, 글을 쓰지도 못하며, '하나, 둘, 많다'는 것 이상의 산수 시스템도 갖추지 못했다.

이 두 부족의 소득 격차를 좀 더 가까이 들여다 보자. 야노마모 족의 주된 경제활동은 동물을 사냥하는 것과 과일 및 곡식을 채집하는 일이다. 야노마모 부족의 남자들은 해가 뜰 무렵인 새벽 6시부터 해가 저물 무렵인 저녁 6시까지 총 12시간동안 쉬지 않고 일 한다. 야노마모 족의 남자들은 하루 종일 사냥을 하기 위해 정글을 돌아다니며 수렵활동을 한다. 하지만 12시간동안 정글 속을 헤매고 다닌다고 해서 언제나 소득이 있는 것은 아니다. 운이 좋은 날은 멧돼지 사냥에 성공하기도 하지만, 이런 날보다는 작은 새 한 마리도 잡지 못하고 허탕을 치는 날들이 더 많다. 야노마모 족의 여자들은 근처 숲 속을 돌며 필요한 과일과 곡식을 수집 또는 재배한다. 이 외에 양육 및 가사일 역시 맡고 있다. 야노마모 족은 종종 주변에 있는 다른 부족들과 그들의 재화를 교환하기도 한다. 야노마모 족이 제한적으로 재배하는 곡물과 다른 부족이 재배하는 다른 종류의 곡물을 교환하기도 하는 것이다.

이에 반해 뉴욕커들은 아침 9시부터 오후 6시까지 총 9시간을 일을 한다. 이 9시간 중 1시간은 점심식사를 하는 시간이므로 실질적으로 일하는 시간은 8시간이라 할 수 있다. 이들은 하루 종일 건물 안에서 움직이며, 컴퓨터를 통해 화상회의에 참여하고, 문서 작업을 하며, 다른 직장동료들과 회의를 한다. 이를 통해 뉴욕커들이 벌어들이는 소득은 야노마모 족의 400배에 육박한다. 이렇게 벌어들인 소득을 바탕으로 뉴욕커들은 275종류가 넘는 시리얼 중 자신에게 맞는 제품을 선택하여 매일 아침식사를 하고 있으며, 150종류가 넘는 립스틱 중 자신이 원하는 제품을 여러개 구매할 수도 있다. 뉴욕커들은 벌어들이는 소득이 많다는 점에서 부유하기도 하지만, 소비할 수 있는 제품과 서비스의 종류가 많다는 측면에서 또다른 의미의 부유함을 갖고 있다고 할 수 있다.

(나)

분업은 노동의 효율을 최대로 제고시키는 주요 원인이다. 노동생산력을 최대로 개선·숙련·판단은 분업(division of labour)의 결과인 것 같다.

예를 들어 핀 제조업 같은 것이다. 아주 소규모 제조업이지만, 그것의 분업이 자주 언급된 적이 있는 핀 제조업을 예로 들어 보자. 이 업종에 관한 교육을 받지 않고, 거기에서 쓰이는 기계의 사용에 익숙하지 않은 노동자는 아무리 열심히 일하더라도 아마 하루에 1개의 핀도 만들 수 없을 것이며, 하루에 20개의 핀은 도저히 만들 수 없을 것이다. 그러나 이 업종이 지금 운영되고 있는 방식을 보면, 작업 전체가 하나의 특수한 직업일 뿐만 아니라, 그 작업이 다수의 부문으로 분할되어 그 각 부문의 대다수가 마찬가지로 특수한 직업으로 되고 있다. 첫 번째 사람은 철사를 잡아늘이고, 두 번째 사람을 철사를 곧게 펴며, 세 번째 사람은 철사를 끊고, 네 번째 사람은 끝을 뾰족하게 하며, 다섯 번째 사람은 대가리를 붙이기 위해 끝을 문지른다. 대가리를 만드는 데도 두세 가지의 다른 조작이 필요하다. 대가리를 붙이는 것, 핀을 휘게 하는 것, 핀을 종이로 싸는 것 모두가 하나의 전문 직업들이다.

이처럼, 핀을 만드는 중요한 작업은 약 18개의 독립된 조작으로 분할되고 있는데, 어느 곳에서는 이 18개의 조작을 18명의 직공들이 나누어서 하고 있고, 다른 공장에서는 한 직공이 두세 가지 조작을 담당하고 있다. 나는 이러한 종류의 작은 공장을 본 적이 있다. 거기에는 10명만이 고용되어 있었고, 따라서 약간의 노동자들은 두세 가지 서로 다른 조작을 하고 있었다. 그들은 매우 빈곤했고, 따라서 필요한 기계를 거의 가지지 않았지만, 그들은 힘써 일할 때 하루 약 12파운드(5.4kg)의 핀을 만들 수 있었다. 1파운드는 중간 크기의 핀 4000개 이상이 된다. 그러므로 10명이 하루에 48,000개 이상의 핀을 만들 수 있고 한 사람은 하루에 4,800개의 핀을 만든 셈이 된다. 그러나 그들이 각각 독립적으로 완성품을 만든다면, 그리고 그들 중 누구도 이 특수 업종의 교육을 받은 적이 없었다면, 그들 각자는 분명히 하루에 20개도 만들 수 없을 것이며, 어쩌면 하루에 1개도 만들 수 없을지도 모른다. 다시 말하면, 상이한 조작들의 적당한 분할과 결합이 없다면, 그들 각자가 지금 생산할 수 있는 것의 1/240은 물론 아마 1/4,800도 만들 수 없을 것이다.

[문제1] 제시문 (나)의 글쓴이 관점을 적용하여, 제시문 (가)에서 나타난 야노마모 족과 뉴욕커 사이의 소득격차 현상을 설명하시오.

[문제2] 자신만의 논리적 근거를 제시하여, 제시문 (나) 글쓴이의 주장을 비판하시오.

문제 2개가 모두 풀렸는가?
그럼 다음 페이지로 넘겨도 좋다.

면접고사 문제지

《이화미래인재 전형 토론면접》

토론주제:

빈곤국의 식량난을 해결하기 위하여 GMO(유전자 재조합 생물체)를 확대하는 것에 찬성하는가 혹은 반대하는가? 자신의 주장에 대한 논리적 근거는 무엇인가?

추정방법에 따라 달라지긴 하지만, 세계 인구는 2000년 60억 명에서 2050년이면 약 90억 명으로 증가할 것으로 전망된다. 이 많은 인구가 먹고 사는 길은 두 가지다. 경작지를 늘리든가, 아니면 단위당 생산량을 획기적으로 향상시키든가. 누구나 짐작할 수 있겠지만, 농경지 확대는 지구촌이 처한 형편으로는 불가능하다. 그렇다면 면적이 약 15억 헥타르로 추산되는 세계 경작지에서 대충 현재의 2배 정도 생산성을 확보해야, 적어도 굶는 문제로부터는 인류를 해방할 수 있다. 지금도 제대로 못 먹는 사람이 사하라사막 남쪽 아프리카 지역을 중심으로 전세계에 10억 명에 육박한다. 식량 수급을 못 맞추면 더 많은 사람이 굶어 죽을 것이다. GMO는 이런 관점에서 피할 수 없는 유혹이 되고 있다.

GMO의 위험은 물론 잘 알려져 있다. 그것은 동물 대상 유전자조작과 마찬가지로 인간의 지식이 불완전한 가운데 탐욕이란 동기에 내몰렸기 때문에 초래된다. 인도에서 면화재배 농민 수천 명이 자살이란 극단적 선택을 한 이유도 GMO다. 인도 면화재배 농가 가운데 상당수는 미국 기업 몬산토가 개발한 BT(해충저항성)면화를 키우고 있다. BT면화는 스스로 독성물질을 분비해 해충을 막아내도록 설계된 유전자변형 품종이다. 종자 값이 재래종보다 비쌌지만, 더 많은 수확량을 기대하고 농민들은 앞다퉈 BT면화씨를 구입했다. 적잖은 농민이 부농의 꿈에 부풀어 빚까지 내서 새 농경에 도전했다.

그러나 결과는 몬산토의 선전과는 판이하게 달랐다. 이 면화를 먹은 양과 염소가 죽는가 하면, BT면화가 내뿜는 독성을 견디는 새로운 해충까지 등장하면서 작황은 기대에 미치지 못했다. 빌린 돈을 갚을 만큼 면화를 수확하지 못하자 다시 빚을 내고, 또 같은 상황이 반복되면서 농민들은 끝내 삶의 희망을 놓아버렸다. 그러나 이렇게 극단적인 실패 사례만 있는 건 아니다. 인체에 이로운 특정 물질을 포함시킨 건강기능식품이나 다름없는 사치스러운 GMO는 논외로 하고라도, 유전자조작 기술을 잘만 활용하면 획기적인 식량 증산을 이룰 수도 있다.

지구촌 전체를 놓고 생각하면, 당장 굶어 죽는 인류가 즐비한 상황에서 GMO 재배를 꺼릴 이유가 전혀 없다는 주장을 펴는 세력이 적지 않다. 자녀의 건강을 걱정해 유기농 분유만 사는 어머니가 있는가 하면, 당연히 유기농 제품을 쓰고 싶지만 농약 든 분유도 살 형편이 못 돼 유통기한이 지난 싼 제품만 사는 극빈층 어머니도 있을 수 있다.

(중략)

장차 GMO는 인류의 식생활에 현재 세계경제에서 중국이 수행하는 정도의 역할을 할 수 있다. '세계의 공장' 중국은 끊임없이 저가 공산품을 공급해 세계경제의 인플레이션을 막아줬을 뿐 아니라, 가난한 사람들에게 부족하나마 삶의 질을 높일 기회를 줬다. GMO도 비슷한 기능을 수행할 수 있으리란 기대를 받고 있다.

GMO의 혜택은 사하라 이남 아프리카만을 겨냥하지 않는다. GMO가 인류에게 실제로 어떤 도움을 주고 있는지, 또 어떤 도움을 줄 수 있는지 면밀히 따져봐야 한다. 국내에 수입된 GMO 콩 대부분은 식용유 원료로 쓰인다. 만약 비GMO 콩을 사용하면 매년 1조 8천억 원 가량의 원가 부담이 늘어날 것이라고 관련 업계는 추산했다. 우리 국민이 GMO를 거부하면 당장 식용유 값으로만 2조 원 가까이 되는 돈을 더 내야 한다는 뜻이다.

자신의 입장을 결정했는가?
상대가 어떤 반박을 해도 무너지지 않을 수 있는
논리적 근거까지 마련했다면,
다음 장으로 페이지를 넘겨도 좋다.

01 면접 시험, 수험생을 배신하다

'아… 어렵다…'

방금 전 면접문제를 보고 느낀 너희들의 기분은 OTL, 좌절감 그 자체였을 거야. 그간 면접을 쉬운 시험, 대충해도 되는 시험이라고 생각해왔다고? 물론 입학사정관제가 도입되기 이전까지 면접시험은 확실히 쉬운 편이었어. 즉 2007년 이전에 실시된 면접은 그저 '형식적'으로 치르는 '쉬운' 시험이었던 거야. 그런데 입학사정관제가 도입되면서 상황이 완전히 변해버렸지.

면접 시험 = 말로 하는 논술 시험

위와 같은 말이 생겨날 정도로 면접은 난이도가 높아졌고, 평가과정에서도 큰 비중으로 점수가 반영되고 있어. 스토리가 있는 좋은 스펙으로 1단계 서류 전형에서 합격했더라도, 2단계 면접 시험을 망치면 불합격할 수밖에 없는 거야. 왜냐하면 대부분의 대학에서 2단계 경쟁률을 3:1로 유지하고 있거든. 이 말은 2단계 면접시험에서 네가 경쟁자 2명보다 더 잘 해야 합격할 수 있다는 것을 의미해. 대학은 면접문제 자체의 난이도를 높이는 것뿐만 아니라, 나머지 2명의 경쟁자보다 더 잘해야 하는 상황을 만들어서 너희들에게 강한 심리적 압박을 가하고 있어. 기껏 힘들게 1차 서류전형을 통과했는데 면접 때문에 떨어지면 너무 억울할 것 같지 않니? 그러니 최종합격을 위해서는 반드시 면접을 신경쓰고 대비해야만 해. 면접을 잘 하기 위해서 가장 먼저 해야 하는 일은 바로 아래의 문장을 마음속에 새기는 거야.

면접은 수능과 마찬가지로 치열하게 준비해야 하는 시험이다.

아, 완전 짜증나,
면접까지 어려워지고 난리야!

수능준비, 논술준비, 내신점수 방어만으로도 하루하루가 힘든데 면접까지 어렵다니. 정말 말 그대로 '완전 짜증'나겠다. 그런데 이 책을 읽는 네가 잘 되기를 바라는 형, 누나, 언니, 오빠의 마음으로 꼭 해주고 싶은 이야기가 하나 있어.

지금부터라도 면접을 준비해야 해!!!

면접이 어려워졌다고 투덜거리는 것보다는 '대체 왜 어려워진 건지' 그 이유를 한 번 잘 생각해보자. 즉 대학과 교수님이 입사제에서 면접 시험을 도입한 의도를 간파해보자는 거야. 입학사정관제의 가장 큰 장점이 뭐지? 바로 내신 성적이 기존의 수시모집 전형보다는 상대적으로 적게 반영된다는 점이지! 너희들 입장에서는 신나는 이야기겠지만 대학 입장에서는 굉장히 곤란한 일이야. 내신 성적마저 적게 반영하면 대체 뭘 기준으로 학생을 뽑아야 하는 걸까? 지원한 학생이 대학에 와서 공부할 수 있는 능력을 갖췄는지 어떻게 확인할 수 있지?

이 학생이 대학에서 공부할 만한 능력을 갖추고 있는가?

대학이 너희 수험생들을 상대로 하는 '행위'는 단 하나밖에 없어. 바로 위의 문장에 대한 검증뿐이야. 대학이 입시에서 반영하는 모든 시험, 수능, 내신, 논술, 면접, 인적성 검사 등은 지원자의 '대학수학능력'을 검증하기 위해서 고안된 것들이지. 즉 대학에서 공부할 수 있는 능력을 갖춘 학생만 합격시키겠다는 강력한 의지의 표현인 거야.

그런데 입학사정관제는 내신 비중도 작고 심지어 수능 최저학력도 요구하지 않는 경우가 많아. 입사제를 도입하면서 각 대학의 교수님들이 고민을 가장 많이 했던 부분이 바로 이 점이지. 내신과 수능이 빠진 상태에서 무엇으로 지원자의 대학 수학능력을 검증해야 할까?

미안하지만, 면접은 수험생을 배신할 수밖에 없었다.

평가 기준에서 내신과 수능의 비중을 줄이고 나자, 대학이 선택할 수 있는 대안은 면접뿐이었어. 논술, 인적성 검사와는 달리 수험생들에게 공개된 내용도 적고, 대학이 자유롭게 시험 형태를 변형할 수 있으니 입학사정관제 평가 기준으로 딱이었지. 하지만 입사제 이전까지만 하더라도 면접은 대부분 쉬운 난이도로 출제됐어. 쉽다보니 지원자의 역량을 확인하고, 지원자 간의 변별력을 판단하는 데 크게 도움이 되지 않았지. 그래서 대학은 면접과 관련해서 두 가지 중대한 결심을 하게 돼.

첫째, 면접 시험을 논술과 유사한 난이도로 출제한다.

대학 교수님들은 '우리 학교 신입생이 되려면 수능이나 논술 정도는 거뜬히 풀 수 있어야지'라고 생각하시는 분들이야. 즉 너희들이 대학에서 공부하기 위해서는 수능과 논술 시험을 풀 역량 정도는 갖추고 있어야 된다고 생각하시는 거야. 그래서 그간 쉽게 나오던 면접문제의 난이도를 수능과 논술 수준으로 향상시켰어.

둘째, 면접 방식과 절차를 까다롭게 만든다.

입학사정관제가 도입된 이후 1박 2일 동안 교수님과 함께 서울 근처 숙소에 머물면서 평가를 받는 면접형태까지 등장했어. 이틀에 걸쳐 인성면접, 발표면접, 토론면접을 진행하며 공식적인 평가를 하는 것은 물론이거니와, 교수님과 다과를 먹으며 이야기하는 시간마저도 최종 점수에 반영되고 있지. 단 10분의 면접 시간만으로 학생을 평가하는 것이 불가능하다보니, 각 대학은 면접 방식과 절차를 까다롭고 복잡하게 만들어 너희들을 여러 측면에서 평가하고 있는 거야.

이제 입학사정관제를 '쉽게 대학갈 수 있는 방법'이라고 생각하는 것이 얼마나 위험한 일인지 감이오니? 대학은 절대로 바보가 아니야. 무슨 수를 써서라도 너희들에게 수능시험 수준의 '학업능력'을 검증하고자 해. 입학사정관제에서는 면접이 바로 그 역할을 하고 있는 거야.

입학사정관제 ≠ 쉽게 대학을 갈 수 있는 방법
입학사정관제 = 면접을 통해 그간의 공부량을 검증하는 제도

대학을 쉽게 갈 수 있는 방법은 대한민국 그 어디에도 없어. 입학사정관제 역시 쉽게 대학을 갈 수 있는 방법은 절대로 아니야. 그런데 이 제도가 시행된 지난 5년 동안 수많은 수험생들이 이런 착각을 하고 입사제에 지원을 했지. 착각하고 지원한 이들의 결과는 보나마나 '광탈'이었어. 좋은 스펙과 독특한 개성으로 1차 서류 평가에서는 교수님의 눈에 띄었지만, 정작 중요한 대학수학능력이 부족해서 떨어지는 경우가 너무나도 많았던 거야.

'그럼 난 어떻게 해야 하지?'

너를 면접의 신으로 만들어 줄게.

이 책에 참여한 사람들은 모두 서울대학교 프레젠테이션 연구회 CISL 출신들이야.

서울대학교 CISL(씨슬) = 교수님 앞에서 가장 말을 잘하는 집단

우리는 교수님 앞에서 셀 수 없을 정도로 많은 발표, 즉 '논리적인 말하기'를 해왔어. 그리고 어떻게 하면 교수님 마음에 더 흡족한 발표를 할 수 있을까를 대학생활 내내 고민한 사람들이야. 다양한 전공의 서울대학교 재학생들이 모여 오랜 시간동안 고민을 한 만큼 논리적 말하기라면 그 누구보다도 자신있어. 특히 교수님 앞에서의 말하기라면 더더욱 자신있지.

이것 하나 만큼은 확실히 약속할게.
이 책의 면접 파트를 읽고 연습한다면,
너희들은 CISL, 즉 우리들만큼 교수님앞에서
말을 잘하는 사람이 되어있을 거야.

그리고 선물이 하나 더 있어.

"면접은 기출문제를 찾을 수가 없어요. T^T"

거의 모든 대학에서 면접 기출문제를 공개하고 있지 않아. 대학이 전년도 면접 문제를 공개하지 않는 데에는 나름대로의 사정이 있긴 해. 입학사정관제가 도입된 이후 일각에서 사교육이 늘어날 것이라는 우려의 목소리가 쏟아졌어. 대학 역시 자신들로 인해 사교육이 늘어날 것을 염려했고 또 예민하게 반응하고 있지. 면접 문제가 공개되면 이를 대비해주는 사설 면접학원이 생겨날 것이라고 판단했고, 그래서 일괄적으로 기출문제를 공개하고 있지 않은 거야. 물론 이 책의 저자들도 대학의 이런 생각에 적극 공감해.

하지만 기출문제를 포함한 면접 전체 과정에 대한 정보가 공개되지 않다 보니 너희들이 감수해야 하는 고통이 너무나도 컸어. 대체 면접 당일에는 어떤 일들이 벌어지는지, 면접문제로는 어떤 것들이 나오는지 전혀 감을 잡을 수가 없는 거야. 그래서 매년 입학사정관제 면접철이 되면 수만휘를 비롯한 각종 인터넷 커뮤니티가 시끌시끌 거려. '전년도 기출문제 혹시 아시는 분?', '제발 ○○대학 면접문제 좀 알려주세요', '○○대학 발표면접 몇 분 동안 해야 하나요?"와 같은 간절한 글들로 게시판이 가득차게 되지.

그래서 예상 면접문제를 만들었어.

WWW.PASSPLAY.CO.KR

이 사이트에 들어가면 주요 대학들의 예상 면접문제가 있어.

모든 시험을 대비하는 가장 확실한 방법은 실제로 출제되었던 기출문제를 풀어보는 거야. 면접 역시 마찬가지이지. 기출문제로 공부할 때 실력이 가장 많이 늘고, 효율적으로 시험을 대비를 할 수 있어. www.passplay.co.kr에 추가로 공개될 대학별 예상 면접문제를 통해 다른 경쟁자들보다 앞서 나가자.

02 면접장에서는 대체 무슨 일이?

'교수님 앞에서 말을 해야 한다니.
너무 떨려서 심장이 터질 것 같아.'

다른 이 앞에서 자신의 생각을 '말'하는 것은 누구라도 떨리는 일이야. 특히 앞으로의 내 인생을 좌지우지할 수 있는 사람 앞에서 '말'을 해야 한다니. 정말 생각만해도 심장이 쫄깃해지는 것 같아.

떨지 않을 수 있는 방법은 단 하나!
면접 당일을 머리 속에 생생하게 그려보는 거야.

면접 당일을 생생하게 상상해보자. 면접장에 오기 전 인터넷에서 전년도 수기를 읽어보니 ○○대학은 교수님 한 분과 앉아서 면접을 보는 형태라고 적혀있었어. 그래서 당연히 교수님 한 분이 계실 줄 알고 마음 편히 면접장에 들어갔지. 그런데 면접장 문을 열자 마자 아뿔싸! 교수님은 총 세 분이 앉아 계셨고, 면접은 화이트보드를 이용해서 일어서서 하는 형태였어. 그때의 네 마음상태는 어떨까? 면접 그 자체도 떨리는데, 예상치 못한 상황까지 벌어졌으니 더욱 더 당황스럽고 긴장되겠지?

실전 면접과 관련된 모든 정보를 수집하자!

떨지 않기 위해서는 면접 당일에 일어날 모든 일들을 아주 세밀하게, 그리고 최대한 많이 알고 가야 해. 교수님은 어떤 분들이 나오시는지, 면접시간은 대략 몇 분인지, 질문은 몇 개나 받는지, 면접은 의자에 앉아서 보는 건지 아니면 서서 보는 건지 등등 아주 세밀한 정보까지 꼼꼼하게 수집해야 하지. 많은 정보를 알면 알수록 면접장에서의 긴장감은 줄어들 수밖에 없어. 그리고 예기치 못한 사건이 발생하더라도 여유롭게 넘길 수 있지.

그런데 안타깝게도 면접 당일에 대한 정보는 잘 알려져 있지 않아. 각 대학의 입시요강을 살펴보아도 이에 대한 설명은 적혀있지 않지. 게다가 입학사정관제가 아직 완벽하게 정착되어 있지 않다보니, 매년 면접 방식이 조금씩 바뀌고 있어. 바뀌는 것 자체는 문제가 되지 않지만 이를 대학 홈페이지에 명시적으로 공개하고 있지 않다는 점은 너희에게 문제가 돼. 전년도 수기를 읽고 면접장에 갔는데 전혀 예상치 못한 방향으로 면접이 진행되기도 하는 거야. 그래서 매해 입사제에 지원한 수험생들은 아무런 갑옷도 입지 않은 채, 전쟁터에 나가는 기분으로 면접을 봐야 했어.

면접장에서 정말 많은 일들이 일어나지만, 크게 세 가지만 알고 있으면 돼.

① 너

- 너는 면접 당일에
  어떤 경험을 하게 될까?
- 면접은 앉아서 보는 건가?
  몇 분 동안 말해야 할까?

② 교수님

- 교수님은 어떤 분들이 나오시고
  무슨 생각을 하고 계실까?
- 교수님의 전공은 뭘까?
  무서운 분이실까?

③ 면접문제

- 문제는 어떻게 출제될까?
- 제시문은 몇 개가 나올까?
  어떤 주제에서 출제될까?

① 면접 당일에 '너'는?

● 대기실에서

　너희가 보게 될 시험이 발표면접이든, 토론(토의)면접이든 간에 대기실에서 문제를 풀 시간이 주어져. 대부분의 대학에서 발표면접은 15~30분 정도의 문제풀이 시간을 주고 있어. 이에 비해 토론면접은 발표면접에 비해 글이 짧은 편이어서 5~10분 정도의 문제풀이 시간을 주고 있지.

　그런데,
대기실에서 문제를 풀 때 정말 조심해야 하는 것이 하나 있어!

"문제지에는 그 어떤 필기도 해서는 안 돼!!"

대기실에 들어가면 문제지를 조교선생님이 나눠주실 거야. 그리고 나서,

"문제지에는 어떤 표시도 하시면 안 됩니다.
그리고 면접장에 가기 전에
문제지는 반드시 제게 돌려주셔야 합니다.
그렇지 않으면 부정행위 처리하겠습니다"

라고 살벌하게 말하실 거야. 대학은 문제가 외부로 유출되는 것을 막기 위해서 학생이 문제지에 어떤 표시도 못하게 하고 있어. 그리고 심지어 면접장에도 들고가지 못하게 하지.

"그런데 교수님 앞에서 지문에 쓰인 용어가 뭐였는지
잊어버리면 어떻게 하지?"

면접을 보는 도중, 너무 긴장한 나머지 문제지에 나와있던 중요한 용어가 생각이 안 나면 어떻게 해야 할까? 교수님은 앞에 앉아 계시고, 아무리 머리를 굴려도 그 용어가 생각이 나지 않는다면? 으~ 정말 상상하는 것만으로도 아찔해지는 것 같아. 그런데 이런 일이 충분히 일어날 수 있어. 문제지를 면접장에 들고갈 수 없게 한다는 작은 규칙이 교수님 앞에서 너를 무너지게 할 수도 있는 거야.

그래서 대기실에 가면 문제지와 '연습장'을 함께 나눠 주실 거야. 오직 이 연습장에만 면접을 보는 데 필요한 내용을 필기할 수 있어. 그리고 면접장에 들어갈 때도 네가 필기한 연습장만 가지고 갈 수 있지.

의지할 수 있는 것은 그 연습장 한 장 뿐.

말이 연습장이지 실제로는 네가 의지할 수 있는 듬직한 무기인 거야. 평상시 연습장 쓰듯이 글씨를 갈겨 놓아서 면접볼 때 못 알아보면 안 되겠지? 혹은 교수님 앞에서 말할 때 굉장히 필요한 단어 혹은 용어였는데 이를 적어놓지 않아서도 안돼. 즉 연습장에는 면접볼 때 필요한 '모든 내용'을 '보기 좋게' 정리해놓아야 하는 거야.

● 면접장에서

대기실에서 문제를 풀고 난 후, 연습장만 들고 바로 면접장으로 이동하게 돼. 면접장에서는 발표면접과 토론(토의) 면접이 각각 다르게 진행이 되지. 우선 발표면접부터 살펴보자.

너희들이 발표를 하는 방식은 크게 두 가지 형태가 있어.

첫 번째 형태는 화이트보드, 스케치북, PPT 등의 도구를 이용하는 것으로 입사제에서 새롭게 도입한 면접 방식이지. 세 가지 도구 중 어떤 것을 사용할지는 각 대학에 따라 달라져. 2012학년도 입시를 기준으로 건국대학교는 화이트보드를, 아주대학교는 스케치북을, 동국대학교는 PPT를 활용하여 면접을 봤어. 이와 같이 도구를 사용할 경우 발표 내용을 시각적으로 정리해서 보여줄 수 있는 능력까지도 요구돼.

두 번째 형태는 단순히 의자에 앉아 교수님을 마주 본 채 자신의 생각을 말하는 거야. 발표면접이라고 해서 반드시 '도구'를 사용해서 면접이 진행되는 건 아니야. 단순히 앉아서 면접을 볼 경우, 이는 사실 일반 수시 면접과 그닥 다를 것이 없지. 국민대학교, 서울시립대학교 등이 이러한 형태에 해당돼.

도구를 사용하든 그렇지 않든 간에, 발표시간은 대략 5분 내외여야 해. 5분보다 너무 짧게 발표를 하면 자신의 논리를 풍성하게 끌고가지 못한 것이고, 너무 길게 발표를 하면 횡설수설했을 가능성이 높아. 즉 발표면접을 통해 대학은 지원자가 제한된 시간에 맞추어 자신의 생각을 빠짐없이 그리고 압축적으로 전달할 수 있는지를 확인해볼 수 있는 거야.

　토론면접과 토의면접에서는 학생 4~5명 정도가 한 팀이 되어 시험을 치르게 돼. 면접장에 들어가면 위의 그림처럼 둥그렇게 조를 이루어 앉고, 교수님이 그 주변을 돌아다니면서 평가를 진행하셔. 면접이 시작되면 우선 한 사람씩 돌아가며 1분 동안 자신의 입장과 근거를 이야기해야 해. 모두 자신의 입장을 밝히고 나면, 그때서야 본격적인 '토론'과 '토의'가 이루어지는 거야. 교수님이 주목하여 평가하는 부분이 바로 이 지점이야. 1분의 발언 이후, 네가 어떻게 주장을 펼치는지 혹은 네가 다른 학생들 속에서 어떻게 행동하는지를 주목하여 평가하시지.

　그런데 주의해야 할 점이 하나 있어. 토론면접인지 혹은 토의면접인지에 따라 너의 역할이 극명하게 달라져야 한다는 거야. 왜냐하면 토론과 토의에는 명확한 차이점이 있기 때문이지. 대학에서 토론면접을 실시하는 이유는 어떠한 반박에도 굴하지 않고 자신의 주장을 일관되고 힘있게 끌고 나갈 수 있는지를 확인해보기 위해서야. 하지만 토의면접에서는 지원자가 자신의 생각만 강하게 주장하는 것이 아니라, 다른 이의 의견까지 포함하여 모두가 만족하는 대안을 도출해낼 수 있는지를 확인하고자 해. 즉 토론면접과 토의면접은 전혀 다른 의도에서 만들어진 시험인 거야. 그러니 면접장에서도 시험의도에 맞춰서 너의 역할이 달라져야 하는 거지.

토론면접에 참여할 때는 네가 흡사 파이터(Fighter)가 되었다고 생각하며 임해야 해. 앞서 언급했다시피 토론면접은 찬성과 반대가 나눠지는 상황에서 자신의 주장을 논리적이며 힘있게 관철시킬 수 있는지를 보고자 하기 때문이야. 이 때 가장 중요한 태도는 **상대의 논리에 휘둘리지 않아야 된다는 것**이지. 특히 자신의 입장을 번복하며 상대의 논리에 굴복하는 태도는 가장 큰 감점 요인이 돼.

"아, 그런가요? 그 쪽 생각이 맞는 것 같기도 하네요." (X)
"물론 그러한 생각도 일리가 있습니다.
하지만 저의 주장에 따르면…(생략)" (O)

• 164 •

토의면접은 토론면접과 전혀 다른 태도로 임해야 해. 토의면접 역시 찬성과 반대가 나누어져 의견 충돌이 일어날 수 있는 문제가 출제되긴 해. 하지만 이때는 파이터가 돼서 너의 주장을 힘있게 밀고 가는 태도는 오히려 감점 요인이야. 토의면접에서 평가하고자 하는 것은 논리적 일관성이 아니라 '**협력적인 문제해결 능력**'이기 때문이지. 즉 날카롭게 대립하고 있는 두 입장의 논리를 듣고 모두가 동의할 만한 합의점을 도출할 수 있어야 해. 그렇기에 자신의 입장만을 고집하는 사람은 오히려 감점의 대상이 되는 거야. 토의면접을 할 때는 마치 네가 유재석같이 유능한 사회자 혹은 MC가 되었다고 생각하고 면접에 임하자.

"그 쪽 생각은 틀렸습니다. 오직 제 생각만이 진리예요." (X)
"양 쪽 모두 만족할 만한 대안을 같이 생각해봐요." (O)

가장 먼저 말을 시작하는 태도는 토론면접과 토의면접 어디에서든 가산점을 받아. 두 면접 모두 여러 학생을 교수님이 한꺼번에 관찰할 수 있다는 점에서 철저하게 상대평가가 이루어지지. 즉 4~5명 학생 중 가장 눈에 띄는 학생, 가장 잘하는 학생에게 좋은 점수를 줄 수밖에 없는 거야. 발표면접과는 달리 비교대상이 있다보니 다른 이보다 강렬하게 인식되는 것이 중요해. 그런데 이런 상황에서 '주뼛주뼛'거리고 망설이면 이미 망한 거야. 한 번 망설이기 시작하면 관성이 붙어서 계속 말도 못하고 교수님께 너를 어필하지도 못한 채 면접장을 나와야 해. 그러니 용기를 내. 남들이 말을 시작하기 전에 네가 먼저 말을 꺼내. 적어도 이 날만큼은 다른 사람 눈치보지 말고 당당하게 말을 하자.

'아… 언제쯤 말해야 하지?' (X)
'일단 말하고 봐야겠다. 용기를 내는 거야!' (O)

② 면접당일에 '교수님'은?

〈학과 지원시 면접관〉   〈학부 지원시 면접관〉

　대부분의 대학에서 면접시험은 교수님 두세 명과 수험생 한 명이 마주 보는 형태로 진행돼. 면접 당일에 어떤 교수님들이 앉아 계실지는 너의 수시 지원형태에 따라 달라져. 즉 네가 원서를 접수할 때 학과로 지원했는지 혹은 학부*로 지원했는지에 따라 면접에 참여하시는 교수님이 달라지게 되는 거야. 이때 학과로 지원해서 면접을 보게 된다면 지원한 과의 교수님만이 면접관으로 참여하게 돼. 그래서 면접의 초점이 해당 학과와 직접적으로 관련되어 있을 가능성이 높아. 하지만 학부 지원자의 경우 면접에 참여하시는 교수님의 전공이 모두 다를 수밖에 없어. 즉 위의 그림과 같이 심리학과, 정치학과, 경제학과 교수님 3명이 동시에 면접관이 될 수 있는 거야. 이렇다 보니 특정학과에 유리한 방향으로 면접이 진행되기보다는 학부와 관련된 폭넓고 일반적인 방향으로 면접이 이루어지지.

---

*학부란?

특정한 학과가 모여있는 것을 학부라고 이야기해. 예를 들어 심리학과, 경제학과, 정치학과, 사회학과 등이 모여 '사회과학대학'이라는 학부가 되는 거야. 학과 혹은 학부로 지원할지는 사실 너희들이 선택할 수 있는 사항이 아니야. 각 대학의 학사 시스템에 맞춰서 결정되는 것이지. 2012학년도 입시를 기준으로 경희대학교는 '학부'로 입학사정관제에 지원할 수 있었던 반면에, 동국대학교는 '학과'를 기준으로 지원할 수 있었어. 이는 매년 달라질 수 있으니 각 대학의 입시정보를 반드시 확인해봐야 해.

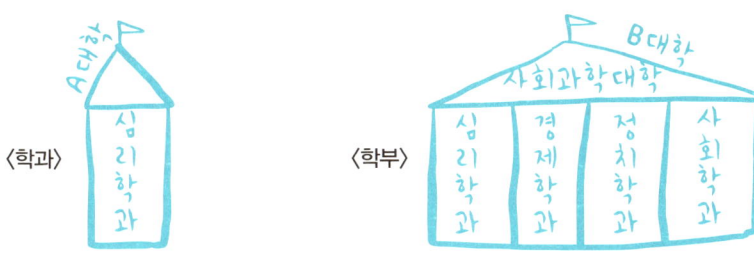

〈학과〉 〈학부〉

뭐니뭐니 해도 면접의 꽃은 '예측 불가능한' 교수님의 '추가 질문'이지. 너희들이 가장 두려워하는 부분이기도 하고 말이야. 그런데 교수님의 질문은 기출문제가 있는 것도 아니다 보니 도저히 대비를 할 수가 없어. 그렇기에 이 책에서도 교수님의 예상 질문 리스트를 뽑아줄 수는 없어. 하지만 이것 하나만큼은 자신있게 너희들에게 말할 수 있어.

교수님은 너희들을 혼내려는 의도가 전혀 없어.
오히려 질문을 통해 도움을 주려고 하는 거야!!!

위에 나타난 그림에서처럼 '질문'에 대한 학생과 교수님의 시각에는 큰 차이가 있어. 너희들에게는 추가 질문이 들어오는 것이 마냥 부정적인 신호겠지만 실제로는 오히려 그 반대에 가까워. 교수님은 질문을 하시면서 속으로는 '오~ 잘 대답하는데!'라고 이미 생각하신 거야. 그리고 나서 '혹시 더 잘할 수 있나?'라는 궁금증이 들어서 추가 질문을 한 것일 뿐이지. 그러니 추가 질문이 나왔다고 해서 당황할 필요는 없어. 오히려 질문 그 자체를 기회로 삼고 잠시 동안 생각을 정리한 후 더 좋은 답변을 하면 되는 거야.

③ 면접 당일에 '문제'는?

대부분의 면접문제는 A4용지 기준으로 한두 장 이내 분량으로 출제돼. 아주대학교의 경우 2011학년도 입시에서 발표면접문제가 A4용지로 열 장이 조금 넘게 출제된 적이 있기는 하지만 이는 정말 특별한 사례야. 아주대도 2011학년도 한 차례만 이렇게 출제하고 2012년학년도 입시에서는 세 장 정도로 분량을 대폭 축소했어. 논술 문제와 비교해봤을 때 면접문제가 비교적 읽어야 하는 자료의 양이 적은 편이라고 할 수 있지. 수능 비문학 지문과 비교해봐도 그보다 짧거나 혹은 비슷한 수준으로 출제하고 있는 거야. 이렇다 보니 너희들에게 읽기에 대한 부담감을 줄여준다고 생각할 수도 있어.

하지만 주의해야 할 점은 문제를 풀이하는 시간이 일반적으로 15분으로 제한되어 있다는 거야. 그 15분 내에 주어진 자료를 읽는 것뿐만 아니라 교수님 앞에서 말하기 위한 5분짜리 발표내용 혹은 토론을 하기 위한 자료정리까지 해야 하지. 단순 객관식 문제가 아닌 자신의 생각을 명료하게 정리해서 말해야 하는 주관식 문제이기에 문제 분량에 비해 풀이 시간이 넉넉하다고 할 수는 없어. 즉 면접문제의 분량 자체는 적지만 시간을 절약하며 효율적으로 풀이하기 위한 전략을 갖고 있어야 해.

면접문제를 풀기 위한 **전략**이 필요할 때야.

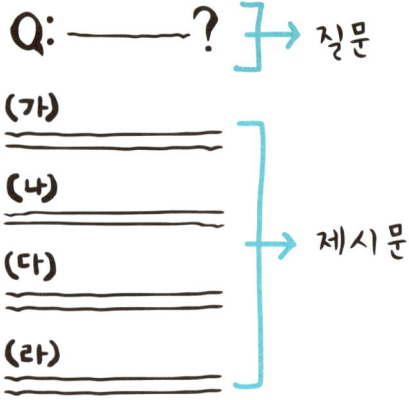

전략을 마련하기 위해서는 면접문제가 어떻게 이루어져 있는지 확인할 필요가 있어. 모든 면접문제는 위의 그림과 같이 질문과 제시문으로 나눠져 있어. 질문은 출제자가 이 문제를 통해 너희들에게 구체적으로 묻고자 하는 것이고, 제시문은 (가), (나), (다), (라)로 나열된 읽을거리인 거야.

면접문제를 효율적으로 풀기 위한 전략은 수능 언어영역 풀이와 거의 유사해. 수능 언어영역을 공부할 때 가장 많이 듣는 조언 중에 하나가 '글이 아니라 문제 먼저 읽어라'일 거야. 언어영역 고수들이 문제를 먼저 읽으라고 하는 이유는 제한 된 시간동안 긴 글을 효율적으로 읽어내기 위해서이지. 즉 글을 오랜 시간을 들여 100% 완벽하게 이해하는 것이 아니라, 문제가 요구하는 범위에서 필요한 내용만 '쏙쏙' 읽어내기 위해서 이런 조언을 하는 거야. 면접문제에서도 이 전략을 사용해 야만 해.

반드시 질문 먼저 읽고 제시문을 읽어라!

면접문제에서의 제시문은 비교적 짧은 글이지만, 이마저도 모든 방향에서 완벽 하게 이해해야 할 필요가 전혀 없어. 오직 문제가 요구하는 것 그리고 출제자가 의 도한 방향에서 제시문을 읽어나가야 하는 거야.

그러니 반드시 질문을 먼저 읽고 난 후, 제시문을 보자. 일반적으로 질문이 먼저 나오고 제시문이 뒤에 이어지는 구조가 많지만, 종종 제시문이 먼저 나오고 맨 뒤에 질문이 나오는 경우도 있어. 질문이 맨 뒤에 위치해 있더라도 찾아내서 가장 먼저 읽어내야 한다는 것! 절대 잊지마.

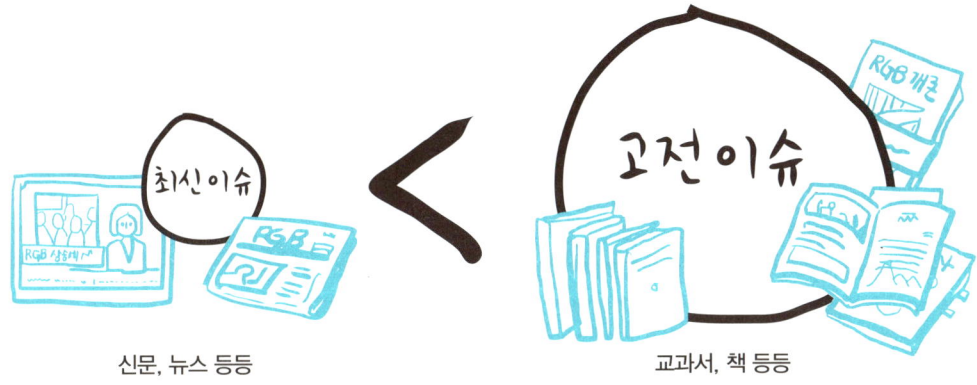

신문, 뉴스 등등   교과서, 책 등등

면접문제에 대해 너희들이 흔히 하는 오해가 최신 이슈가 출제된다고 믿고 있는 거야. 그래서 면접 임박해서 급하게 신문기사를 읽거나 이를 정리해놓은 자료집을 암기하지. 그런데 조금만 생각을 해 봐. 최신 이슈가 면접문제로 자주 나올 수 있을까? 최신 이슈는 아직 결론이 나지 않은 사건이지? 현재도 계속 변화하고 있고 진행 중인 사건이기 때문에 면접문제로 출제하기가 쉽지 않아. 게다가 해당 이슈에 대해 교수님들도 모든 내용을 완벽하게 알고 있는 것이 아니기 때문에 면접문제로 이를 출제하는 것이 더욱 더 조심스럽지. 이렇다보니 최신 이슈보다는 고전 이슈가 문제로 더 자주 나오고 있어. 고전 이슈란 이미 학계에서 충분히 논의되었고, 이와 관련된 대부분의 내용이 파악된 일들을 의미해. 좀 더 쉽게 표현하면 교과서, 대학교재 등에 실린 개념과 사건이 고전 이슈에 해당되는 거야. 즉 면접에서는 2011년에 발생한 아동 성폭행 사건보다는 200년 전 학자인 프로이트의 근친상간 논란이 문제로 나올 확률이 훨씬 더 커.

면접문제의 주제는 각 대학마다 굉장히 다양한 범위에서 출제되고 있어. 게다가 지원한 학과 혹은 학부와 특별한 연관성이 없는 경우마저 빈번하다 보니 주제와 관련해서는 확실하게 정해져 있는 것이 없다고 봐도 무방할 정도야. 운이 나쁘면 평소에 네가 조금도 관심을 갖고 있지 않던 주제의 문제가 출제될 수도 있는 거지. 하지만 면접문제를 푸는 데 있어 주제의 익숙함이 굉장히 중요한 요소는 아니야. 면접이 주로 검증하려 하는 것은 '대학수학능력', 즉 '사고력'임을 잊지말자!

이 정도면 면접 당일에 대한 기본적인 정보는 다 숙지한 거야. 하지만 각 대학별로 면접 진행 방식이 조금씩 다르고, 전년도와 비교해서 올해 변경된 내용이 있을 수 있으니,

반드시 지원한 대학의 입학처에 전화해서
올해 면접 진행 방식에 대해 꼭 질문하자!!!

전화하기가 부끄럽다고?

할 수 있어.

대학합격이 걸렸는데, 이 정도쯤이야!
용기를 내서 입학처에 전화를 걸어!

면접장에서 무슨 일이 벌어지는지 알았으니,
앞에서 봤던 건국대, 경희대, 이화여대 유형 면접문제에 대한
모범답안만 확인하면 되겠다!

뒷장을 넘겨봐!

이 책 어디에도

모범답안은

없어.

[2011 Pitamin Project]

2011.09.01~2011.11.01
입학사정관제에 지원한
30명의 고3 학생들에게
면접을 가르쳐 본 결과,

모범답안을 활용한 공부법은
아무런 효과가 없었다.

효과가 없었어. 아니 좀 더 정확하게는 모범답안을 가르쳐주고 나자, 다음 답안이 더 엉망이 되어 버렸어. 모범답안을 제시하면 너희들의 뇌는 '생각하기'를 멈춰 버려. 스스로 사고하기를 멈춘 채, 그저 모범답안을 암기하는 데 모든 에너지를 집중하지. 우선 네가 암기한 문제는 실제 면접장에서 출제될 확률이 0%에 가깝고, 설사 나온다 하더라도 절대 좋은 점수를 받을 수 없어. 왜냐고? 이해가 아니라 단순 암기한 것이다보니, 그 다음에 이어질 교수님의 급작스러운 질문에 대처할 수 없기 때문이지.

100% 합격

뒤이어 설명할 '면접문제가 풀리는 기적'은 실제 [Pitamin Project]에서 사용한 방법이야. 이 방법으로 공부한 [Pitamin Project] 친구들은 모두 면접에서 최종 합격을 하는 기쁨을 누릴 수 있었어. '면접문제가 풀리는 기적'은 특정 대학, 일부 문제 유형에만 적용되는 방법이 아니야. 면접문제를 풀기 위해 필요한 읽기 능력과 사고 능력을 짧은 시간에 기를 수 있도록 만들어진 가장 효율적인 '학습 도구'인 거지. 즉 이 책을 읽고 있는 네가 어느 대학을 지원하든 간에 면접에서 사용할 수 있는 강력한 방법인 거야.

저기요…

저는 이과생인데요. 이과생도 앞에서 본 문제를 풀어야하나요?

응. 풀어야할 수도 있어!

일반적으로 이과생이 보게 될 면접문제는 수학문제이거나 과학문제일 확률이 커. 즉 대학이 수능시험에서 나올 법한 수학과 과학 문제를 주관식 답안 형태로 변형해서 면접문제로 출제하는 거야. 그렇다보니 이과생은 문과생보다 면접을 대비하는 것이 그간 수능 공부량에 더 많은 영향을 받아. 구체적으로 어떤 형식으로 나오는지 알아보기 위해, 아주대학교에서 공개한 이과생 발표면접 예상 문제를 같이 보도록 하자.

> 2 이상의 자연수 n의 (자연수) 약수가 1과 n뿐일 때 n을 소수라 부르며, "2 이상의 모든 자연수는 소수들의 곱으로 나타낼 수 있음"은 잘 알려져 있는 사실이다. 다음의 물음에 차례대로 답하라.

1. 15 이하의 모든 소수를 구하고 구한 수가 소수임을 설명하시오.

2. a, b, c 가 모두 2 이상의 자연수일 때 아래의 명제를 바탕으로 다음의 물음에 답하시오.

> 명제 : $a = bc$ 이면 $b \leq \sqrt{a}$ 또는 $c \leq \sqrt{a}$ 가 성립한다.

1) 위 명제의 대우명제는 무엇인가?

2) 위 명제의 대우명제가 참임을 보이시오.

3. 다음 명제가 참임을 보이시오.

"2 이상의 자연수 a가 소수가 아니면 a는 $\sqrt{a}$ 보다 작거나 같은 소수를 약수로 가진다."

4. 1번과 3번 문항의 결과를 활용하여 223이 소수인지 판별하시오.

어때? 정말 수학문제와 과학문제가 그대로 출제되지? 그럼 수학과 과학 공부만 열심히 하면 되는 것 아니냐고? 이 질문에 대답을 하기 위해서는 우선 네가 지원할 대학과 전형이 무엇인지 알아야 해. 지원자가 이과생이더라도 일부 대학, 일부 전형에서는 문과생이 보는 형식의 문제를 풀게 시키거든. 아주대학교 커리어로드맵 전형과 건국대학교 자기추천자 전형이 그 대표적인 사례이지. 두 대학은 자연계열과 공학계열 지원자들에게 '윤리적 딜레마' 상황이 서술된 문제를 주고 이에 대해 토론면접을 진행했어. 그리고 이 문제는 문과생들이 보는 것과 동일한 형식으로 출제되었지. 즉 발표면접은 수학과 과학 문제를 출제하고, 토론면접에서는 문과생들이 보는 윤리학 문제를 출제한 거야. 이를 통해 건국대학교와 아주대학교는 자신의 학교에 지원한 이과 학생들이 어느 한 쪽에 편향된 것이 아니라 문이과를 아우를 수 있는 역량을 갖고 있는지 확인할 수 있었지.

이과생도 토론면접에서 문과 문제를 풀어. 토론면접에서는 찬성과 반대로 의견이 극명하게 나뉠 수 있는 문제가 출제돼. 그렇다보니 문과생이 공부하는 사회탐구 과목에서 주로 문제가 출제되지. 즉 네가 보게 될 입학사정관 면접에서 토론 혹은 토의면접이 있다면, 문과 문제를 추가로 풀게 되는 거야. 이과생이 면접을 가장 확실하게 대비하는 방법은 평소 학교 수업과 자습 시간을 활용하여 수학과 과학공부를 성실히 하는 동시에 이 책을 활용해서 토론면접을 준비하는 거야. 문과, 이과에 상관없이 누구라도 면접을 가장 효율적으로 대비할 수 있는 방법을 뒤에서 제시했으니 이를 잘 학습해서 온전히 네 것으로 만들도록 하자.

힘내라… 이과생!!!

03 면접문제가 풀리는 기적!

**면접문제가
풀리는 기적**

1 '읽기'의 기적
❶ 번호 매기기
❷ Kill or Kiss
❸ 주장과 근거 연결하기

2 '생각하기'의 기적
❶ 적용하기
❷ 비판하기

너의 답이 모범답안이 될 수 있도록!

'면접문제가 풀리는 기적' 파트는 크게 '읽기의 기적'과 '생각하기의 기적'으로 구성되어 있어. '읽기의 기적'에서는 면접문제에 나온 제시문을 정확하게 그리고 효율적으로 독해하는 방법을 가르쳐 줄 거야. '읽기의 기적'에서 알려주는 번호 매기기, Kill or Kiss, 주장과 근거 연결하기를 완전히 익히고 나면, 실제 면접장에서 나올 '글'을 제대로 읽어낼 수 있게 돼. 그 뒤에 이어지는 '생각하기의 기적'에서는 면접문제가 요구하는 '대학수학능력'을 압축적으로 기를 수 있는 방법을 소개했어. 그러니 그동안 모의고사 점수가 낮았다고 혹은 논술문제를 못 풀었다고, 면접문제도 못풀 것이라고 지레짐작하지 말자. '생각하기의 기적'을 꼼꼼히 읽고 완전히 네 것으로 만들고 나면, 아무리 어려운 면접문제가 출제돼도 논리적인 답변을 할 수 있게 돼!

Feel : 기적 풀이법에 대한 감을 잡고

Study : 기적 풀이법을 공부한 후

Exercise : 스스로 풀이법을 따라 연습해본다.

면접문제가 풀리는 기적은 Feel, Study, Exercise 순서대로 진행이 돼. 여기에서 핵심은 바로 'Exercise'에 있어. Exercise에는 맨 처음 봤던 건국대학교, 경희대학교, 이화여자대학교의 유형별 면접문제가 각 풀이법에 적합하게 실려 있어. 연습문제가 요구한 대로 성실하게 문제를 풀었다면, 이 단원이 끝날 때쯤 네 문제에 대한 너만의 모범답안이 나오게 되는 거야! 즉 너의 답이 모범답안이 되는 기적을 맛볼 수 있는 거지!

하지만 기적은… 성실한 사람에게만 일어난다.

면접시험은 단순 '말하기 시험'이 아니야. 초등학교 6년, 중학교 3년, 고등학교 3년 동안 지원자가 '얼마나 성실히 공부를 해왔는지'를 검증하는 시험이지. 그래서 엄격하게 이야기하면, 그간 공부를 열심히 하지 않았다면 사실 합격할 자격이 없다고 봐도 돼.

하지만 우린 2011년에 [Pitamin Project]를 진행하면서 다양한 환경에서 다양한 방식으로 살아온 친구들을 만날 수 있었어. 가정형편이 넉넉치 않은 친구들도 있었고, 여러 외부적인 요소들로 인해 부득이하게 공부를 할 수 없는 상황에 놓인 친구들 역시 있었지. 혹은 무난한 환경에서 자랐지만 '자신의 꿈'을 찾는 데 많은 시간을 쏟느라 학업을 등한시한 친구들도 있었어. 성실하지 못한 것이 아니라, 피타민 친구들 나름대로는 자신의 상황에서 최선을 다해 공부를 해왔던 것이지. 그런데 그 공부의 양이 면접시험이 요구하는 수준에 비해 다소 부족했던 것 뿐이야.

우리는 이 안타까운 상황을 극복하고 어떻게든 [Pitamin Project] 친구들을 합격시킬 수 있는 방법을 그때부터 고민하기 시작했고, 지금 이 책에서 설명하고 있는 '면접문제가 풀리는 기적'이 그 결과물인 거야. 그런데 말 그대로 '기적'을 현실로 이루기 위해서는 우리와 세 가지를 약속해야 해.

첫째, 9월 첫째 주까지 이 책을 활용해서 면접을 대비한다.
둘째, 연습문제는 직접 생각하고 쓰면서 꼼꼼히 풀어야 한다.
셋째, 면접 전까지 '면접문제가 풀리는 기적'을 2번 정독한다.

이 세 가지에 대한 다짐이 굳어졌니? 반드시 위의 약속을 지켜야 대학 최종합격이라는 꿈을 이룰 수 있는 거야. 마음을 다 잡았다면, 다음 장을 넘겨 본격적으로 '읽기의 기적'을 공부해보도록 하자.

> **박성훈PD님, K팝스타를 기획하게 된 계기와 연출에서의 차별점 그리고 K팝스타가 성공한 요인은 무엇인가요?**
>
> K팝스타를 기획하게 된 가장 기본적인 계기는 회사 차원에서 SBS 브랜드 오디션이 필요하다는 요구가 있었기 때문입니다. 게다가 YG 양현석 사장도 지나가는 이야기처럼 우리도 오디션을 하면 어떻겠냐고 했던 적이 있었고, JYP 박진영 사장은 두 번이나 우리 회사에서 오디션을 해본 경험이 있었죠. 그래서 이 세 회사를 함께 오디션에 참여시키면 어떨까 생각했어요. 출발점은 세 회사가 함께 협력하면서도 경쟁하는 오디션 프로그램을 기획한다는 것이었어요. 회사마다 입장이 조금 달랐기 때문에 조율할 것도 많았지만, 그냥 1등 뽑고 마는 프로그램이 아니라는 데 세 회사가 모두 공감했습니다.
>
> 그리고 연출 측면에서도 기존 오디션 프로그램과는 달리 경쟁으로 치닫기보다는, 어떻게 하면 참가자가 잘할 수 있을까를 고민하는 편입니다. 참가자의 연령이 낮은 편인데, 그렇다보니 프로그램 내에서 젊은 세대들의 특성이 묻어나기도 합니다. 굉장히 빨리 배우고 카메라 앞에서 잘 떨지 않는 것이죠. 그래서인지 어떤 면에서는 절박함이 부족한 것이 아니냐는 지적도 있어요. 하지만 그렇다고 해서 억지로 절박함을 연출하려고 하지는 않습니다.
>
> 마지막으로 K팝스타가 성공하게 된 가장 큰 요인은 출연자들의 실력이 확연히 다르다는 데 있습니다. 이렇게 된 것은 기획사들이 그간 숱한 오디션을 치르면서 쌓은 노하우가 이 프로그램에도 반영된 결과이죠. 1차 오디션에서 실력자들이 확실히 선별되었어요. 처음에는 좀 당황스러운 점도 있었습니다. 방송 분량을 뽑아야 하는데 이 심사위원들은 5초만 보아도 참가자의 실력을 알 수 있기 때문에 관심이 없으면 아예 말을 안 하는 거예요. 결과적으로 보면 심사위원의 선택이 모두 맞았어요. 살아남은 사람은 훌륭한 자원이었고, 그래서 군더더기 없이 리얼한 오디션이 만들어질 수 있었던 것이었죠.

박성훈PD님,
K팝스타를 기획하게 된 계기와 연출에서의 차별점 ①   ②
그리고 K팝스타가 성공한 요인은 무엇인가요? ③

K팝스타를 기획하게 된 가장 기본적인 계기는 회사 차원에서 SBS 브랜드 오디션이 필요하다는 요구가 있었기 때문입니다. 게다가 YG 양현석 사장도 지나가는 이야기처럼 우리도 오디션을 하면 어떻겠냐고 했던 적이 있었고, JYP 박진영 사장은 두 번이나 우리 회사에서 오디션을 해본 경험이 있었죠. 그래서 이 세 회사를 함께 오디션에 참여시키면 어떨까 생각했어요. 출발점은 세 회사가 함께 협력하면서도 경쟁하는 오디션 프로그램을 기획한다는 것이었어요. 회사마다 입장이 조금 달랐기 때문에 조율할 것도 많았지만, 그냥 1등 뽑고 마는 프로그램이 아니라는 데세 회사가 모두 공감했습니다.

그리고 연출 측면에서도 기존 오디션 프로그램과는 달리 경쟁으로 치닫기보다는, 어떻게 하면 참가자가 잘 할 수 있을까를 고민하는 편입니다. 참가자의 연령이 낮은 편인데, 그렇다보니 프로그램 내에서 젊은 세대들의 특성이 묻어나기도 합니다. 굉장히 빨리 배우고 카메라 앞에서 잘 떨지 않는 것이죠. 그래서인지 어떤 면에서는 절박함이 부족한 것이 아니냐는 지적도 있어요. 하지만 그렇다고 해서 억지로 절박함을 연출하려고 하지는 않습니다.

마지막으로 K팝스타가 성공하게 된 가장 큰 요인은 출연자들의 실력이 확연히 다르다는 데 있습니다. 이렇게 된 것은 기획사들이 그간 숱한 오디션을 치르면서 쌓은 노하우가 이 프로그램에도 반영된 결과이죠. 1차 오디션에서 실력자들이 확실히 선별되었어요. 처음에는 좀 당황스러운 점도 있었습니다. 방송 분량을 뽑아야하는데 이 심사위원들은 5초만 보아도 참가자의 실력을 알 수 있기 때문에 관심이 없으면 아예 말을 안 하는 거예요. 결과적으로 보면 심사위원의 선택이 모두 맞았어요. 살아남은 사람은 훌륭한 자원이었고, 그래서 군더더기 없이 리얼한 오디션이 만들어질 수 있었던 것이었죠.

Study

글을 빨리 읽는다는 것의 진정한 의미를 알아야 한다.

글 읽기와 관련해서 너희들이 귀에 못이 박히게 듣는 조언 중에 하나가 '속독 기술을 익혀야 한다'는 거야. 늘 부족한 시간에 시달리며 글을 읽어야 하니 이 조언이 완전히 틀린 말도 아니지. 게다가 대부분의 시험은 시간이 제한되어 있다보니, 글을 빨리 읽으면 읽을수록 유리한 것도 사실이야.

그런데 여기에서 주의해야 할 점이 하나있어. 글 읽기의 고수들이 말하는 '속독'의 의미를 정확하게 알고 있는지 스스로 검토해봐야 해. 속독을 할 수 있다는 것이 무슨 의미일까? 마치 빨리 말하는 것처럼 한 문장 한 문장을 잽싸게 읽으면 되는 걸까? 다들 경험해봤겠지만 글을 빨리 읽으려고 노력하면 할수록 전체 내용에 대한 이해도는 떨어질 수밖에 없어. 그럼 대체 고수들이 말하는 '속독'이 뭘까?

빨리 읽기 = '중요한 문장만' 천천히 읽기

'글을 빨리 읽는다'는 것이 모든 문장을 빨리 읽어낸다는 의미는 절대로 아니야. 분명 전체 글 내에서 정답을 말하는데 직접적으로 도움이 되는 문장이 있는가 하면 그렇지 않은 문장들도 있지? 중요하지 않은 문장은 '빠르게 건성건성' 읽는 반면, 중요한 문장만큼은 '천천히 꼼꼼하게' 읽는다는 사실이 고수들이 말하는 '속독'에 숨겨진 의미야. 즉 불필요한 문장과 중요한 문장의 완급 조절이 '속독'에 숨겨진 의미였던 거야.

…그런데 중요한 문장이 뭐지?

'질문'은 언제나 중요한 문장이다.

앞에서 면접문제는 크게 질문과 제시문, 두 부분으로 나뉘어져 있다고 말했지? 언뜻 보기에 '질문'은 고작해야 한두 줄 정도이니 빨리 읽고 넘어가도 상관없다고 생각할 수 있어. 게다가 마음까지 급하니까 읽을 거리가 많은 제시문에 눈이 제일 먼저 가지. 그런데 대부분의 수험생들이 면접장에서 글을 이렇게 읽어서 교수님 앞에서 뺄타를 날리고 불합격의 비극을 맛보는 거야. 면접장에서 '질문'보다 (가), (나), (다)로 나열되어 있는 제시문을 먼저 읽는 건 가장 위험한 행동 중 하나야. 정답을 답할 가능성을 낮출 뿐만 아니라, 문제 풀이 시간을 잡아먹는 주범이거든. 게다가 제시문을 먼저 읽을 경우 문제가 풀리기는 커녕 머리 속이 엉킨 실타래 마냥 복잡해지게 돼.

질문은 가장
먼저, 천천히, 꼼꼼하게
읽어야 한다.

그런데 문장을 중요하게 여긴다는 것이 무슨 의미일까? 아주 천천히 한 글자 한 글자 읽으면 되는 걸까? 혹은 두세 번 반복해서 읽으면 되는 걸까? 그간 수능 언어영역을 공부하면서 '중요한 문장을 꼼꼼히 읽는 법'에 대해서 구체적으로 배워본 적이 없어. 왜냐하면 수능 언어영역은 '긴 글'을 읽어내는 것이 목적인 시험이거든. 즉 너희들은 여지껏 '긴 글을 읽는 방법'만 배워온 거야.

놀랍게도…

정작 한 문장을 읽는 방법은 공부를 해본 적이 없는 거야.

한 문장을 읽는 방법을 새롭게 배워야 한다.

한 문장을 꼼꼼히 읽어내는 방법은 바로 '번호 매기기' 기술이야. 실제로 해보면 알겠지만 별로 어렵지도 않아. 중학생들도 할 수 있는 수준이야. 그런데 너희들 '번호 매기기' 우습게 여기면 안 된다? 왜냐하면 대학에 입학한 이후에도 이 기술을 사용해서 시험을 보게 되거든. 대학교에 입학하면 고등학교 때처럼 중간고사와 기말고사를 봐. 차이점이 있다면 객관식 시험이 거의 없다는 점이지. 일반적으로 주관식 문제가 시험으로 나오는데 이때도 '번호 매기기'가 사용돼. 정말 말 그대로 대학에서 공부할 때 필요한 능력인 거야. 그러니 면접문제를 통해 학생이 이 능력을 갖추고 있는지 당연히 확인하고자 하는 거지.

> "박성훈PD님, K팝스타를 기획하게 된 계기와 연출에서의 차별점
> 그리고 K팝스타가 성공한 요인은 무엇인가요?"

• 186 •

어떤 글이든 마찬가지야. 면접문제든, 인터뷰 기사든 언제나 '질문' 먼저 읽기 시작해야 해. 그래서 K팝스타 담당 PD님의 인터뷰 내용이 아무리 궁금해도 반드시 리포터의 '질문'을 먼저 읽어야 하는 거야. 위의 질문은 정말 고작해야 한 문장이지? 그런데 이 문장이 커다란 한 덩어리로 보이면 안 돼. '번호 매기기' 기술을 알고 있는 고수의 눈에는 어떻게 보이냐면…

> "박성훈PD님, K팝스타를 기획하게 된 계기와 연출에서의 차별점 ① ②
> 그리고 K팝스타가 성공한 요인은 무엇인가요?"
> ③

바로 이렇게 보여.

잘게 찢고 번호만 매겨주면 된다. 끝!

'번호 매기기'는 이게 다야. 한 문장을 잘게 찢고 찢은 요소들에 각각 번호를 매겨주면 돼. 정말 싱겁지? 면접문제를 받아들면 가장 먼저 질문을 찾아내고, 그 한 문장을 잘게 찢어 번호만 매겨주면 되는 거야. 심플하고 쉬운 방법이지. 하지만 이 기술이 문제 풀이 전체 과정에 미치는 영향력은 어마어마해. 그 영향력을 알고 있기 때문에 공부의 고수들은 면접문제뿐만 아니라, 논술문제, 대학교에서 보는 중간고사, 사시, 행시, 외시, 로스쿨 입학 시험, 의학전문대학원 입학 시험 등 모든 시험 문제를 풀 때 이 기술을 사용하고 있어.

K팝스타 인터뷰 질문을 완벽하게 이해한 사람이라면 어떤 반응을 보일까? 이 한 문장을 완벽하게 이해한 사람이라면 크게 답을 세 가지 부분으로 나눠서 할 거야. 우선 프로그램을 '(1)기획하게 된 계기'를 이야기하기 시작하겠지. 그리고 나서 이 화제를 마무리 짓고 '(2)연출에서의 차별점'을 언급할 거야. 연출에서 어떠한 차별점이 있었는지를 한참 말하고 난 후 마지막으로 K팝스타가 '(3)성공한 요인'에 대해 나름대로의 자신의 생각을 말하겠지. 이 세 가지 중 어느 것 하나라도 빼놓고 이야기해서는 안 돼. 만약 하나라도 빼놓고 이야기했다면 '한 문장짜리 질문'을 완벽하게 이해하지 못한 거야.

고작 문장 하나도 완벽하게 이해하지 못한 거지.

실제로 네가 이해를 했는지 여부는 중요하지 않아. 결과적으로 네 말을 듣는 이에게 '한 문장도 완벽하게 이해하지 못하는 녀석'이라는 인상을 풍길 수밖에 없어. 이를 면접상황에 적용시켜보자. 면접 상황에서 '교수님'에게 네가 '한 문장도 완벽하게 읽지 못하는 학생'이라는 인상을 심어주면 어떻게 될까? 정말 상상도 하기 싫다. 기술 자체는 별 것 아닌데, 이를 제대로 못할 경우 면접에서 미칠 부정적인 영향이 너무나 커. 즉 그 어떤 실수보다 큰 감점을 받을 수 있는 요인인 거야. 대학에서 공부할 학생이 문장 하나도 제대로 읽지 못하다니… 너무 치명적인 결함이지. 네가 아무리 예뻐도 교수님이 합격시킬래야 합격시킬 수 없는 치명적인 실수인 거야.

박성훈PD님,
K팝스타를 기획하게 된 계기와 연출에서의 차별점
① ②
그리고 K팝스타가 성공한 요인은 무엇인가요?
③

K팝스타를 기획하게된 가장 기본적인 계기는 회사 차원에서 SBS 브랜드 오디션이 필요하다는 요구가 있었기 때문입니다. 게다가 YG 양현석 사장도 지나가는 이야기처럼 우리도 오디션을 하면 어떻겠냐고 했던 적이 있었고, JYP 박진영 사장은 두 번이나 우리 회사에서 오디션을 해본 경험이 있었죠. 그래서 이 세 회사를 함께 오디션에 참여시키면 어떨까 생각했어요. 출발점은 세 회사가 함께 협력하면서도 경쟁하는 오디션 프로그램을 기획한다는 것이었어요. 회사마다 입장이 조금 달랐기 때문에 조율할 것도 많았지만, 그냥 1등 뽑고 마는 프로그램이 아니라는 데 세 회사가 모두 공감했습니다.

그리고 연출 측면에서도 기존 오디션 프로그램과는 달리 경쟁으로 치닫기보다는, 어떻게 하면 참가자가 잘 할 수 있을까를 고민하는 편입니다. 참가자의 연령이 낮은 편인데, 그렇다보니 프로그램 내에서 젊은 세대들의 특성이 묻어나기도 합니다. 굉장히 빨리 배우고 카메라 앞에서 잘 떨지 않는 것이죠. 그래서인지 어떤 면에서는 절박함이 부족한 것이 아니냐는 지적도 있어요. 하지만 그렇다고 해서 억지로 절박함을 연출하려고 하지는 않습니다.

마지막으로 K팝스타가 성공하게 된 가장 큰 요인은 출연자들의 실력이 확연히 다르다는데 있습니다. 이렇게 된 것은 기획사들이 그간 숱한 오디션을 치르면서 쌓은 노하우가 이 프로그램에도 반영된 결과이죠. 1차 오디션에서 실력자들이 확실히 선별되었어요. 처음에는 좀 당황스러운 점도 있었습니다. 방송 분량을 뽑아야 하는데 이 심사위원들은 5초만 보아도 참가자의 실력을 알 수 있기 때문에 관심이 없으면 아예 말을 안 하는 거예요. 결과적으로 보면 심사위원의 선택이 모두 맞았어요. 살아남은 사람은 훌륭한 자원이었고, 그래서 군더더기 없이 리얼한 오디션이 만들어질 수 있었던 것이었죠.

정확한 답을 하기 위해서는
모든 면접문제에서 '질문'을
반드시 '번호 매기기'로 읽어야 해.

Exercise

✖ 시범문제

1 다음 질문에 '번호 매기기'를 해보시오.

> 제시문 (가)는 인간의 심리에 영향을 미치는 요소에 대해 설명하고 있다.
> 이 요소를 (나), (다), (라)에 적용시켜서 설명하시오.
>
> − 2012학년 건국대학교 유형 자기추천자 전형 문제 1번

➕ 시범풀이

이 질문에서 가장 확실하게 눈에 보이는 것 하나만 골라보자. 정답을 말하기 위해서 반드시 포함해야 하는 딱 한 가지는 뭐니?

"심리에 영향을 미치는 요소"

다른 건 다 놓쳐도 반드시 제시문 (가)에서 나온 '심리에 영향을 미치는 요소'가 무엇인지 답변 내용 중에 밝혀야 해. 그러니 질문 문장에서 '인간의 심리에 영향을 미치는 요소'에 동그라미를 그려줘야 하지.

> 제시문 (가)는 인간의 심리에 영향을 미치는 요소에 대해 설명하고 있다.
> 이 요소를 (나), (다), (라)에 적용시켜서 설명하시오.

이 요소만 말하면 완벽한 정답일까? 그렇지 않아. 질문에 동그라미 쳐야 할 부분은 아직 많이 남아있어. 심리에 영향을 미치는 요소가 무엇인지 찾아낸 후에 이 요소를 제시문 (나), (다), (라)에 적용시켜 설명해야 하지. 이 부분에도 동그라미를 그려줘야 해.

> 제시문 (가)는 인간의 심리에 영향을 미치는 요소에 대해 설명하고 있다.
> 이 요소를 (나), (다), (라)에 적용시켜서 설명하시오.

그런데 이렇게 동그라미를 그리면 땡! 틀린 거야!

한꺼번에 크게 동그라미를 그리는 것이 아니라, 각각 따로 그려줘야 완벽한 정답이야. 왜냐하면 (나), (다)에만 적용하여 설명하고 (라)와 관련해서는 답을 하시 않았나면 이것 역시도 오답이거든. 하나도 빠짐없이 답을 해아 하니, (나), (다), (라) 각각에 동그라미를 그려줘야 하는 거야.

> 제시문 (가)는 인간의 심리에 영향을 미치는 요소에 대해 설명하고 있다.
> 이 요소를 (나), (다), (라)에 적용시켜서 설명하시오.

그래서 최종 정답은…

제시문 (가)는 인간의 심리에 영향을 미치는 요소에 대해 설명하고 있다.
①
이 요소를 (나), (다), (라)에 적용시켜서 설명하시오.
② ③ ④

– 2012학년 건국대학교 유형 자기추천자 전형 문제 1번

바로 이거지!

'번호 매기기'의 위력은 지금부터 시작돼. 질문을 번호 매기기로 분석할 때 가장 큰 장점은 교수님의 채점 기준이 눈에 보인다는 거야. 즉 교수님이 널 어떤 기준으로 채점할지 낱낱이 파헤칠 수 있는 거지. 교수님의 예상 채점 기준을 알아냈으니, 정확한 답을 말하는 데 더 유리해질 수밖에 없어.

교수님의 예상 채점 기준

(1) 제시문 (가)에 나타난 심리에 영향을 미치는 요소를 찾아냈나?

(2) 그 요소를 제시문 (나)에 적용하여 설명했나?

(3) 마찬가지로 제시문 (다)에 적용하여 설명했나?

(4) 마지막으로 제시문 (라)에도 적용하여 설명했나?

이 네 가지 중 하나라도 빠트리거나, 오답을 말할 경우에는 감점, 네 가지를 모두 잘 대답할 경우 완벽한 정답인 거야. 바로 이게 건국대학교 교수님들의 채점기준이었던 거야. 시범 보이기가 끝났으니 지금부터 스스로 문제를 풀어볼 거야. 각 문제의 뒷 장에는 정답이 나와있으니, 반드시 스스로 푼 후에 페이지를 넘겨야 해!!!

✖스스로 풀기

1 다음 질문에 '번호 매기기'를 한 후, '교수님의 예상 채점 기준'을 직접 글로 적으시오.(총 4개의 동그라미가 숨겨져 있음)

> 제시문 (가)의 요소를 일상생활, 경제, 사회 등에 바람직하게 적용시킬 수 있는 두 가지 사례를 제시하시오.
>
> — 2012학년 건국대학교 유형 자기추천자 전형 문제 2번

교수님의 예상 채점 기준

(1)

(2)

(3)

(4)

❖정답!!!

①　　　　　　　②　　　　　　　　③
제시문 (가)의 요소를 일상생활, 경제, 사회 등에 바람직하게 적용시킬 수 있는
두 가지 사례를 제시하시오.
④

－ 2012학년 건국대학교 유형 자기추천자 전형 문제 2번

교수님의 예상 채점 기준

(1) 제시문 (가)의 요소에 '부합'하는가?

(2) 일상생활, 경제, 사회 등 분야 2개를 선택했는가?

(3) 다른 이에게 피해를 입히는 것이 아니라, 모두에게 도움이 되는가?

(4) 사례를 2개 제시했는가?

✚핵심풀이

여기에서 가장 중요한 조건은 (1)번이야. 반드시 제시문 (가)에 나온 요소에 부합하는 사례를 제안해야 하지. 뒤에 (2)~(4)번까지의 조건을 모두 충족시켰다 하더라도, (1)번을 놓치면 오답 처리될 수밖에 없는 거야.

그리고 실제 수험생들이 자주 놓쳤던 조건은 (4)번이었어. 분명 사례를 2개 제시하라고 했는데, 1개만 제시하는 실수를 많은 학생들이 했어. 지금은 실수 안 할 것 같지? 면접장에서는 과도하게 긴장한 탓에 온갖 종류의 실수가 쏟아져. 그래서 반드시 번호 매기기로 질문을 꼼꼼히 읽는 연습을 해야 하는 거야.

✖스스로 풀기

2 다음 질문에 '번호 매기기'를 한 후, '교수님의 예상 채점 기준'을 직접 글로 적으시오. (총 3개의 동그라미가 숨겨져 있음)

다음은 프로이트와 웨스터마크가 나눈 가상의 대화이다.
두 학자의 입장을 근거로 하여, 자신의 입장을 논리적으로 서술하시오.

– 2012학년 경희대학교 유형 네오르네상스 전형 문제

교수님의 예상 채점 기준

(1)

(2)

(3)

❖정답!!!

> 다음은 프로이트와 웨스터마크가 나눈 가상의 대화이다. ③
> 두 학자의 입장을 근거로 하여, 자신의 입장을 논리적으로 서술하시오.
>   ①   ②
>   – 2012학년 경희대학교 유형 네오르네상스 전형 문제

교수님의 예상 채점 기준

(1) 제시문에 나온 내용을 충분히 이해하고 사용했는가?

(2) 두 학자 중 자신이 동의하는 입장을 선택했는가?

(3) '주장'과 '근거'를 모두 갖추고 있는가?

➕핵심풀이

경희대학교 유형 질문에서 가장 중요한 조건은 (1)번이야. 동시에 번호 매기기 기술을 잘 모르는 수험생들이 자주 놓치는 조건 중 하나지. '두 학자의 입장을 근거로' 하라는 것은 제시문을 충분히 활용하라는 교수님의 의도가 숨겨진 부분이야. 즉 제시문과 전혀 별개로 개성 넘치는 '자신의 입장'을 밝히는 것이 아니라, 반드시 제시문을 근거로 해서 답을 구성하라는 교수님의 강력한 요구가 숨겨져 있는 거지. 이처럼 번호 매기기로 질문을 분석할 경우, 교수님의 숨겨진 의도까지 찾아낼 수 있어.

✖스스로 풀기

3 다음 질문에 '번호 매기기'를 한 후, '교수님의 예상 채점 기준'을 직접 글로 적으시오. (총 2개의 동그라미가 숨겨져 있음)

> 제시문 (나)의 글쓴이 관점을 적용하여, 제시문 (가)에서 나타난 야노마모 족과 뉴욕커 사이의 경제시스템 차이를 설명하시오.
>
> – 2012학년 경희대학교 유형 네오르네상스 인문계열2 문제 1번

교수님의 예상 채점 기준

(1)

(2)

❖정답!!!

제시문 (나)의 글쓴이 관점을 적용하여, 제시문 (가)에서 나타난 야노마모 족과 뉴욕커
①
사이의 경제시스템 차이를 설명하시오.
②

– 2012학년 경희대학교 유형 네오르네상스 인문계열2 문제 1번

교수님의 예상 채점 기준

(1) (나) 글쓴이의 관점이 무엇인지 찾아냈는가?

(2) 관점을 적용하여 두 사회의 경제시스템 차이를 적절히 설명했는가?

➕핵심풀이

경희대학교 유형 인문계열2 질문 1번의 경우 비교적 번호 매기기가 쉬워. 특별히 숨겨진 조건이 있는 것도 아니고, 실수할 만한 지점이 있는 것도 아니야. 단지 있는 그대로 읽어내면 돼. 이 질문의 경우 번호 매기기를 통해 문제 풀이의 작은 팁을 추가로 얻을 수 있어. 제시문을 읽을 때 (가)를 먼저 읽는 것보다, (나)를 먼저 읽고 (가)를 읽는 것이 좀 더 유리하겠지? 번호 매기기는 교수님의 채점기준을 알 수 있게 해줄 뿐만 아니라, 문제 풀이 과정 전반을 효율적으로 만들어 주는 역할을 해.

✖스스로 풀기

4 다음 질문에 '번호 매기기'를 한 후, '교수님의 예상 채점 기준'을 직접 글로 적으시오. (총 2개의 동그라미가 숨겨져 있음)

> 자신만의 논리적 근거를 제시하여, 제시문 (나) 글쓴이의 주장을 비판하시오.
>
> – 2012학년 경희대학교 유형 네오르네상스 인문계열2 문제 2번

교수님의 예상 채점 기준

(1)

(2)

❖ 정답!!!

교수님의 예상 채점 기준

(1) 제시문에 나온 것이 아니라 '자신만의' 근거를 제시했는가?
(2) (나) 글쓴이의 '주장과 근거의 논리성'을 비판했는가?

✚ 핵심풀이

경희대학교 유형 인문계열2 질문 2번에서 가장 중요한 조건은 (1)번이야. (1)번 조건은 제시문에 나와 있는 근거가 아닌 자신만의 근거를 제시할 것을 요구하고 있지. 이 조건이 있었기 때문에, 제시문 안에 나온 근거를 그대로 반복할 경우 당연히 감점이 될 수밖에 없어. 반드시 제시문에 나오지 않은, 그간 학교에서 공부를 하면서 알게된 너만의 배경지식을 활용해서 답을 해야 하지.

그리고 (2)번 조건의 경우 표면적으로는 글쓴이의 '주장'만 비판하라고 했지. 그런데 실제 교수님이 기대하는 답변은 절대 그게 아니야. 뒤에 '생각하기의 기적'에서 알려주겠지만, 비판의 초점이 단순 '주장'에 집중되는 것이 아니라 '주장과 근거의 논리성'이라는 점을 미리 기억해두자.

✖스스로 풀기

5 다음 질문에 '번호 매기기'를 한 후, '교수님의 예상 채점 기준'을 직접 글로 적으시오. (총 3개의 동그라미가 숨겨져 있음)

> 빈곤국의 식량난을 해결하기 위하여 GMO(유전자 재조합 생물체)를 확대하는 것에 찬성하는가 혹은 반대하는가? 자신의 주장에 대한 논리적 근거는 무엇인가?
>
> — 2012학년 이화여자대학교 유형 미래인재 전형 문제

교수님의 예상 채점 기준

(1)

(2)

(3)

❖정답!!!

빈곤국의 식량난을 해결하기 위하여 GMO(유전자 재조합 생물체)를 확대하는 것에
①
찬성하는가 혹은 반대하는가? 자신의 주장에 대한 논리적 근거는 무엇인가?
②   ③
– 2012학년 이화여자대학교 유형 미래인재 전형 문제

교수님의 예상 채점 기준

(1) '빈곤국의 식량난 해결'이란 목표에 집중했는가?

(2) 찬성과 반대 중 어느 한 쪽을 선택하여 일관되게 주장했는가?

(3) 자신의 주장을 적절히 지지하는 근거를 제시했는가?

➕핵심풀이

이화여대 질문에서 가장 중요한 조건은 (1)번이야. 대부분의 수험생들이 (2)번과 (3)번 조건까지는 쉽게 찾아내. 하지만 (1)번 조건의 경우 찾아내는 사람이 거의 없지. 이 조건을 반영한다면, GMO를 확대하는 것에 찬성과 반대를 하는 근거가 '빈곤국의 식량난 해소에 도움이 되는지 여부'에 의해서 결정되어야 하는 거야. 그저 일반적이고 막연하게 GMO 확대에 찬성 혹은 반대를 해서는 안 되는 거지. 그러므로 다른 어떤 점에서 GMO가 이득이 되더라도, '빈곤국 식량난 해결'에 도움이 되지 않으면 반대하는 입장을 취해야 하는 거야. 혹은 반대로 다른 어떤 점에서 아무런 이득이 되지 않고 오히려 해가 되는데도 불구하고, '빈곤국 식량난 해결'에 도움이 된다면 찬성하는 입장을 취해야 하는 거지.

핵심
정리

▶ 언제나 '질문'은 가장 중요한 문장이다.

▶ 반드시 '질문'을 가장 먼저 읽어야 한다.

▶ 모든 대학의 면접문제의 '질문'은 '번호 매기기'로 읽을 수 있다.

▶ '번호 매기기'는 교수님의 '예상 채점 기준'을 알 수 있게 해준다.

지금까지 잘 따라왔다면,
니만의 모범답안이
20%는 완성된 거야!

질문) 다음 글을 읽고 가수 UV의 특징을 서술하시오.

제시문)

틴틴파이브나 나몰라패밀리처럼 개그맨들이 정식 가수활동을 한 적이 없었던 것은 아니다. 이들 두 그룹은 개그맨 활동과 별개로 현재도 계속 앨범을 내며 꾸준히 활동하고 있다. 그런데 이들과 UV와의 차이점은 무엇일까? 한쪽은 개그맨 색깔을 가급적 지우고 진지하게 가수로만 활동하고 있는 것이고, 다른 한쪽은 실제로는 코미디인데 가수라는 틀만 빌려 일부러 진지하게 보이려 한다는 것이다. 이런 UV의 모습을 관통하고 있는 말이 바로 '키치'다.

정해승, 『킬러 콘텐츠 승부사들』, 몬스터, 2011, p.184

질문) 다음 글을 읽고 가수 UV의 특징을 서술하시오.

제시문)

틴틴파이브나 나몰라패밀리처럼 개그맨들이 정식 가수활동을 한 적이 없었던 것은 아니다. 이들 두 그룹은 개그맨 활동과 별개로 현재도 계속 앨범을 내며 꾸준히 활동하고 있다. 그런데 이들과 UV와의 차이점은 무엇일까? 한쪽은 개그맨 색깔을 가급적 지우고 진지하게 가수로만 활동하고 있는 것이고, 다른 한쪽은 실제로는 코미디인데 가수라는 틀만 빌려 일부러 진지하게 보이려 한다는 것이다. 이런 UV의 모습을 관통하고 있는 말이 바로 '키치'다.

징해승, 『킬러 콘텐츠 승부사들』, 몬스터, 2011, p.184

Study

Kill > Kiss

글을 읽는다는 것이 모든 문장을 꼼꼼히 읽어야 한다는 것을 의미하지는 않아. 하나의 글 안에서도 가치있는 문장과 그렇지 않은 문장이 있지. 가치있는 문장을 소중히 여겨야 한다는 것은 누구나 알고 있는 사실이야. '주제문에 밑줄을 그어라' 혹은 '핵심단어에 동그라미를 쳐라'와 같은 오래된 글읽기 방법을 다들 한 번씩은 들어봤을 거야. 그런데 독해력의 고수들은 이런 조언들보다 더 효과적인 기술을 알고 있어. 그게 바로 Kill or Kiss 전략이지. 이 기술을 이해하기 위해서 우선 그간의 공부방식을 한 번 검토해보자.

너희들이 지난 19년 동안 공부를 해오면서 배운 가장 중요한 덕목은 '기억'하고 '저장'하는 것이었어. 그래서 수많은 영어단어를 외웠고, 수학공식을 기억했지. 하지만 이것 못지 않게 중요한 덕목이 하나 더 있어.

잊어버리기를 잘해야 면접에서 높은 점수를 받을 수 있다.

아니, 이게 무슨 궤변이냐고? 그간 입시를 위한 공부를 해오면서 이런 이야기를 들어본 적은 거의 없을 거야. 하지만 '잊어버리기'는 공부를 잘하는 이들이 갖추고 있는 굉장히 중요한 능력 중 하나야. 공부고수들은 '잊어버리기'를 잘해야 문제를 풀 때 정확한 답을 할 수 있다는 것을 알고 있어. 하지만 그 누구도 이를 입밖으로 꺼내서 이야기하지 않았기에 너희들에게 낯설게 느껴지는 것도 당연해. 그런데 면접을 공부할 때 이 기술은 너무나도 중요해. 짧은 시간 안에 주관식 답안을 구상해야 하는 면접문제 풀이에서 '잊어버리기'는 정확한 답을 하는 데 필수적인 능력이거든.

인간의 뇌는 컴퓨터가 아니기 때문이다.

'잊어버리기'가 중요한 이유는 아주 단순해. 인간의 두뇌능력에는 한계가 있기 때문이지. 인간의 머리는 컴퓨터가 아니다 보니 정보를 저장해두는 데 상한선이 있어. 일정 수준 이상으로 정보의 양이 많아지면 과부하가 걸리고 뇌는 작동을 멈춰버리게 돼. 특히 주어진 시간이 적으면 적을수록 과부하는 쉽게 걸려. 예를 들어 내신시험을 급하게 벼락치기로 공부할 때를 생각해보자. 처리해야 하는 공부의 양은 많은데 시간은 촉박하지? 그래서 공부를 하면 할수록 효율이 떨어지고 멍 때리거나 딴짓하는 시간이 늘어나는 거야. 즉 뇌가 과부하에 걸려 자동적으로 작동을 멈춘 것이지.

그런데 면접 당일 대기실에서 뇌가 갑자기 과부하에 걸렸다고 생각해봐. 조금 뒤에 교수님 앞에 가서 발표를 해야 하는데 머리가 복잡해서 폭발할 것 같다니. 정말 생각만해도 끔찍한 일이야. 모든 시험은 제한된 시간 내에 누가 더 효율적으로 정보를 처리하는지에 대한 싸움이라고 봐도 무방해. 그러니 중요한 내용을 기억하는 것 못지 않게, 불필요한 내용을 머리 속에서 과감하게 지울 수 있는 것 역시 중요한 능력이라 할 수 있지.

불필요한 정보는 거침없이 Kill

글을 읽으면서 불필요한 문장을 지우는 것이 Kill이고, 중요한 문장을 살려두는 것이 바로 Kiss야. 여기에서 강조점은 'Kill'에 있어. 문장을 제거할 때는 어설프게 하면 안 돼. 한 번 Kill한 문장은 머리 속에서 깡그리 지워버려야 하는 거야. 문제를 푸는데 아무런 도움도 되지 않거든. 도움이 되지 않는 문장을 머리 속에 기억해두면 뇌가 과부하에 걸리기만 하니 거침없이 제거해버리자.

이 책에서 Kill한 문장은 실제 제시문 위에 밑줄을 긋는 형태로 표현했고, Kiss한 문장은 형광펜이 칠해진 형태로 표현했어. 하지만 실제 면접에서는 문제지 위에 아무런 표시도 하지 못하게 하니까, 불필요한 문장은 너희들의 머리 속에서 제거하고 중요한 문장은 연습장에 옮겨적어야 하는 거야.

그럼 쉬운 예시를 가지고 Kill or Kiss 전략이 어떻게 사용되는지 공부해보자.

질문) 다음 글을 읽고 가수 UV의 특징을 서술하시오.

제시문)

틴틴파이브나 나몰라 패밀리처럼 개그맨들이 정식 가수활동을 한 적이 없었던 것은 아니다. 이들 두 그룹은 개그맨 활동과 별개로 현재도 계속 앨범을 내며 꾸준히 활동하고 있다. 그런데 이들과 UV와의 차이점은 무엇일까? 한쪽은 개그맨 색깔을 가급적 지우고 진지하게 가수로만 활동하고 있는 것이고, 다른 한쪽은 실제로는 코미디인데 가수라는 틀만 빌려 일부러 진지하게 보이려 한다는 것이다. 이런 UV의 모습을 관통하고 있는 말이 바로 '키치'다.

정해승, 『킬러 콘텐츠 승부사들』, 몬스터, 2011, p.184

한 문장을 죽일지 혹은 열렬히 사랑해서 키스할지를 결정짓기 위해서는 나름대로의 '기준'이 필요해. 그리고 그 기준은 철저히 출제자의 입장에서 결정이 되지. 출제자가 묻고 있는 것은 오직 'UV의 특징'이고 이와 관련된 정보를 담고 있는 문장만이 가치가 있어. 그 외에 문장들은 모두 거침없이 Kill 해버려야 해.

예를 들어,

"틴틴파이브나 나몰라 패밀리처럼 개그맨들이 정식 가수활동을 한 적이 없었던 것은 아니다."

라는 문장이 'UV의 특징'을 담고 있니? 전혀 그렇지 않지. 거침없이 Kill!

"틴틴파이브나 나몰라 패밀리처럼 개그맨들이 정식 가수활동을 한 적이 없었던 것은 아니다."

또 다른 문장인,

"그런데 이들과 UV와의 차이점은 무엇일까?"

가 'UV의 특징'을 담고 있니? 뒤에 나올 내용이 중요하다는 암시는 주고 있지만, 이 문장 자체가 'UV의 특징'에 대한 정보를 담고 있지는 않아. 앞과 마찬가지로 거침없이 Kill!!

"그런데 이들과 UV와의 차이점은 무엇일까?

그 다음에 이어지고 있는,

"한쪽은 개그맨 색깔을 가급적 지우고 진지하게 가수로만 활동하고 있는 것이고, 다른 한쪽은 실제로는 코미디인데 가수라는 틀만 빌려 일부러 진지하게 보이려 한다는 것이다."

라는 문장은 'UV의 특징'을 담고 있니? 분명 UV의 특징이 서술된 부분이 있기는 해. 하지만 그렇다고 해서 이 문장 전체를 살려둘 필요는 없어. 앞에 있는 '한쪽은 개그맨 색깔을 가급적 지우고 진지하게 가수로만 활동하고 있는 것이고'는 UV의 특징이 아니라, '틴틴파이브'나 '나몰라패밀리'의 특징에 해당돼. 그럼 이 부분은 과감하게 Kill해야 하는 거야. 이처럼 한 문장 내에서도 Kill할 부분과 Kiss할 부분이 나뉘어질 수 있어. Kill할 수 있는 부분을 '최대한 찾아내서' 가혹할 정도로 '과감하게' 하는 것이 핵심 포인트야.

"한쪽은 개그맨 색깔을 가급적 지우고 진지하게 가수로만 활동하고 있는 것이고, 다른 한쪽은 실제로는 코미디인데 가수라는 틀만 빌려 일부러 진지하게 보이려 한다는 것이다."

마지막으로,

"정해승, 『킬러 콘텐츠 승부사들』, 몬스터, 2011, p.184"

라는 문장은 'UV의 특징'을 담고 있니? 간혹 글의 출처가 중요한 정보를 담고 있을 때가 있어. 하지만 이번엔 전혀 도움이 안 돼. 그러니 Kill!!!

"정해승, 『킬러 콘텐츠 승부사들』, 몬스터, 2011, p.184"

위의 UV 글에서 불필요한 문장을 모두 Kill하면 아래의 두 문장만이 살아남게 돼.

"실제로는 코미디인데 가수라는 틀만 빌려 일부러 진지하게 보이려 한다는 것"

'키치'

가수 UV의 특징은 위의 두 문장으로 모두 설명이 되는 거야. 나머지 문장들은 이 두 문장을 보충설명해주거나 부각시키는 역할을 하고 있을 뿐이지. 짧은 면접 시간에 구태여 주변에 있는 덜 중요한 문장들까지 일일이 기억해가며 머리를 복잡하게 만들 필요가 없어. 이처럼 Kill or Kiss 전략은 머리 속을 최대한 단순하고 정확하게 만드는 역할을 해.

Exercise

✖ 시범문제

1 다음 제시문을 Kill or Kiss 하시오.

(가)

실험자들은 두 개의 피실험 집단에게 다음과 같은 문제상황을 제시하였다.

'600명이 거주하고 있는 어느 마을에 전염병이 돌고 있다. 백신을 두 가지 방법으로 사용할 수 있다면 어떤 방법을 선택하겠는가?'

첫 번째 피실험 집단에게는 아래와 같은 대안이 주어졌다.

'백신 A를 사용하면 마을 주민 600명 중 200명을 살릴 수 있다. 이에 비해 백신 B를 사용할 경우 마을 주민 600명 중 모두가 살아남을 확률이 ⅓, 혹은 마을 주민 전체가 죽을 확률이 ⅔이다. 둘 중 어떠한 백신을 사용하겠는가?'

이에 반해 두 번째 피실험 집단에게는 첫 번째 집단과는 다른 형식의 대안이 주어졌다.

'백신 C를 선택하면 마을 주민 600명 중 400명이 죽게 된다. 이에 반해 백신 B를 사용할 경우 마을 주민 600명 중 모두가 살아남을 확률이 ⅓, 혹은 마을 주민 전체가 죽을 확률이 ⅔이다. 둘 중 어떠한 백신을 사용하겠는가?'

두 번째 피실험 집단에게 주어진 대안은 첫 번째 피실험 집단의 대안과 말만 다를 뿐, 그 내용은 같다. 하지만 두 피실험 집단의 실험 결과는 극명한 차이를 보였다. 첫 번째 피실험 집단 참여자 중 72%가 백신 A를 사용하겠다고 답한 것에 비해, 두 번째 피실험 집단 중 백신 A와 동일한 효과를 지닌 백신 C를 선택한 사람의 비율은 22%에 불과하였다.

— 2012학년 건국대학교 유형 자기추천자 전형 제시문 (가)

✚시범풀이

이 문제를 Kill or Kiss로 읽어내기 위해서는 '기준'이 필요해. 즉 어떤 제시문을 Kill or Kiss로 읽어내기 위해서는 가장 먼저 '기준'을 찾아야 하는 거야. 앞에서 설명했듯이 그 기준은 철저하게 '출제자'에 의해서 결정이 될 수밖에 없어. 출제자가 숨겨둔 기준을 찾을 수 있는 곳이 바로 '질문'이야.

Step1 기준찾기

**제시문 (가)는 인간의 심리에 영향을 미치는 요소에 대해 설명하고 있다.
이 요소를 (나), (다), (라)에 적용시켜서 설명하시오.**

– 2012학년 건국대학교 유형 자기추천자 전형 문제 1번

제시문 (가)를 읽는 목적은 오직 '인간의 심리에 영향을 미치는 요소'가 무엇인지 알아내기 위해서이지, 이것 이외에 다른 정보를 담고 있는 문장은 기억할 필요도, 중요하게 생각할 이유도 전혀 없어. 왜냐하면 문제를 푸는데 아무런 도움도 되지 않거든. 제시문은 천천히 음미하면서 읽는 것이 목적이 아니라, 단지 문제를 풀기 위한 수단으로서 읽는 것일 뿐이야. 제시문을 읽기 전에 반드시 질문을 먼저 읽어서 Kill or Kiss의 기준을 찾아내야 해.

"심리에 영향을 미치는 요소" X ⟹ Kill   O ⟹ Kiss

이렇게 기준을 찾아냈으면 본격적으로 글 읽기를 시작해야 해. 그런데 고수라고 특별한 것을 하는 건 아니야. 단지 한 문장 한 문장 뜯어보면서, 이 문장에 '심리에 영향을 미치는 요소'에 대한 정보가 있는지를 확인하고 기계적으로 Kill or Kiss를 할 뿐이지.

Step2 Kill or Kiss

한 문장씩 뜯어보며 Kill or Kiss를 해보자.

실험자들은 두 개의 피실험 집단에게 다음과 같은 문제상황을 제시하였다.

이 문장에서 '인간의 심리에 영향을 미치는 요소'에 대한 정보를 찾을 수 있니? 그저 글을 시작하기 위해 운을 던진 문장에 불과하지. 문제를 푸는 데 아무런 역할도 하지 못하니 과감하게 Kill!

실험자들은 ~~두 개의 피실험 집단에게 다음과 같은 문제상황을 제시하였다.~~

다음 문장으로 넘어가서,

'600명이 거주하고 있는 어느 마을에 전염병이 돌고 있다. 백신을 두 가지 방법으로 사용할 수 있다면 어떤 방법을 선택하겠는가?'

이 문장에서 '인간의 심리에 영향을 미치는 요소'에 대한 정보를 찾을 수 있니? 실험의 상황설정이라는 나름 중요한 정보를 알려주고 있기는 하지만 마찬가지로 인간이 무엇에 영향을 받는지는 구체적으로 나와있지 않아. 문제를 푸는 데 직접적인 도움이 되지 않으니 미련없이 Kill!

'600명이 거주하고 있는 어느 마을에 전염병이 돌고 있다. 백신을 두 가지 방법으로 사용할 수 있다면 어떤 방법을 선택하겠는가?'

복잡하게 생각할 것 없이 기계적으로 한 문장씩 확인하면 되는 거야. 문제를 푸는 데 필요한 정보를 가지고 있으면 살려두고, 그렇지 않으면 과감하게 Kill하는 거지. 이제 좀 감이 잡히니? 다음 문장은 한꺼번에 Kill or Kiss를 해보도록 하자.

첫 번째 피실험 집단에게는 아래와 같은 대안이 주어졌다.

'백신 A를 사용하면 마을 주민 600명 중 200명을 살릴 수 있다. 이에 비해 백신 B를 사용할 경우 마을 주민 600명 중 모두가 살아남을 확률이 ⅓, 혹은 마을 주민 전체가 죽을 확률이 ⅔이다. 둘 중 어떠한 백신을 사용하겠는가?'

이에 반해 두 번째 피실험 집단에게는 첫 번째 집단과는 다른 형식의 대안이 주어졌다.

'백신 C를 선택하면 마을 주민 600명 중 400명이 죽게 된다. 이에 반해 백신 B를 사용할 경우 마을 주민 600명 중 모두가 살아남을 확률이 ⅓, 혹은 마을 주민 전체가 죽을 확률이 ⅔이다. 둘 중 어떠한 백신을 사용하겠는가?'

뭔가 중요해 보이는 이 문장들은 어떻게 해야 할까? 왠지 숫자도 나오고 확률도 나오고 하니 Kill이 아니라 Kiss해야 할 것 같은 느낌이 들 거야. 하지만 감만으로는 이를 판단할 수 없어. 철저하게 '인간의 심리에 영향을 미치는 요소'에 대한 직접적인 정보가 있는지 여부로 판별해야 하는 거지. 이 기준에서 본다면 엄청 중요해보이는 저 긴 문장들도 모두 Kill 해야 해. 위의 문장들은 실험의 설정에 대한 구체적인 정보를 주고 있을 뿐이지, 이것이 인간의 심리에 영향을 어떻게 미치는지에 대해서는 직접적으로 언급이 되어 있지 않아. 물론 여기서 Kill하라는 것이 위의 글을 전혀 이해하지 말라는 의미는 아니야. 그저 물 흐르듯이 자연스럽게 읽고 이해했으면 그것으로 저 문장들의 역할은 끝났다는 것이지. 정답을 말하는데 직접적으로 도움이 되지는 않으므로 다른 문장들과 마찬가지로 모두 Kill하자.

이번에는 내가 위의 문장들에 직접 선을 그어서 Kill 해봐.

남은 문장들도 한꺼번에 읽어보자.

두 번째 피실험 집단에게 주어진 대안은 첫 번째 피실험 집단의 대안과 말만 다를 뿐, 그 내용은 같다. 하지만 두 피실험 집단의 실험 결과는 극명한 차이를 보였다. 첫 번째 피실험 집단 참여자 중 72%가 백신 A를 사용하겠다고 답한 것에 비해, 두 번째 피실험 집단 중 백신 A와 동일한 효과를 지닌 백신 C를 선택한 사람의 비율은 22%에 불과하였다.

드디어 까다로운 문장들이 등장했어. 이 문단에는 분명 '인간의 심리에 영향을 미치는 요소'에 대한 직접적인 정보가 들어 있어. 사실 백신 A와 백신 C는 동일한 의미를 담고 있지. 하지만 사람들은 백신 A를 더 선호하는 모습을 보이고 있었다고 하네. 여기서 이제 직접적인 힌트가 제공되는 거야. 인간의 심리에 영향을 미치는 요소가 나타나 있는 문장은 바로

…말만 다를 뿐, 그 내용은 같다.

이것만 Kiss하고 나머지는 모두 Kill해도 상관 없어. 참여자 중 72%와 22%를 선택했다는 내용도 중요하지 않냐고? 왠지 수치가 있으니까 중요할 것 같지만 전혀 그렇지 않아. 우리가 찾아야 했던 정보는 오직(!!!) '인간의 심리에 영향을 미치는 요소'에 관한 것이지. 이와 관련된 정보가 없는 문장들은 모두 과감하게 Kill!

두 번째 피실험 집단에게 주어진 대안은 첫 번째 피실험 집단의 대안과 말만 다를 뿐, 그 내용은 같다. 하지만 두 피실험 집단의 실험 결과는 극명한 차이를 보였다. 첫 번째 피실험 집단 참여자 중 72%가 백신 A를 사용하겠다고 답한 것에 비해, 두 번째 피실험 집단 중 백신 A와 동일한 효과를 지닌 백신 C를 선택한 사람의 비율은 22%에 불과하였다.

이렇게 다 읽으면 제시문 (가)는 아래와 같이 정리돼.

> (가)
>   …말만 다를 뿐, 그 내용은 같다.   – 2012학년 건국대학교 유형 자기추천자 전형 제시문 (가)

심플하지?
Kill한 문장들은 기억할 필요도 없으니 완전히 머리 속에서 지워버리는 거야. 이렇게 지워버리고 나면, 제시문 (가)에 나타난 '인간의 심리에 영향을 미치는 요소'가 바로 '말'이라는 것을 알 수 있는 거야.

✖시범문제

2 다음 제시문을 Kill or Kiss 하시오.

> (나)
>
>
>
> — 2012학년 건국대학교 유형 자기추천자 전형 제시문 (나)

➕시범풀이

그림과 그래프도 Kill or Kiss로!

면접문제에서 나오는 제시문이 항상 글인 것은 아니야. 글이 아닌 그림 혹은 그래프 등이 출제되기도 하지. 제시문이 어떤 형태로 출제되든지 간에 풀이 방법은 동일해. 마찬가지로 Kill or Kiss 전략으로 읽어나가면 되는 거야.

그림을 봐도 되는 '글'로 사고한다.

그림과 그래프를 볼 때 너희의 머리 속은 이를 '글'로 해석해 내. 그림과 그래프가 제대로 해석이 된다면, 머리 속에 다양한 문장들이 떠오를 수밖에 없어. 만약 아무런 문장도 떠오르지 않는다면 지금 보고 있는 자료에 대해 그 어떤 이해도 하지 못했다는 증거인 거야. 즉 그간 공부를 해온 방식이 '문장을 읽고 해석하는 것'이었기 때문에 전혀 다른 형태의 자료를 해석할 때도 '글'과 '문장'으로 바꾸려고 자연스럽게 노력하게 되는 거지.

별 고민할 것 없이 그림을 보고 너희들이 생각나는 문장을 있는 그대로 적으면 돼. 그럴듯하게 표현하거나 어려운 단어를 사용할 필요는 전혀 없어. 그저 그림을 보자마자 떠오른 단순하고 순진한 표현으로 문장을 만들면 되는 거야. 그 표현들이 바로 '사고의 핵심'을 담고 있을 가능성이 높거든.

이건 뭐임.
그림 이상하네.
흰색을 보면 뽀뽀하려는 두 사람이 보임.
그런데 검은색을 보면 와인잔 같은 게 보임.
색에 따라 그림이 전혀 달라 보이네.
아~ 기분 이상하다.

어렵게 생각할 것 없어!! 그냥 이렇게 하면 되는 거야!!!

그럼 이제 제시문 (나)는 그림이 아니라 글이 된 거야. 글로 만들었으니 Kill or Kiss를 활용하여 읽어나갈 수 있게 된 거지.

Step1 기준찾기

건국대학교 유형의 제시문이 시범문제 01)과 기준이 동일해.

$$\text{"심리에 영향을 미치는 요소"} \quad \begin{array}{l} X \Rightarrow Kill \\ O \Rightarrow Kiss \end{array}$$

Step2 Kill or Kiss

(나)

이건 뭐임.

그림 이상하네.

흰색을 보면 뽀뽀하려는 두 사람이 보임.

그런데 검은색을 보면 와인잔 같은 게 보임.

색에 따라 그림이 전혀 달라 보이네.

아~ 기분 이상하다.

이 여섯 줄의 문장 중에서 '심리에 영향을 미치는 요소'와 관련된 정보가 직접적으로 담긴 문장은 단 하나야. '색에 따라 그림이 전혀 달라 보이네.' 오직 이 문장만이 문제를 푸는 데 가치 있지. Kill or Kiss는 글을 읽어내는 가장 심플한 방법인 동시에 가장 강력한 방법이야. 이 방법을 네 것으로 완전히 익히면 어떤 제시문이 나오든 모두 읽어낼 수 있어. 이제 '스스로 풀기'를 해보면서 Kill or Kiss를 완전히 네 것으로 만들어보자! 마찬가지로 뒷 장에 답이 있으니 반드시 스스로 푼 후 페이지를 넘기자!

✖스스로 풀기

1 다음 제시문을 Kill or Kiss 하시오. (Kill에 줄 긋기, Kiss에 형광펜)

"심리에 영향을 미치는 요소" X ⇒ Kill
                              O ⇒ Kiss

(다)

사자성어 조삼모사(朝三暮四)는 아래의 유래에서 기인하였다. 중국 송나라 때 저공(狙公)이란 사람이 원숭이를 많이 기르고 있었다. 그러던 어느 날 먹이가 부족하자 저공은 원숭이들에게 이렇게 말했다.

"앞으로 너희들에게 도토리를 아침에 3개, 저녁에 4개만 주겠다."

그러자 원숭이들은 아침에 도토리 3개로는 배가 고파 못 견딘다며 한바탕 소란을 피웠다. 그래서 저공은 생각을 바꾸어 원숭이들에게 이렇게 제의했다.

"그렇다면 아침에 4개를 주고 저녁에 3개를 주겠다."

원숭이들은 저공의 이야기를 듣고 모두 기뻐했다.

– 2012학년 건국대학교 유형 자기추천자 전형 제시문 (다)

2 다음 제시문을 Kill or Kiss 하시오. (Kill에 줄 긋기, Kiss에 형광펜)

"심리에 영향을 미치는 요소" X ⟹ Kill
O ⟹ Kiss

(라)

  기준점 효과(Anchoring effect)는 인간이 갖고 있는 심리적 특징을 나타내는 용어로, 실제적인 가치를 꼼꼼히 따지기보다는 자신의 머리 속에 그려지는 기준과 비교해서 판단하는 현상을 의미한다. 이러한 기준점 효과는 경제, 경영, 정치 등 다양한 사회 분야에서 활용되고 있다. 그 대표적인 예로 세계 유명 명품 매장인 ○○○이 있다. ○○○은 이 효과를 적절히 이용하여 상품을 판매하고 있다. 우선 ○○○ 매장을 방문해보면, 매장 한가운데 흑 다이아몬드 10개가 박힌 값비싼 시계가 놓여진 것을 볼 수 있다. 시계의 가격은 50억에 육박하는 것으로, 아무리 부유한 사람이라 해도 선뜻 구매하기 어려운 가격이다. 하지만 자신이 시계를 살 수 없다는 사실 때문에, 사람들은 그 시계에 대해 부러움, 시기, 질투 등 복합적인 감정을 느끼게 된다. 시계를 중심으로 매장 내 상품들이 배치되어 있는데, 시계에 비해서는 상대적으로 저렴한 가격이다. 하지만 절대적으로 본다면 다른 상품들의 가격역시 비싼 편에 속한다. 그러나 이미 시계를 본 고객들은 머리 속에 시계 가격이 기준점이 되어, 다른 상품들이 절대적으로 비싼 가격임에도 불구하고 마치 싼 물건인 양 쉽게 구매한다.

– 2012학년 건국대학교 유형 자기추천자 전형 제시문 (라)

❖정답!!!

1

> (다)
>
> 사자성어 조삼모사(朝三暮四)는 아래의 유래에서 기인하였다. 중국 송나라 때 저공(狙公)이란 사람이 원숭이를 많이 기르고 있었다. 그러던 어느 날 먹이가 부족하자 저공은 원숭이들에게 이렇게 말했다.
>
> "앞으로 너희들에게 도토리를 아침에 3개, 저녁에 4개만 주겠다."
>
> 그러자 원숭이들은 아침에 도토리 3개로는 배가 고파 못 견딘다며 한바탕 소란을 피웠다. 그래서 저공은 생각을 바꾸어 원숭이들에게 이렇게 제의했다.
>
> "그렇다면 아침에 4개를 주고 저녁에 3개를 주겠다."
>
> 원숭이들은 저공의 이야기를 듣고 모두 기뻐했다.
>
> — 2012학년 건국대학교 유형 자기추천자 전형 제시문 (다)

222

✚핵심풀이

이 제시문에서 인간의 심리에 영향을 미치는 요소에 대한 정보를 담고 있는 문장은 단 두 구절이야. 원숭이들은 도토리를 '아침:3개, 저녁:4개'보다 '아침:4개, 저녁:3개'를 더 선호하는 모습을 보이고 있지. 하지만 두 가지 대안은 모두 도토리 7개로 동일한 내용을 전달하고 있어. 즉 동일한 내용을 단지 '말'만 바꾸어 전달하고 있는 거야. 이처럼 위의 제시문을 Kill or Kiss를 활용해서 읽어내면, 인간의 심리에 영향을 미치는 요소가 '말'이라는 것을 알 수 있는 거야.

(라)

　기준점 효과(Anchoring effect)는 인간이 갖고 있는 심리적 특징을 나타내는 용어로, 실제적인 가치를 꼼꼼히 따지기보다는 자신의 머리 속에 그려지는 기준과 비교해서 판단하는 현상을 의미한다. 이러한 기준점 효과는 경제, 경영, 정치 등 다양한 사회 분야에서 활용되고 있다. 그 대표적인 예로 세계 유명 명품 매장인 ○○○이 있다. ○○○은 이 효과를 적절히 이용하여 상품을 판매하고 있다. 우선 ○○○ 매장을 방문해보면, 매장 한가운데 흑 다이아몬드 10개가 박힌 값비싼 시계가 놓여진 것을 볼 수 있다. 시계의 가격은 50억에 육박하는 것으로, 아무리 부유한 사람이라 해도 선뜻 구매하기 어려운 가격이다. 하지만 자신이 시계를 살 수 없다는 사실 때문에, 사람들은 그 시계에 대해 부러움, 시기, 질투 등 복합적인 감정을 느끼게 된다. 시계를 중심으로 매장 내 상품들이 배치되어 있는데, 시계에 비해서는 상대적으로 저렴한 가격이다. 하지만 절대적으로 본다면 다른 상품들의 가격 역시 비싼 편에 속한다. 그러나 이미 시계를 본 고객들은 머리 속에 시계 가격이 기준점이 되어, 다른 상품들이 절대적으로 비싼 가격임에도 불구하고 마치 싼 물건인 양 쉽게 구매한다.

— 2012학년 건국대학교 유형 자기추천자 전형 제시문 (라)

✚핵심풀이

　예제 2번에서 '인간의 심리에 영향을 미치는 요소'에 대한 정보를 담고 있는 문장은 '머리 속에 시계 가격이 기준점이 되어' 뿐이야. 동일한 제품가격임에도 불구하고 '머리 속 시계 가격'이 심리에 영향을 미쳐 다른 제품들을 싸다고 착각하게 만들고 있는 거야. 즉 이 구절만을 살려두고 나머지 문장들은 모두 Kill!

✖스스로 풀기

3-1 제시문 (나)를 Kill or Kiss하기 위한 기준을 찾아 표시하시오.

제시문 (나)의 글쓴이 관점을 적용하여, 제시문 (가)에서 나타난 야노마모 족과 뉴욕커 사이의 경제시스템 차이를 설명하시오.

- 2012학년 경희대학교 유형 네오르네상스 인문계열2 문제 1번

3-2 3-1에서 찾아낸 기준을 활용하여, 제시문 (나)를 Kill or Kiss하시오.

(나)

분업은 노동의 효율을 최대로 제고시키는 주요 원인이다. 노동생산력을 최대로 개선, 숙련, 판단은 분업(division of labour)의 결과인 것 같다.

예를 들어 핀 제조업 같은 것이다. 아주 소규모 제조업이지만, 그것의 분업이 자주 언급된 적이 있는 핀 제조업을 예로 들어 보자. 이 업종에 관한 교육을 받지 않고, 거기에서 쓰이는 기계의 사용에 익숙하지 않은 노동자는 아무리 열심히 일하더라도 아마 하루에 1개의 핀도 만들 수 없을 것이며, 하루에 20개의 핀은 도저히 만들 수 없을 것이다. 그러나 이 업종이 지금 운영되고 있는 방식을 보면, 작업 전체가 하나의 특수한 직업일 뿐만 아니라, 그 작업이 다수의 부문으로 분할되어 그 각 부문의 대다수가 마찬가지로 특수한 직업으로 되고 있다. 첫 번째 사람은 철사를 잡아늘이고, 두 번째 사람을 철사를 곧게 펴며, 세 번째 사람은 철사를 끊고, 네 번째 사람은 끝을 뾰족하게 하며, 다섯번째 사람은 대가리를 붙이기 위해 끝을 문지른다. 대가리를 만드는 데도 두세 가지의 다른 조작이 필요하다. 대가리를 붙이는 것, 핀을 휘게 하는 것, 핀을 종이로 싸는 것 모두가 하나의 전문 직업들이다. 이처럼, 핀을 만드는 중요한 작업은 약 18개의 독립된 조작으로 분할되고 있는데, 어느 곳에서는 이 18개의 조작을 18명의 직공들이 나누어서 하고 있고, 다른 공장에서는 한 직공이 두 세가지 조작을 담당하고 있다. 나는 이러한 종류의 작은 공

장을 본 적이 있다. 거기에는 10명만이 고용되어 있었고, 따라서 약간의 노동자들은 두세 가지 서로 다른 조작을 하고 있었다. 그들은 매우 빈곤했고, 따라서 필요한 기계를 거의 가지지 않았지만, 그들은 힘써 일할 때 하루 약 12파운드(5.4kg)의 핀을 만들 수 있었다. 1파운드는 중간 크기의 핀 4000개 이상이 된다. 그러므로 10명이 하루에 48,000개 이상의 핀을 만들 수 있고 한 사람은 하루에 4,800개의 핀을 만든 셈이 된다. 그러나 그들이 각각 독립적으로 완성품을 만든다면, 그리고 그들 중 누구도 이 특수 업종의 교육을 받은 적이 없었다면, 그들 각자는 분명히 하루에 20개도 만들 수 없을 것이며, 어쩌면 하루에 1개도 만들 수 없을지도 모른다. 다시 말하면, 상이한 조작들의 적당한 분할과 결합이 없다면, 그들 각자가 지금 생산할 수 있는 것의 1/240은 물론 아마 1/4,800도 만들 수 없을 것이다.

– 2012학년 경희대학교 유형 네오르네상스 인문계열2 제시문 (나)

❖정답!!!

3-1 제시문 (나)를 Kill or Kiss하기 위한 기준을 찾아 표시하시오.

> 제시문 (나)의 글쓴이 관점을 적용하여, 제시문 (가)에서 나타난 야노마모 족과 뉴욕커 사이의 경제시스템 차이를 설명하시오.
>
> – 2012학년 경희대학교 유형 네오르네상스 인문계열2 문제 1번

(나) 글쓴이의 관점

$$X \Rightarrow Kill$$
$$O \Rightarrow Kiss$$

✚핵심풀이

제시문 (나)를 Kill or Kiss하기 위한 기준은 당연히 '질문'에서 찾아내야 해. 제시문을 읽는 이유는 오직 문제를 풀기 위해서니까 말이야. 제시문 (나)를 읽을 때 필요한 정보는 오직 '(나) 글쓴이의 관점'뿐이야. 글쓴이의 관점만 알면 경희대학교 유형 문제는 모두 풀어낼 수 있지. 그러니 제시문 (나)는 글쓴이의 관점만 남겨두고 모두 Kill 해야 해!

3-2 3-1에서 찾아낸 기준을 활용하여, 제시문 (나)를 Kill or Kiss하시오.

(나)

분업은 노동의 효율을 최대로 제고시키는 주요 원인이다. 노동생산력을 최대로 개선.숙련, 판단은 분업(division of labour)의 결과인 것 같다.

예를 들어 핀 제조업 같은 것이다. 아주 소규모 제조업이지만, 그것의 분업이 자주 언급된 적이 있는 핀 제조업을 예로 들어 보자. 이 업종에 관한 교육을 받지 않고, 거기에서 쓰이는 기계의 사용에 익숙하지 않은 노동자는 아무리 열심히 일하더라도 아마 하루에 한 개의 핀도 만들 수 없을 것이며, 하루에 20개의 핀은 도저히 만들 수 없을 것이다. 그러나 이 업종이 지금 운영되고 있는 방식을 보면, 작업 전체가 하나의 특수한 직업일 뿐만 아니라, 그 작업이 다수의 부문으로 분할되어 그 각 부문의 대다수가 마찬가지로 특수한 직업으로 되고 있다. 첫 번째 사람은 철사를 잡아늘이고, 두 번째 사람을 철사를 곧게 펴며, 세 번째 사람은 철사를 끊고, 네 번째 사람은 끝을 뾰족하게 하며, 다섯번째 사람은 대가리를 붙이기 위해 끝을 문지른다. 대가리를 만드는 데도 두세 가지의 다른 조작이 필요하다. 대가리를 붙이는 것, 핀을 휘게 하는 것, 핀을 종이로 싸는 것 모두가 하나의 전문 직업들이다. 이처럼, 핀을 만드는 중요한 작업은 약 18개의 독립된 조작으로 분할되고 있는데, 어느 곳에서는 이 18개의 조작을 18명의 직공들이 나누어서 하고 있고, 다른 공장에서는 한 직공이 두 세가지 조작을 담당하고 있다. 나는 이러한 종류의 작은 공장을 본 적이 있다. 거기에는 10명만이 고용되어 있었고, 따라서 약간의 노동자들은 두세 가지 서로 다른 조작을 하고 있었다. 그들은 매우 빈곤했고, 따라서 필요한 기계를 거의 가지지 않았지만, 그들은 힘써 일할 때 하루 약 12파운드(5.4kg)의 핀을 만들 수 있었다. 1파운드는 중간 크기의 핀 4000개 이상이 된다. 그러므로 10명이 하루에 48,000개 이상의 핀을 만들 수 있고 한 사람은 하루에 4,800개의 핀을 만든 셈이 된다. 그러나 그들이 각각 독립적으로 완성품을 만든다면, 그리고 그들 중 누구도 이 특수 업종의 교육을 받은 적이 없었다면, 그들 각자는 분명히 하루에 20개도 만들 수 없을 것이며, 어쩌면 하루에 1개도 만들 수 없을지도 모른다. 다시 말하면, 상이한 조작들의 적당한 분할과 결합이 없다면, 그들 각자가 지금 생산할 수 있는 것의 1/240은 물론 아마 1/4,800도 만들 수 없을 것이다.

– 2012학년 경희대학교 유형 네오르네상스 인문계열2 제시문 (나)

✚핵심풀이

'글쓴이의 관점'이 직접적으로 언급되어 있는 문장만 살려둘 수 있어. 글쓴이의 관점은 이미 첫 문장에 오롯이 드러나지. 구태여 관점을 풀어서 설명하고 있는 핀 제조업 예시까지 살려둘 필요는 없는 거야. 그러니 예시 설명은 모두 Kill!!

✖스스로 풀기

4-1 제시문 (가)를 Kill or Kiss하기 위한 기준을 찾아 표시하시오.

> 제시문 (나)의 글쓴이 관점을 적용하여, 제시문 (가)에서 나타난 야노마모 족과 뉴욕커 사이의 경제시스템 차이를 설명하시오.
>
> – 2012학년 경희대학교 유형 네오르네상스 인문계열2 문제 1번

4-2 4-1에서 찾아낸 기준을 활용하여, 제시문 (가)를 Kill or Kiss하시오.

> (가)
>
> 두 부족이 있다. 한 부족은 브라질과 베네수엘라의 경계에 위치한 오리노코 강을 따라 살고 있는 석기 수렵, 채집민인 야노마모 족이고, 다른 하나는 뉴욕과 뉴저지 주 경계에 있는 허드슨 강을 따라 살면서 휴대폰으로 말하고 카페라테를 마시는 뉴욕 시민(뉴욕커)들이다. 이 두 부족은 모든 인간들과 똑같은 약 3만 개의 유전자를 공유하고 있다. 따라서 생물학적으로 타고난 지능 측면에서는 본질적으로 같다. 그러나 뉴욕 시민의 생활양식과 야노마모 족의 잘 보존된 수렵·채집민의 생활양식은 엄청나게 다르다. 야노마모 족은 바퀴(자동차)를 발명하지도 못했고, 글을 쓰지도 못하며, '하나, 둘, 많다'는 것 이상의 산수 시스템도 갖추지 못했다.
>
> 이 두 부족의 소득 격차를 좀 더 가까이 들여다 보자. 야노마모 족의 주된 경제활동은 동물을 사냥하는 것과 과일 및 곡식을 채집하는 일이다. 야노마모 부족의 남자들은 해가 뜰 무렵인 새벽 6시부터 해가 저물 무렵인 저녁 6시까지 총 12시간동안 쉬지 않고 일 한다. 야노마모 족의 남자들은 하루 종일 사냥을 하기 위해 정글을 돌아다니며 수렵활동을 한다. 하지만 12시간 동안 정글 속을 헤매고 다닌다고 해서 언제나 소득이 있는 것은 아니다. 운이 좋은 날은 멧돼지 사냥에 성공하기도 하지만, 이런 날보다는 작은 새 한 마리도 잡지 못하고 허탕을 치는 날들이 더 많다. 야노마모 족의 여자들은 근처 숲 속을 돌며 필요한 과일과 곡식을 수집 또는 재배한

다. 이 외에 양육 및 가사일 역시 맡고 있다. 야노마모 족은 종종 주변에 있는 다른 부족들과 그들의 재화를 교환하기도 한다. 야노마모 족이 제한적으로 재배하는 곡물과 다른 부족이 재배하는 다른 종류의 곡물을 교환하기도 하는 것이다.

이에 반해 뉴욕커들은 아침 9시부터 오후 6시까지 총 9시간을 일한다. 이 9시간 중 1시간은 점심식사를 하는 시간이므로 실질적으로 일하는 시간은 8시간이라 할 수 있다. 이들은 하루 종일 건물 안에서 움직이며, 컴퓨터를 통해 화상회의에 참여하고, 문서 작업을 하며, 다른 직장동료들과 회의를 한다. 이를 통해 뉴욕커들이 벌어들이는 소득은 야노마모 족의 400배에 육박한다. 이렇게 벌어들인 소득을 바탕으로 뉴욕커들은 275종류가 넘는 시리얼 중 자신에게 맞는 제품을 선택하여 매일 아침식사를 하고 있으며, 150종류가 넘는 립스틱 중 자신이 원하는 제품을 여러 개 구매할 수도 있다. 뉴욕커들은 벌어들이는 소득이 많다는 점에서 부유하기도 하지만, 소비할 수 있는 제품과 서비스의 종류가 많다는 측면에서 또다른 의미의 부유함을 갖고 있다고 할 수 있다.

– 2012학년 경희대학교 유형 네오르네상스 인문계열2 제시문 (가)

❖ 정답!!!

4-1 제시문 (가)를 Kill or Kiss하기 위한 기준을 찾아 표시하시오.

> 제시문 (나)의 글쓴이 관점을 적용하여, 제시문 (가)에서 나타난 야노마모 족과 뉴욕커 사이의 **경제시스템 차이**를 설명하시오.
>
> – 2012학년 경희대학교 유형 네오르네상스 인문계열2 문제 1번

"경제시스템 차이"

$$X \Rightarrow Kill$$
$$O \Rightarrow Kiss$$

➕ 핵심풀이

　동일한 질문에서도 각각의 제시문을 Kill or Kiss하기 위한 기준을 다르게 제시할 수 있어. 문제를 풀기 위해서 제시문 (가)에서는 어떤 정보를 찾아내면 되니? 제시문 (가)에서는 오직 야노마모 족과 뉴욕커 사이의 '경제시스템 차이'가 무엇인지를 간파하면 돼. 그런데 '경제시스템의 차이'라는 표현은 다소 모호해. 경제시스템이 뭐지? 경제시스템이란 단어에는 노동의 형태, 시장의 유무, 사회의 발전단계 등 다양한 의미가 내포되어 있어. 기준 자체가 모호하다보니, 무엇을 Kill하고 Kiss할지가 명확하게 느껴지지 않아. 이럴 때는 보수적으로 글을 읽어나가야 해. 기준이 모호하니 함부로 Kill할 수 없어. 네 생각에 아주 희미하게라도 '경제시스템에 대한 설명'인 것 같으면 우선 Kiss하고 봐야 해. 그리고 이번 기준의 경우 '차이'를 찾아내라고 했으니, 야노마모 족과 뉴욕커를 색을 구분해서 Kiss해야 하지.

4-2 4-1에서 찾아낸 기준을 활용하여, 제시문 (가)를 Kill or Kiss하시오.

(가)

두 부족이 있다. 한 부족은 브라질과 베네수엘라의 경계에 위치한 오리노코 강을 따라 살고 있는 석기 수렵, 채집민인 야노마모 족이고, 다른 하나는 뉴욕과 뉴저지 주 경계에 있는 허드슨 강을 따라 살면서 휴대폰으로 말하고 카페라테를 마시는 뉴욕 시민(뉴욕커)들이다. 이 두 부족은 모든 인간들과 똑같은 약 3만 개의 유전자를 공유하고 있다. 따라서 생물학적으로 타고난 지능 측면에서는 본질적으로 같다. 그러나 뉴욕 시민의 생활양식과 야노마모 족의 잘 보존된 수렵·채집민의 생활양식은 엄청나게 다르다. 야노마모 족은 바퀴(자동차)를 발명하지도 못했고, 글을 쓰지도 못하며, '하나, 둘, 많다'는 것 이상의 산수 시스템도 갖추지 못했다.

이 두 부족의 소득 격차를 좀 더 가까이 들여다 보자. 야노마모 족의 주된 경제활동은 동물을 사냥하는 것과 과일 및 곡식을 채집하는 일이다. 야노마모 부족의 남자들은 해가 뜰 무렵인 새벽 6시부터 해가 저물 무렵인 저녁 6시까지 총 12시간동안 쉬지 않고 일 한다. 야노마모 족의 남자들은 하루 종일 사냥을 하기 위해 정글을 돌아다니며 수렵활동을 한다. 하지만 12시간 동안 정글 속을 헤매고 다닌다고 해서 언제나 소득이 있는 것은 아니다. 운이 좋은 날은 멧돼지 사냥에 성공하기도 하지만, 이런 날보다는 작은 새 한 마리도 잡지 못하고 허탕을 치는 날들이 더 많다. 야노마모 족의 여자들은 근처 숲 속을 돌며 필요한 과일과 곡식을 수집 또는 재배한다. 이 외에 양육 및 가사일 역시 맡고 있다. 야노마모 족은 종종 주변에 있는 다른 부족들과 그들의 재화를 교환하기도 한다. 야노마모 족이 제한적으로 재배하는 곡물과 다른 부족이 재배하는 다른 종류의 곡물을 교환하기도 하는 것이다.

이에 반해 뉴욕커들은 아침 9시부터 오후 6시까지 총 9시간을 일한다. 이 9시간 중 1시간은 점심식사를 하는 시간이므로 실질적으로 일하는 시간은 8시간이라 할 수 있다. 이들은 하루 종일 건물 안에서 움직이며, 컴퓨터를 통해 화상회의에 참여하고, 문서 작업을 하며, 다른 직장동료들과 회의를 한다. 이를 통해 뉴욕커들이 벌어들이는 소득은 야노마모 족의 400배에 육박한다. 이렇게 벌어들인 소득을 바탕으로 뉴욕커들은 275종류가 넘는 시리얼 중 자신에게 맞는 제품을 선택하여 매일 아침식사를 하고 있으며, 150종류가 넘는 립스틱 중 자신이 원하는 제품을 여러 개 구매할 수도 있다. 뉴욕커들은 벌어들이는 소득이 많다는 점에서 부유하기도 하지만, 소비할 수 있는 제품과 서비스의 종류가 많다는 측면에서 또다른 의미의 부유함을 갖고 있다고 할 수 있다.

– 2012학년 경희대학교 유형 네오르네상스 인문계열2 제시문 (가)

핵심
정리

▶ Kill or Kiss에서 핵심은 Kill이다.

▶ 인간의 머리는 정보를 저장하고 처리하는 데 한계가 있다.

▶ 그렇기 때문에 고수들은 '잊어버리기'의 중요성을 잘 알고 있다.

▶ Kill or Kiss를 하기 위해서는 '기준'을 찾아내야 한다.

▶ '기준'은 '질문'에서 찾아내야 한다.

▶ 한 질문에는 각 제시문에 적합한 '기준'이 여러 개 있기도 하다.

▶ '기준'이 모호하게 제시되면 Kill할 때 조심해야 한다.

▶ Kill or Kiss가 가장 강력하게 적용되는 글은 '설명문'이다.

지금까지 잘 따라왔다면,
너만의 모범답안이
40%는 완성된 거야!

자,
이제 '읽기의 기적' 마지막 파트만 남았어.
번호 매기기를 활용해서 질문 읽는 방법을 배웠다면,
Kill or Kiss에서는 설명문 형태의 제시문을 읽는 방법을 배운 거야.

마지막으로 배우게 될 주장과 근거 연결하기는
논설문 형태의 제시문을 읽는 방법이야.

주장과 근거 연결하기까지 배우고 나면,
면접에서 나올 수 있는 모든 형태의 글을 읽는 방법을 학습한 거야.
그리고 사실 세 가지 읽기의 기적은
면접문제에만 적용되는 방식은 아니야.
수능 문제를 풀 때도, 논술 문제를 풀 때도,
심지어 네가 대학에 와서 사법고시나 전문대학원 입학 시험을
준비할 때도 동일하게 사용하는 방법이지.

우리가 제안하는 '읽기의 기적'은 글을 가장 효율적으로 읽어낼 수 있는
강력한 방법인 거야!

그러니 마지막까지 집중력 잃지 말고
이 세 가지 방법을 모두 네 것으로 만들어 버리자!

'존경받는 예능'이 된 '무한도전'의 저력

창조성, 이슈 반영, 약자 편들기 등 제작 방향 잘 유지

〈무한도전〉이 '존경받는' 예능이 된 이유는 세 가지이다.

첫째, 〈무한도전〉은 창조성과 도전 정신을 보여준다. 성공적인 포맷을 계속 우려먹는 것이 아니라, 언제나 새로운 내용을 보여주는 것이다. 그 시도가 실패하더라도 도전 자체에 시청자는 감동받는다. 간혹 〈무한도전〉이 부진에 빠졌다는 기사가 나올 경우 네티즌이 강력히 반발하는 것은 이런 도전 정신을 높이 사기 때문이다. 블록버스터급 대실패작 '좀비특집'이 이런 〈무한도전〉의 도전 정신을 상징한다.

둘째, 〈무한도전〉은 언제나 약자의 편에 선다. 박명수의 여드름 난 등에 그려진 지도를 따라 추격전을 벌였던 '여드름 브레이크'에서 철거민의 아픔을 부각시킨 것이 그 대표적인 사례이다. 〈무한도전〉이 기획했던 청와대 특집은 사람들의 맹렬한 비난으로 좌초되었다. '〈무한도전〉마저 최고 권력에 영합하냐'라는 지적 때문이었다. 그런데 알고 보니 그 기획은 가장 약자라고 할 수 있는 다문화가정 어린이를 위한 것이었다. 그 어린이도 당당한 주권자임을 알려주기 위한 취지였다고 한다. 이런 사실들이 알려질 때마다 네티즌은 '폭풍 감동'에 빠진다.

셋째, 〈무한도전〉은 그때그때의 이슈를 기민하게 반영한다. 그러다 보니 까마귀 날자 배 떨어진다고, 〈무한도전〉 속의 모든 표현이 현실과 관련된 풍자적 발언으로 오해되기까지 할 정도이다. 사람들은 자막 하나에까지 모두 의미를 부여하며 〈무한도전〉을 적극적으로 해석한다. 이 때문에 정치적 공격을 받기도 하고, 또 그럴수록 네티즌은 〈무한도전〉을 '결사 항전'의 각오로 지키는 사수대를 자처한다. 이것이 매주 일요일만 되면 〈무한도전〉 관련 논란이 뜨거워지는 이유이다.

'존경받는 예능'이 된 '무한도전'의 저력
창조성, 이슈 반영, 약자편들기 등 제작 방향 잘 유지

〈무한도전〉이 '존경받는' 예능이 된 이유는 세 가지이다.

첫째, 〈무한도전〉은 창조성과 도전 정신을 보여준다.

성공적인 포맷을 계속 우려먹는 것이 아니라, 언제나 새로운 내용을 보여주는 것이다. 그 시도가 실패하더라도 도전 자체에 시청자는 감동받는다. 간혹 〈무한도전〉이 부진에 빠졌다는 기사가 나올 경우 네티즌이 강력히 반발하는 것은 이런 도전 정신을 높이 사기 때문이다. 블록버스터급 대실패작 '좀비특집'이 이런 〈무한도전〉의 도전 정신을 상징한다.

둘째, 〈무한도전〉은 언제나 약자의 편에 선다.

박명수의 여드름 난 등에 그려진 지도를 따라 추격전을 벌였던 '여드름 브레이크'에서 철거민의 아픔을 부각시킨 것이 그 대표적인 사례이다. 〈무한도전〉이 기획했던 청와대 특집은 사람들의 맹렬한 비난으로 좌초되었다. '〈무한도전〉마저 최고 권력에 영합하나'라는 지적 때문이었다. 그런데 알고 보니 그 기획은 가장 약자라고 할 수 있는 다문화가정 어린이들 위한 것이었다. 그 어린이도 당당한 주권자임을 알려주기 위한 취지였다고 한다. 이런 사실들이 알려질 때마다 네티즌은 '폭풍 감동'에 빠진다.

셋째, 〈무한도전〉은 그때그때의 이슈를 기민하게 반영한다.

그러다 보니 까마귀 날자 배 떨어진다고, 〈무한도전〉 속의 모든 표현이 현실과 관련된 풍자적 발언으로 오해되기까지 할 정도이다. 사람들은 자막 하나에까지 모두 의미를 부여하며 〈무한도전〉을 적극적으로 해석한다. 이 때문에 정치적 공격을 받기도 하고, 또 그럴수록 네티즌은 〈무한도전〉을 '결사 항전'의 각오로 지키는 사수대를 자처한다. 이것이 매주 일요일만 되면 〈무한도전〉 관련 논란이 뜨거워지는 이유이다.

면접장에 가서 교수님께 좋은 인상을 남기고 싶지? 기립박수까지는 아니더라도 교수님이 너희를 흐뭇한 미소로 바라보며 만족하는 듯한 표정을 짓길 바랄 거야. 면접은 부족한 서류와 내신 성적 점수를 만회할 수 있는 마지막 찬스이니, 반드시 교수님께 멋진 모습을 보여드리고 나와야 해. 면접장에서 노래를 부르면 좋은 인상을 남길 수 있을까? 혹은 춤을 추면? 전혀 그렇지 않아. 연예기획사 오디션 장이 아니니까 당연히 도움이 될 리가 없지. 방법은 단 하나야.

'학문을 할 만한', '앞으로 같이 공부를 하고 싶은' 20-1살의 글읽기

위와 같은 인상을 교수님께 심어드릴 경우 면접에서 긍정적인 평가를 받을 수 있어. 지금부터 면접 공부를 할 때만큼은 너는 고3, 19살, 수험생이 아닌 거야. 보통의 19살짜리하고 같이 학문을 하고 싶어하는 교수님이 어디에 있겠니? 앞으로는 스스로를 19살이 아니라 '20-1살'이라고 생각해봐. 즉 이미 20살, 즉 대학생이 되었다고 상상해보는 거야. 너희들은 '20-1살'이니까 일반적인 19살들보다 한 단계 더 성숙해야 해. 여기서 의미하는 성숙은 학문적인 차원에서의 성장을 뜻해. 그 중에서도 대학교에 들어오면 배우게 될 '글읽기 태도'의 성숙을 의미하지.

대학에서는 설명문보다 '논설문'을 자주 접한다.

대학에 입학하고 나면 단순히 사실만 나열된 글보다는, 누군가의 생각과 신념이 들어간 '논설문'을 자주 읽게 돼. 그리고 논설문을 '제대로' 읽을 줄 아는 것이 대학에서 공부할 때 굉장히 중요한 능력 중 하나야. 논설문을 읽으면서 글쓴이의 '주장'을 비판해도 상관없어. 하지만 비판을 할 거라면, '논리적으로 정당한 비판'

을 해야 해. 혹여 논리적 비판이 아닌 '감정적인 비난'을 할 경우, 이는 네가 지적으로 미성숙하다는 것을 증명한 것에 지나지 않아. 지적으로 성숙하지 못한 사람과는 어떤 교수님이라도 같이 공부하고 싶어하지 않을 것이라는 건 너무나도 당연하지.

19살의 글읽기

면접장에서 교수님께 좋은 인상을 심어주는 것은 '글읽기'에서부터 시작돼. 그중에서도 특히 예민한 글인 '논설문'을 얼마나 성숙하게 읽어낼 수 있는지를 관찰하고 싶어서. 그래서 면접 시험에서 '논설문'이 종종 출제되고 있는 거야. 특히 논설문을 읽을 때는 '19살의 글읽기 습관'이 나오지 않도록 주의해야 해.

"무한도전은 존경받는 예능이다."
↳ "뭐라고? 그딴 게 어떻게 존경을 받아?"

모든 논설문은 크게 '주장'과 '근거'로 이루어져 있어. 위의 문장이 바로 '주장'에 해당되지. 그런데 주장문만 읽었을 때 반박하고 싶은 기분이 들 수도 있어. 이 책을 쓴 저자들도 무한도전을 열렬히 지지하는 일명 무도빠와 그렇지 않은 사람들로 나뉘어져 있거든. 즉 개개인의 성향에 따라 위의 문장에 긍정적으로 반응할 수도 있고, 부정적으로 반응할 수도 있는 거야.

하지만 주장문 자체는 어디까지나 '개인의 신념'이기 때문에 이를 비판할 수 없어. 주장문만 떼어 놓고 비판할 경우, 이는 논리적으로 정당한 비판이 아니라 감정적인 비난일 확률이 커. 감정적인 비난을 하는 것은 상대의 글을 매너 좋게 읽는 태도가 아닐 뿐더러, 네가 지적으로 성숙하지 못하다는 것을 스스로 증명한 거야. 즉 이러한 글읽기 방식은 제 살을 깎아먹는 바보같은 행동에 불과해.

20-1살의 글 읽기

논설문에서 '주장문'만 읽고 즉각적으로 감정적인 반박을 하는 건 19살짜리의 글읽기야. 주장문만 읽고 난 후에는 어떤 반응도 하지 않아야 해. 아니 해서는 안 돼. 논리적으로 취약한 비난을 하게 될 확률이 크거든. 교수님이 반하는 '20-1살' 짜리들은 주장문을 읽은 후 그 어떤 반응도 하지 않아. 그리고 근거에 해당하는 문장이 나타나기를 여유롭게 기다리지.

'주장문'을 읽고 나서는 아무런 반응도 하지 않아야 한다.

"무한도전은 존경받는 예능이다"라는 주장문을 지지하는 근거는 총 세 개야. 글 쓴이는 위의 세 가지 근거를 들어 자신의 논리를 정당화시키고 있어. 20-1살 글읽기에서는 주장뿐만 아니라 근거까지 모두 읽은 후 글에 대한 판단과 평가를 시작하지. 정확하게는 근거가 주장을 '논리적'으로, '적절하게' 지지하고 있는지에 대한 비판을 하기 시작하는 거야.

근거 ①: 〈무한도전〉은 창조성과 도전 정신을 보여준다.

근거 ②: 〈무한도전〉은 언제나 약자의 편에 선다.

근거 ③: 〈무한도전〉은 그때그때의 이슈를 기민하게 반영한다.

문제는 바로 ➡ 이다.

논설문을 읽을 때는 '주장문'과 '근거문'을 찾아 동그라미로 표시해줄 수 있어야 해. 그리고 나서 근거에서 주장 방향으로 화살표를 그려주어야 하지. 화살표를 그려주고 나면, 그때부터 본격적으로 논설문 읽기에 돌입하는 거야. 논설문을 읽는 가장 핵심적인 방법은 바로 '비판하기'야. 글쓴이의 생각을 그저 착하게 고개 끄덕이면서 읽는 것이 아니라, '과연 이 생각이 논리적으로 옳은가?', '납득할 만한 것인가?'를 비판적으로 고찰해야 하지.

논설문을 비판할 수 있는 방법에는 크게 세 가지가 있어. 우선 '근거'가 사실이 아니라고 반박할 수 있어. 누가 봐도 근거가 거짓말로 지어낸 것이 확실할 때 이를 비판할 수 있는 거야. 그리고 '주장'이 사회적으로 옳지 않다고 비판할 수도 있어. 물론 '주장'은 개인의 신념이기에 비판할 때 조심해야 해. 그런데 누가 보더라도 그 '주장'이 사회적으로 부정적인 영향을 미친다면 이는 비판할 수 있어. 마지막으로 가장 까다롭고 어려운 방법은 '주장과 근거의 연결상태'를 비판하는 거야. 즉 '화살표'에 대한 비판을 하는 것이지. 비판하기의 세 가지 방법은 다음 '생각하기' 파트에서 구체적으로 살펴보자.

주장: 무한도전은 존경받는 예능이다.

이번 '주장과 근거 연결하기' 파트에서는 주장에 동그라미, 근거에 동그라미, 근거에서 주장으로 화살표, 딱 이것만 하면 돼. 이렇게 표시를 한 후 본격적으로 비판하기를 하는 거야. 물론 비판하기는 뒤에 나올 '생각하기' 파트에서 집중적으로 학습할 거야. 그래도 맛보기로 무한도전 글이 어떻게 비판될 수 있는지 먼저 보여줄게.

> ## 주장: 무한도전은 존경받는 예능이다.

> ### 근거 ③: 〈무한도전〉은 그때그때의 이슈를 기민하게 반영한다.

당시의 사회 문제에 대해 기민하게 반응해서 이를 예능 프로그램에서 다루는 것이 과연 존경받을 만한 행동일까? 꼭 그렇다고 볼 수는 없어. 사회적으로 예민한 문제를 재미 위주의 예능 프로그램에서 다룰 경우, 정확한 사안과 객관적인 사실을 일반 대중들에게 잘 전달하지 못할 수도 있지. 더 심각하게는 해당 사회 문제와 관련된 구체적인 내용은 빠진 채, 감정적인 호소만을 해서 대중을 선동할 수도 있는 거야.

그러므로,

그때그때 사회 이슈를 예능 프로그램이 기민하게 다룬다고 해서 해당 예능 프로그램을 존경할 수는 없어. 오히려 예능 프로그램이 그때그때의 이슈를 다룸으로써 사회 전체에 부정적인 영향을 미칠 수도 있는 거야.

주장: 무한도전은 존경받는 예능이다.

근거 ③: 〈무한도전〉은 그때그때의 이슈를 기민하게 반영한다.

글쓴이가 제시한 근거가 주장을 적절하게 지지하지 못하고 있으니 당연히 주장도 받아들일 수 없는 거지. 지금처럼 논설문을 읽을 때는 근거와 주장의 '연결 상태'에 대해 비판하고 반박할 수 있어야 해. 글쓴이가 제시한 근거가 반드시 주장을 논리적으로 지지하고 있을 것이라는 보장은 그 어디에도 없어. 근거와 주장을 표시하고 연결한 후, 그 연결 상태를 의심하는 것. 바로 이게 20-1살 글읽기 고수들이 사용하고 있는 방법인 거야.

우선은 '읽기의 기적' 파트이니,
'비판하기'에 대한 걱정은 잠시 뒤로 밀어두자.
이 내용은 '생각하기' 파트에서 집중적으로 다룰 예정이야.
지금 우리가 해야 할 훈련은

- 주장을 찾아 동그라미
- 근거를 찾아 동그라미
- 근거에서 주장 방향으로 화살표

오직 이것 뿐이야!

Exercise

✖ 시범문제

1 다음 제시문에서 주장문과 근거문을 찾아 동그라미 표시한 후, 각각 빈칸에 정리하여 적으시오.

> 프로이트: 이보게, 웨스터마크. 자네의 생각에는 모순이 있네. 인간은 태어날 때부터 혈연 간의 성관계에 대한 욕망을 가진 존재라구. 만약 그렇지 않다면 오늘날 존재하는 '햄릿'이나 그리스 신화 속 '오이디푸스' 같은 인물은 어떻게 설명할 것인가? 인간이 본능적으로 혈연 간의 성관계를 원하지 않았다면 이런 문학 그리고 예술 작품들은 인류사회에 등장조차 하지 않았겠지. 이것이 바로 인간이 혈연 간의 성관계에 대한 욕구가 있다는 반증이네.
>
> — 2012학년 경희대학교 유형 네오르네상스 인문계열1 프로이트 대화문

✚ 시범풀이

우선 주장문을 찾아 동그라미 표시를 해줘야 해. 대부분의 논설문에서 주장문은 글의 맨 앞 혹은 맨 뒤에 나와있는 것이 일반적이야. 위의 프로이트 대화문에서도 주장문이 맨 앞에 나와 있어. 프로이트는 '인간은 태어날 때부터 혈연 간의 성관계에 대한 욕망을 가진 존재이다'라고 주장하고 있지. 아까 말했다시피 이 문장만 읽고난 후에는 아무런 반응도 하면 안 돼. 그저 덤덤히 동그라미 표시만 해주자.

프로이트: 이보게, 웨스터마크. 자네의 생각에는 모순이 있네. 인간은 태어날 때부터 혈연 간의 성관계에 대한 욕망을 가진 존재라구. 만약 그렇지 않다면 오늘날 존재하는 '햄릿'이나 그리스 신화 속 '오이디푸스' 같은 인물은 어떻게 설명할 것인가? 인간이 본능적으로 혈연 간의 성관계를 원하지 않았다면 이런 문학 그리고 예술 작품들은 인류사회에 등장조차 하지 않았겠지. 이것이 바로 인간이 혈연 간의 성관계에 대한 욕구가 있다는 반증이네.

주장문을 찾았으니 이제 이를 논리적으로 지지하고 있는 근거문을 찾아 마찬가지로 동그라미 표시를 해줘보자. 프로이트는 햄릿과 오이디푸스를 사례로 들어 자신의 주장을 지지하고 있어. 즉 혈연 간 성관계가 문학과 예술작품에서 자주 등장한다는 것 자체가 인간이 이에 대한 욕구를 가지고 있다는 반증이라고 설명하고 있는 것이지. 마찬가지로 근거문에도 동그라미를 표시해주면 아래와 같아.

프로이트: 이보게, 웨스터마크. 자네의 생각에는 모순이 있네. 인간은 태어날 때부터 혈연 간의 성관계에 대한 욕망을 가진 존재라구. 만약 그렇지 않다면 오늘날 존재하는 '햄릿'이나 그리스 신화 속 '오이디푸스' 같은 인물은 어떻게 설명할 것인가? 인간이 본능적으로 혈연 간의 성관계를 원하지 않았다면 이런 문학 그리고 예술 작품들은 인류사회에 등장조차 하지 않았겠지. 이것이 바로 인간이 혈연 간의 성관계에 대한 욕구가 있다는 반증이네.

마지막으로 근거문에서 주장문으로 화살표를 연결해주면 아래와 같아.

주장: 인간은 태어날때 부터 혈연 간의 성관계에 대한 욕망을 갖고 있다.

근거: 햄릿과 오이디푸스같은 인물이 문학과 예술작품에 자주 묘사되어 있다.

단 두 줄로 깔끔하게 정리되는 거야!

✖스스로 풀기

1 다음 제시문에서 근거문을 찾아 동그라미 표시한 후, 주관식 빈칸을 채워 넣으시오. (근거문이 1개 있음)

> 프로이트: 자네의 가설에는 한계가 있어. 인간이 태어난 이후 최초로 목격하게 되는 이성이 누구인가? 바로 자신의 부모라네. 남아는 자신의 어머니에 대한 강한 성적 욕구를 느끼는 반면, 여아는 아버지에 대한 강한 성적 욕구를 느끼지. 특히 나는 남아의 어머니에 대한 성적 욕구에 주목했네. 3-5세 즉 남근기에 해당하는 아이에게서 이러한 경향은 강하게 나타나네. '아버지처럼 어머니를 자유롭게 사랑하고 싶다'는 무의식적인 욕망이 아버지에 대한 선망으로 변하면서 아버지와의 동일시가 이루어지는 것이지. 하지만 이 동일시가 어머니에 대한 성적 욕망을 완전히 제거했다는 의미는 아니라네. 근친상간에 대한 인간의 욕구는 본능적으로 존재하는 것이며 완전히 제거하는 것이 불가능한 일이거든.
>
> – 2012학년 경희대학교 유형 네오르네상스 인문계열1 프로이트 대화문

2 다음 제시문에서 근거문을 찾아 동그라미 표시한 후, 주관식 빈칸을 채워 넣으시오. (근거문이 2개 있음)

> 프로이트: 자네 성경을 읽어보면 알겠지만, 아담과 이브는 사실 남매 관계였네. 아담과 이브를 통해 후대의 인간들이 탄생하게 된 것이지. 인류의 기원에 해당되는 인물들 조차 혈연 간 성관계를 맺은 것이지. 또한 인류 사회는 현재까지도 혈연 간의 성관계에 대해 사회적 그리고 문화적으로 규제를 해왔지. 일종의 사회적 금기를 만들어 혈연 간의 성관계를 강력하게 억제해온 것이네. 이에 대한 '사회적 금기'가 대부분의 국가와 사회에 존재한다는 사실, 이것보다 더 확실한 근거가 어디 있겠는가?
>
> – 2012학년 경희대학교 유형 네오르네상스 인문계열1 프로이트 대화문

주장: 인간은 태어날때 부터 혈연 간의 성관계에 대한 욕망을 갖고 있다.

근거: 햄릿과 오이디푸스같은 인물이 문학과 예술작품에 자주 묘사되어 있다.

1

근거2:

2

근거3:

근거4:

❖정답!!!

1

> 프로이트: 자네의 가설에는 한계가 있어. 인간이 태어난 이후 최초로 목격하게 되는 이성이 누구인가? 바로 자신의 부모라네. 남아는 자신의 어머니에 대한 강한 성적 욕구를 느끼는 반면, 여아는 아버지에 대한 강한 성적 욕구를 느끼지. 특히 나는 남아의 어머니에 대한 성적 욕구에 주목했네. 3-5세 즉 남근기에 해당하는 아이에게서 이러한 경향은 강하게 나타나네. '아버지처럼 어머니를 자유롭게 사랑하고 싶다'는 무의식적인 욕망이 아버지에 대한 선망으로 변하면서 아버지와의 동일시가 이루어지는 것이지. 하지만 이 동일시가 어머니에 대한 성적 욕망을 완전히 제거했다는 의미는 아니라네. 근친상간에 대한 인간의 욕구는 본능적으로 존재하는 것이며 완전히 제거하는 것이 불가능한 일이거든.
>
> — 2012학년 경희대학교 유형 네오르네상스 인문계열1 프로이트 대화문

2

> 프로이트: 자네 성경을 읽어보면 알겠지만, 아담과 이브는 사실 남매 관계였네. 아담과 이브를 통해 후대의 인간들이 탄생하게 된 것이지. 인류의 기원에 해당되는 인물들 조차 혈연 간 성관계를 맺은 것이지. 또한 인류 사회는 현재까지도 혈연 간의 성관계에 대해 사회적 그리고 문화적으로 규제를 해왔지. 일종의 사회적 금기를 만들어 혈연 간의 성관계를 강력하게 억제해온 것이네. 이에 대한 '사회적 금기'가 대부분의 국가와 사회에 존재한다는 사실, 이것보다 더 확실한 근거가 어디 있겠는가?
>
> — 2012학년 경희대학교 유형 네오르네상스 인문계열1 프로이트 대화문

주장: 인간은 태어날때 부터 혈연 간의 성관계에 대한 욕망을 갖고 있다.

근거: 햄릿과 오이디푸스같은 인물이 문학과 예술작품에 자주 묘사되어 있다.

1

근거2: 3-5세 남아에게는 아버지처럼 어머니를 사랑하고 싶다는 무의식적인 욕망이 있다.

2

근거3: 인류의 기원인 아담과 이브는 남매관계이다.

근거4: 혈연 간 성관계에 대한 사회적 금기가 대부분의 국가에서 존재한다.

✚핵심풀이

　　프로이트는 주장에 대한 근거로 '남근기에 해당하는 아이'를 제시하고 있어. 자신이 연구해본 결과, 3-5세에 해당하는 남자 아이는 어머니에 대한 성적 욕구를 가지고 있다는 것이지. 근거가 '사실인지 아닌지' 판단하는 것은 우선 나중으로 미루자. 지금은 그저 근거를 찾아내는 것에 에너지를 집중하자.

✖스스로 풀기

3 다음 제시문에서 주장문과 근거문을 찾아 동그라미 표시한 후, 주관식 빈칸을 채워 넣으시오. (근거문이 1개 있음)

> 웨스터마크: 이봐, 프로이트. 인간은 본능적으로 혈연 간의 성관계를 피하는 존재야. 1891년에 나온 『인간 결혼의 역사』라는 나의 저서를 읽어봤다면 알겠지만, 인간은 천성적으로 혈연 간의 성관계를 원하지 않는다고.
>
> 웨스터마크: 그렇게 쉽게 단정지을 수는 없네. 자네의 주장은 과학적 근거가 부재한 단순 추측에 지나지 않아. 나는 '인간은 유아기부터 함께 자란 남녀에게 성적 매력을 느끼지 못한다'라는 가설을 세우고 나름대로 과학적인 실험과 검증을 하고자 노력했네. 나의 검증에 따르면 인간은 유아기부터 함께 지낸 관계인 가족 구성원 누군가에 대해서는 성적인 욕구를 느낄 수 없는 것일세.
>
> – 2012학년 경희대학교 유형 네오르네상스 인문계열1 웨스터마크 대화문

4 다음 제시문에서 근거문을 찾아 동그라미 표시한 후, 주관식 빈칸을 채워 넣으시오. (근거문이 1개 있음)

> 웨스터마크: 자네의 생각이 신선하다는 것에는 동의하네. 하지만 여전히 과학적인 자료가 부재하지 않은가? 혈연 간의 성관계를 인간이 천성적으로 원한다는 자네의 주장에 대해 추측만이 존재할 뿐 명확한 증거가 없지 않은가? 나의 연구 결과에 따르면, 초창기 인류는 분명 혈연 간의 성관계를 맺은 적도 있네. 하지만 혈연 간의 성관계를 통해 탄생한 아이들이 빨리 죽거나 혹은 기형적인 장애를 갖는 모습을 보며 자연스럽게 인류사에서 이러한 욕구는 도태되었지. 혈연 간의 성관계가 생물학적으로 위험하다는 것을 안 후, 인간들은 이에 대한 아무런 욕구도 느끼지 못하게 된 것이네.
>
> –2012학년 경희대학교 유형 네오르네상스 인문계열1 웨스터마크 대화문

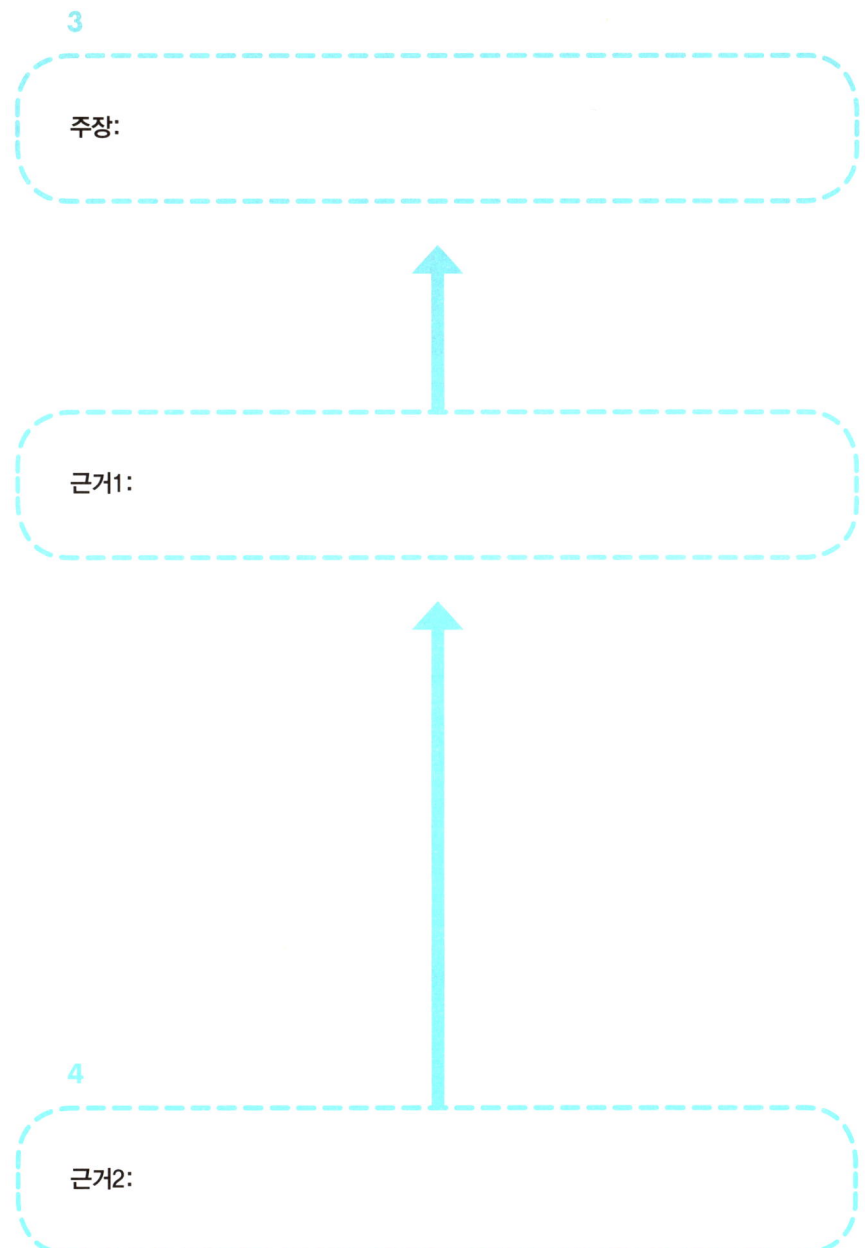

3

주장:

근거1:

4

근거2:

❖정답!!!

3

> 웨스터마크: 이봐, 프로이트. 인간은 본능적으로 혈연 간의 성관계를 피하는 존재야. 1891년에 나온 『인간 결혼의 역사』라는 나의 저서를 읽어봤다면 알겠지만, 인간은 천성적으로 혈연 간의 성관계를 원하지 않는다고.
>
> 웨스터마크: 그렇게 쉽게 단정지을 수는 없네. 자네의 주장은 과학적 근거가 부재한 단순 추측에 지나지 않아. 나는 '인간은 유아기부터 함께 자란 남녀에게 성적 매력을 느끼지 못한다'라는 가설을 세우고 나름대로 과학적인 실험과 검증을 하고자 노력했네. 나의 검증에 따르면 인간은 유아기부터 함께 지낸 관계인 가족 구성원 누군가에 대해서는 성적인 욕구를 느낄 수 없는 것일세.
>
> — 2012학년 경희대학교 유형 네오르네상스 인문계열1 웨스터마크 대화문

250

4

> 웨스터마크: 자네의 생각이 신선하다는 것에는 동의하네. 하지만 여전히 과학적인 자료가 부재하지 않은가? 혈연 간의 성관계를 인간이 천성적으로 원한다는 자네의 주장에 대해 추측만이 존재할 뿐 명확한 증거가 없지 않은가? 나의 연구 결과에 따르면, 초창기 인류는 분명 혈연 간의 성관계를 맺은 적도 있네. 하지만 혈연 간의 성관계를 통해 탄생한 아이들이 빨리 죽거나 혹은 기형적인 장애를 갖는 모습을 보며 자연스럽게 인류사에서 이러한 욕구는 도태되었지. 혈연 간의 성관계가 생물학적으로 위험하다는 것을 안 후, 인간들은 이에 대한 아무런 욕구도 느끼지 못하게 된 것이네.
>
> — 2012학년 경희대학교 유형 네오르네상스 인문계열1 웨스터마크 대화문

3

주장: 인간은 본능적으로 혈연 간의 성관계를 피하는 존재이다.

근거1:   '인간은 유아기부터 함께 자란 남녀에게 성적 매력을 느끼지 못한다'는
         가설을 과학적으로 실험을 통해 검증하였다.

4

근거2:   혈연 간 성관계가 생물학적으로 위험하다는 것을 안 후 욕구가 사라졌다.

✖스스로 풀기

5 다음 제시문에서 주장문과 근거문을 찾아 동그라미 표시한 후, 주관식 빈칸을 채워 넣으시오. (근거문이 1개 있음)

> 추정방법에 따라 달라지긴 하지만, 세계 인구는 2000년 60억 명에서 2050년이면 약 90억 명으로 증가할 것으로 전망된다. 이 많은 인구가 먹고 사는 길은 두 가지다. 경작지를 늘리든가, 아니면 단위당 생산량을 획기적으로 향상시키든가. 누구나 짐작할 수 있겠지만, 농경지 확대는 지구촌이 처한 형편으로는 불가능하다. 그렇다면 면적이 약 15억 헥타르로 추산되는 세계 경작지에서 대충 현재의 2배 정도 생산성을 확보해야, 적어도 굶는 문제로부터는 인류를 해방할 수 있다. 지금도 제대로 못 먹는 사람이 사하라사막 남쪽 아프리카 지역을 중심으로 전세계에 10억 명에 육박한다. 식량 수급을 못 맞추면 더 많은 사람이 굶어 죽을 것이다. GMO는 이런 관점에서 피할 수 없는 유혹이 되고 있다. −2012학년 이화여자대학교 유형 미래인재 전형 제시문

6 다음 제시문에서 근거문을 찾아 동그라미 표시한 후, 주관식 빈칸을 채워 넣으시오. (근거문이 4개 있음)

> 지구촌 전체를 놓고 생각하면, 당장 굶어 죽는 인류가 즐비한 상황에서 GMO 재배를 꺼릴 이유가 전혀 없다는 주장을 펴는 세력이 적지 않다. 자녀의 건강을 걱정해 유기농 분유만 사는 어머니가 있는가 하면, 당연히 유기농 제품을 쓰고 싶지만 농약 든 분유도 살 형편이 못 돼 유통기한이 지난 싼 제품만 사는 극빈층 어머니도 있을 수 있다. (중략)
>
> 장차 GMO는 인류의 식생활에 현재 세계경제에서 중국이 수행하는 정도의 역할을 할 수 있다. '세계의 공장' 중국은 끊임없이 저가 공산품을 공급해 세계경제의 인플레이션을 막아줬을 뿐 아니라, 가난한 사람들에게 부족하나마 삶의 질을 높일 기회를 줬다. GMO도 비슷한 기능을 수행할 수 있으리란 기대를 받고 있다.
>
> GMO의 혜택은 사하라 이남 아프리카만을 겨냥하지 않는다. GMO가 인류에게 실제로 어떤 도움을 주고 있는지, 또 어떤 도움을 줄 수 있는지 면밀히 따져봐야 한다. 국내에 수입된 GMO 콩 대부분은 식용유 원료로 쓰인다. 만약 비GMO 콩을 사용하면 매년 1조 8,000억 원 가량의 원가 부담이 늘어날 것이라고 관련 업계는 추산했다. 우리 국민이 GMO를 거부하면 당장 식용유 값으로만 2조 원 가까이 되는 돈을 더 내야 한다는 뜻이다. −2012학년 이화여자대학교 유형 미래인재 전형 제시문

5

주장:

↑

근거1:

↑

6

근거2:

근거3:

근거4:

근거5:

❖정답!!!

5

추정방법에 따라 달라지긴 하지만, 세계 인구는 2000년 60억 명에서 2050년이면 약 90억 명으로 증가할 것으로 전망된다. 이 많은 인구가 먹고 사는 길은 두 가지다. 경작지를 늘리든가, 아니면 단위당 생산량을 획기적으로 향상시키든가. 누구나 짐작할 수 있겠지만, 농경지 확대는 지구촌이 처한 형편으로는 불가능하다. 그렇다면 면적이 약 15억 헥타르로 추산되는 세계 경작지에서 대충 현재의 2배 정도 생산성을 확보해야, 적어도 굶는 문제로부터는 인류를 해방할 수 있다. 지금도 제대로 못 먹는 사람이 사하라사막 남쪽 아프리카 지역을 중심으로 전세계에 10억 명에 육박한다. 식량 수급을 못 맞추면 더 많은 사람이 굶어 죽을 것이다. GMO는 이런 관점에서 피할 수 없는 유혹이 되고 있다.

— 2012학년 이화여자대학교 유형 미래인재 전형 제시문

6

지구촌 전체를 놓고 생각하면, 당장 굶어 죽는 인류가 즐비한 상황에서 GMO 재배를 꺼릴 이유가 전혀 없다는 주장을 펴는 세력이 적지 않다. 자녀의 건강을 걱정해 유기농 분유만 사는 어머니가 있는가 하면, 당연히 유기농 제품을 쓰고 싶지만 농약 든 분유도 살 형편이 못 돼 유통기한이 지난 싼 제품만 사는 극빈층 어머니도 있을 수 있다. (중략)

장차 GMO는 인류의 식생활에 현재 세계경제에서 중국이 수행하는 정도의 역할을 할 수 있다. '세계의 공장' 중국은 끊임없이 저가 공산품을 공급해 세계경제의 인플레이션을 막아줬을 뿐 아니라, 가난한 사람들에게 부족하나마 삶의 질을 높일 기회를 줬다. GMO도 비슷한 기능을 수행할 수 있으리란 기대를 받고 있다.

GMO의 혜택은 사하라 이남 아프리카만을 겨냥하지 않는다. GMO가 인류에게 실제로 어떤 도움을 주고 있는지, 또 어떤 도움을 줄 수 있는지 면밀히 따져봐야 한다. 국내에 수입된 GMO 콩 대부분은 식용유 원료로 쓰인다. 만약 비GMO 콩을 사용하면 매년 1조 8,000억 원 가량의 원가 부담이 늘어날 것이라고 관련 업계는 추산했다. 우리 국민이 GMO를 거부하면 당장 식용유 값으로만 2조 원 가까이 되는 돈을 더 내야 한다는 뜻이다.

— 2012학년 이화여자대학교 유형 미래인재 전형 제시문

5

주장: 빈곤국의 식량난을 해결하기 위해서 GMO를 확대하는 것에 찬성한다.

근거1: 경작지의 면적은 제한되어 있기 때문에, 생산성을 2배 정도 높여야
       인류가 굶어죽지 않을 수 있다.

6

근거2: GMO라도 구매하고 싶은 극빈층이 있을 수 있다.

근거3: GMO는 세계경제의 인플레이션을 막는 역할을 수행할 수 있다.

근거4: 가난한 이들의 삶의 질 향상에 기여할 수 있다.

근거5: GMO 제품을 사용하지 않을 경우 원가 부담이 증가한다.

핵심
정리

▶ 논설문을 '잘 읽어내는 것'은 교수님이 반하는 태도 중 하나다.

▶ 논설문은 주장과 근거로 이루어져 있다.

▶ 주장만 읽고 글쓴이의 생각을 반박하는 것은 19살짜리 글읽기다.

▶ 20–1살은 주장과 근거를 모두 읽은 후에 비판하기를 시작한다.

▶ '비판하기'의 핵심은 '주장과 근거의 연결상태'에 대한 것이다.

▶ 주장에 동그라미, 근거에 동그라미 표시를 한다.

▶ 주장과 근거를 찾아낸 후, 이 둘을 화살표로 연결해야 한다.

▶ 주장과 근거의 연결 상태가 논리적으로 타당한지 검토해야 한다.

'읽기'만 잘해도
모범답안의 60%는
완성하는 거야!

글을 정확하게 읽어냈으니,

이제 교수님이 원하는 정답을 '생각해낼 수' 있기만 하면 돼.

면접에서 100점짜리 답을 말하기 위해서는

대학에서 공부를 할 수 있는 수준의 '사고력'을 갖추고 있어야 하지.

이 사고력을 갖출 수 있는 가장 좋은 방법은 평상시 수능 공부를 열심히 하는 거야.

그런데

평소에 공부를 열심히 하지 않았다고?

그간의 부족한 공부량을
만회할 수 있는 마지막 기회,
서울대생의 '사고력' 비법을
공개해야겠군.

[문제 1] 제시문 (가)는 인간의 심리에 영향을 미치는 요소에 대해 설명하고 있다. 이 요소를 (나), (다), (라)에 **적용**시켜서 설명하시오.

– 2012학년 건국대학교 유형 자기추천자 전형 면접문제 1번

[문제 2] 제시문 (가)의 요소를 일상생활, 경제, 사회 등에 바람직하게 **적용**시킬 수 있는 두 가지 사례를 제시하시오.

– 2012학년 건국대학교 유형 자기추천자 전형 면접문제 1번

[문제 3] 제시문 (나)의 글쓴이 관점을 **적용**하여, 제시문 (가)에서 나타난 야노 마모 족과 뉴욕커 사이의 소득격차 현상을 설명하시오.

– 2012학년 경희대학교 유형 네오르네상스 전형 인문계열 2 면접문제 1번

Feel

이번 학기 자신이 발표한 연구 내용을 요약하고,
자신을 제외하고 인상 깊었던 다른 발표자의 연구내용을 선정한 후,
자신의 발표 내용을 **적용**하여 다른 이의 연구내용을 평가해보라.

– 서울대학교 2011년 가을학기 개설강좌 【국제문제와 윤리】기말고사 주관식 문제

Study

이 책을 읽는 너희들뿐만 아니라 지금 이 책을 쓰고 있는 '우리'도 적용하기 문제에 맨날 시달려. 대학 생활 내내 적용하기 문제가 우리를 괴롭혔어. 아오, 지겨워 죽겠어. 그놈의 적용, 적용, 적용!!!!!

이전 페이지에서 왼쪽에 있던 문제 3개는 계속 풀어왔던 건국대학교, 경희대학교 유형 면접고사의 '질문'이지? 그리고 오른쪽 페이지에 있던 문제는 2011년 2학기에 서울대학교에서 실제로 서울대생이 들었던 수업의 '기말고사' 문제야. 대학 입학하기 전에 보는 면접시험에서만 적용하기 문제가 출제되는 것 아니냐고? 그건 시작일 뿐이야. 대학에 입학하면 본격적으로 '적용하기 문제'를 풀기 시작해. 모든 전공을 막론하고 적용하기만큼 자주 출제되는 문제도 없어. 심지어 전공수업이 아니라, 편하고 쉬운 교양수업에서도 적용하기 문제는 출제돼.

교수님은 적용하기를 너무 좋아해.

맞아. 교수님은 적용하기 문제를 너무나도 사랑하셔. 그래서 자신이 강의하는 대학교 수업에서도 매번 시험문제로 출제하고, 고등학생들이 보는 입학사정관제 면접 시험에서도 자주 출제하는 거야. 교수님이 만드는 모든 시험에는 늘 적용하기 문제가 있다고 생각해도 무방할 정도야. 그래서 너희들이 보는 수능시험, 논술 시험에서도 적용하기 문제는 빈번하게 나오는 거야.

교수님이 끼어있기만 하면 늘 적용하기 문제가 출제된다니까.

대학입학시험, 대학교에서 보는 수업시험에서만 적용하기 문제가 나온다고? 아냐, 아니라고. 교수님이 끼어있기만 하면 늘 출제된다니까. 로스쿨 입학시험, 의학

전문대학원 입학시험, 사법고시, 행정고시, 외무고시, 언론고시, 공무원 시험, 국정원 입사시험, 삼성 입사시험 등등. 어느 나라의 교수님이든, 어느 대학의 교수님이든, 어느 학과의 교수님이든, 어쨌든 교수님이라는 존재가 만든 시험이기만 하면 무조건 '적용하기 문제'가 나와. 너희들이나 이 책을 쓰고 있는 우리들이나 피할 길은 없어.

 적용하기 문제가 모든 종류의 시험에서 자주 출제되는 이유는 단순해. 적용하기 문제 단 하나만으로 '네가 논리적으로 정확하게 사고할 수 있는지'를 적나라하게 검증할 수 있기 때문이야. 대학에서 공부를 하기 위해서 혹은 변호사, 기자, 외교관과 같은 전문직에서 일을 하기 위해서는 '정확한 논리성'을 갖추는 것이 기본적인 소양이야. 그래서 면접고사, 논술고사, 수능시험을 포함한 모든 대학입학시험과 각종 전문대학원 시험, 전문직 자격시험에서도 적용하기 문제를 자주 출제할 수밖에 없는 거지.

 그런데 생각을 바꿔서 해볼까? 지금 이 책에서 적용하기 문제를 풀기 위한 풀이법을 제대로 한 번만 배워 놓으면? 입학사정관제 면접문제를 풀 수 있게 되는 것은 물론이거니와, 몇 달 후에 있을 수능 언어영역에서 출제될 적용하기 문제를 맞출 수 있게 되는 거야. 더 나아가 대학에 입학한 이후 보게될 각종 시험에서 나올 적용하기 문제들까지도 능숙하게 풀 수 있지. 어때? 이정도면 한 번 제대로 마음잡고 배워볼만한 사고능력 아니야?

1:1대응

 네가 입학사정관제 면접고사에서 적용하기 문제를 풀든, 로스쿨 입학 시험에서 적용하기 문제를 풀든 간에 기본적인 '풀이방법'은 동일해. 바로 '1:1대응'으로 문제를 풀이하면 되는 거야. 1:1대응으로 문제를 푸는 게 뭐냐고? 말이 낯설어서 그렇지 너희들이 모의고사를 풀거나 내신 문제를 풀면서 자연스럽게 사용하던 방법이야. 실제 수능 기출문제를 이용해서 좀 더 구체적으로 이야기해보자.

[2004년 수능 언어영역 기출문제]

(중략)

특히 근대 국가의 출현 이후 ㉡국가에 의한 '전통의 발명'은 체제를 확립하는 데 큰 역할을 담당하기도 하였다. 이 과정에서 전통은 그 전통이 생성되었던 시기를 넘어 아주 오래 전부터 지속되어 온 것이라는 신화가 형성되었다.

(중략)

문제) ㉡의 사례로 가장 적절한 것은?

① 인도 사람들이 아주 오래된 것으로 믿고 있는 현재의 카스트 제도는, 영국이 종교 지도층인 브라만의 지위를 공고히 하여 왕권을 약화시킴으로써 식민 통치 질서를 세우는 과정에서 변형된 것이다.

② 멕시코가 스페인에 점령된 후, 원주민 앞에 나타난 갈색의 성모(聖母) '과달루페'는 오래된 민간 신앙과 서구 가톨릭 간의 문화 혼합의 상징으로, 원주민 사회를 통합하는 데 큰 역할을 했다.

③ 남태평양의 트로브리안드 제도에서는 가치재(價値財)로 여기는 조개 목걸이와 조개 팔찌를 선물 형태로 주고받는데, 이는 사회적 위세와 명예를 얻기 위한 수단으로 활용된다.

④ 프랑스에서 교사나 지식인은 바흐의 '평균율 클라비어 곡집'을 선호하지만, 노동자나 상인은 요한 슈트라우스의 왈츠 곡을 선호하는데, 이는 계층 간의 문화차이를 보여준다.

⑤ 1930 ～ 1940년대에 나치는 유대인을 싫어하는 당시 유럽인의 뿌리 깊은 정서를 이용하여 반유대주의 이념을 조직화하고 선전함으로써 독일 제3제국의 체제를 공고히 했다.

이 문제의 정답은 ①번이야.

어떻게 정답을 찾아낼 수 있는지 직접 보여줄게.

ⓛ 국가에 의한 '전통의 발명'은 체제를 확립하는 데 큰 역할을 담당하기도 하였다.
이 과정에서 전통은 그 전통이 생성되었던 시기를 넘어 아주 오래 전부터 지속되어
온 것이라는 신화가 형성되었다.

① 인도 사람들이 아주 오래된 것으로 믿고 있는 현재의 카스트 제도는, 영국이 종
교 지도층인 브라만의 지위를 공고히 하여 왕권을 약화시킴으로써 식민 통치 질서
를 세우는 과정에서 변형된 것이다.

이게 바로 1:1대응 풀이법이야! 그저 조건(ⓛ)을 '번호 매기기'를 활용해서 찢어
준 후, 정답인 보기 ①번에 대응시켜 주면 되는 거지. 조건 (ⓛ)에서 번호매겨진 내
용들과 동일한 위치에 있는 문구를 대응을 시켜주면 되는 거야. 수능 뿐만 아니라
모든 종류의 시험에서 적용하기 문제는 이렇게 '1:1대응'으로 풀어내면 돼. 이는
입학사정관제에서 면접고사에서도 마찬가지야.

수능시험 < 면접시험

다시 한 번 강조하지만 모든 시험에서 적용하기 문제는 '1:1대응'을 활용해서 풀어. 이는 변함없는 사실이야. 그런데 수능시험은 1:1대응 '만'으로 답을 내는 것이 가능한 반면, 면접시험은 그렇지 않아. 면접시험에서는 1:1대응은 기본으로 사용하고 추가로 두 가지 능력을 더 갖추고 있어야 완전한 답을 낼 수 있어. 아니, 능력이라기보단 성실함이 더 요구된다는 표현이 좀 더 정확하겠다. 그래서 수능시험보다 면접시험이 더 어려운 시험에 속하는 거야. 이런, 대체 수능보다 뭘 더 요구하는 거지?

면접이 수능보다 더 요구하는 것
: 그간 얼마나 성실하게 공부를 해왔나?

수능보다 면접이 더 깐깐하게 평가하는 항목은 바로 그간 네가 해온 '공부량'에 관한 거야. 고차원적인 사고력은 당연히 검증하고 그와 동시에 학교에 다니면서 얼마나 성실하게 공부를 해왔는지를 검증하지. 면접 시험에서 출제되는 적용하기 문제는 이를 크게 두 가지를 활용해서 검증해.

+ 배경지식이 풍부한가?
++ 추상화를 해낼 수 있는가?

+ 배경지식이 풍부한가?

수능과 달리 면접은 주관식 문제를 풀이해야 하지. 주어진 보기 중 너의 생각에 가장 근접한 것을 고르는 것이 아니라, 아무것도 안 주어진 상태에서 완벽한 문장으로 사고해낼 수 있어야 해. 즉 사고력만 있다고 해서 면접문제의 주관식 답을 완벽하게 구상할 수 있는 건 아닌 거야. 너의 생각을 정확하게 담고 있는 문장을 만들기 위해서는 이를 표현할 수 있는 적절한 단어와 용어, 그리고 사례를 알고 있어야 하지. 사고력만으로는 문제를 이해하는 것까지만 가능하지 '너만의 생각'을 '너만의 문장'으로 표현할 수 있는 데 한계가 분명 있어. 그래서 수능과 달리 면접문제는 너희들에게 배경지식을 추가로 요구해.

그런데 주의해야 할 점이 있어. 대학이 원하는 배경지식이 학교 공부와 전혀 별개의 것, 혹은 너희들이 추가로 노력을 들여 암기해야 하는 것은 아니라는 점이야. 여기서 말하는 배경지식이란 철저히 '교과지식'을 의미해. 사회탐구 과목을 풀면서 알게 된 개념과 사례, 혹은 언어영역 비문학 지문을 읽으면서 알게 된 개념과 사례 정도면 면접문제는 충분히 풀어낼 수 있어. 의도적으로 대학은 교과지식을 정확히 알고 있어야만 완벽하게 풀 수 있는 문제를 출제하거든. 이를 통해 너희들이 그간 고등학교 삼 년 동안 성실히 공부했는지를 검증할 수 있기 때문이지. 면접문제를 정확하게 풀기 위해서는 그간의 탄탄한 '공부량'이 기본으로 깔려 있어야 하는 거야.

배경지식 = 교과서에서 배운 내용

⊢ 추상화를 해낼 수 있는가?

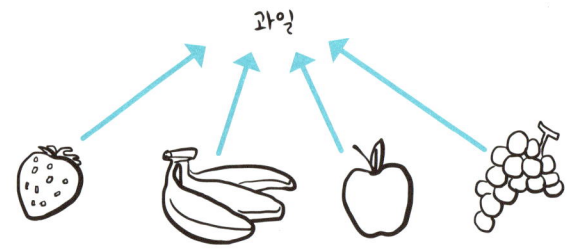

아주 어렸을 때는 딸기, 바나나, 사과, 포도 등이 나열된 것을 보고 '과일'이라고 부른다는 것을 배웠어. 딸기, 바나나 등이 구체적인 개념이고 표현이라면 '과일'은 이것들 보다 한 차원 추상화된 개념과 표현이라고 할 수 있어. 유치원 때부터 분명 구체적인 것을 한 단계 추상화시켜 사고하는 연습을 해. 그리고 너희들이 무럭무럭 자라 고등학생이 된 후에도 추상화 훈련은 계속 되지.

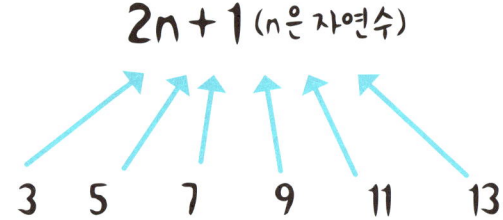

고2가 되면 수열을 배우지? 3, 5, 7, 9, 11, 13, … 과 같이 여러 수가 나열되어 있는 것을 보고 이 수들의 공통점을 추출해내는 능력을 배양하는 것이 수열 단원의 목표야. 즉 수열에서 일반항을 찾는 과정 그 자체가 추상화를 훈련하는 것이었던 거야. 이처럼 한국에서 공부를 성실히 해왔다면, 유치원 때부터 고등학교 때까지 끊임없이 추상화를 훈련해왔어. 면접에서는 적용하기 문제를 완벽하게 풀기 위해 '추상화 능력'을 추가로 요구하지. 이를 통해 지원자가 그간 학교에서 성실하게 공부해왔는지를 검증할 수 있는 거야.

한마디로,

+ 배경지식이 풍부한가?
++ 추상화를 해낼 수 있는가?

이를 활용해서 대학은 네가 그간 학교에서
얼마나 수업을 열심히 듣고 교과서로 열심히 공부했는지를 검증하고자 해.

　정말 무슨 업보도 아니고. 그동안 공부를 성실하게 하지 않은 것이 이렇게 큰 죄일줄이야. 고2 때까지 흥미가 없어서 공부에 집중을 하지 못한 것이 대학 합격 마지막까지 발목을 붙잡고 늘어지네. 그래도 고3 때는 나름 열심히 한 것 같은데 말이야. 스스로에게 화가 나기도 하고, 속상하기도 하고, 마음이 답답하겠다.

　그런데 포기하기는 아직 일러!

　우린 너희들에게 잠깐의 안도감을 주기 위해서 거짓말은 절대로 하지 않아. 변하지 않는 사실은 면접문제가 수능보다 어렵게 출제되기도 한다는 거야. 그리고 면접문제를 잘 풀기 위해서는 그동안 네가 얼마나 성실하게 공부해왔는지가 중요한 요소라는 점이시. 그런네 이것 못시 않게 '변하시 않는 신리'가 하나 너 있어. 그게 뭐냐면 뒤처진 부분을 극복하고 최종합격의 기쁨을 누리기 위해서는 '너의 노력'이 지대한 영향을 미친다는 거야. 늦었지만 지금부터라도 치밀하게 대비하고 준비한다면 이 정도의 장애물은 분명 극복할 수 있어. 그리고 우리는 너의 그러한 노력이 '최종 합격'이라는 결과물이 될 수 있도록 가장 효율적인 방법을 알려주는 거야. 다시 마음 잡고 Exercise를 같이 풀며 '최종 합격'의 꿈을 현실로 만들어 보자!

Exercise

✖ 시범문제

1 다음 질문과 제시문에서 동일한 위치에 있는 개념을 1:1대응시켜 표시해주시오.

[문제1] 제시문 (가)는 인간의 심리에 영향을 미치는 요소에 대해 설명하고 있다.
이 요소를 (나), (다), (라)에 적용시켜서 설명하시오.

(가)

…말만 다를 뿐, 그 내용은 같다.

(나)

색에 따라 그림이 전혀 달라 보이네.

― 2012학년 건국대학교 유형 자기추천자 전형

이 문제의 경우 1:1대응과 추상화 능력을 동시에 검증하는 형태야. 한 글을 다른 글에 적용시켜 해석하는 문제로 건국대학교 유형 자기추천자 전형 면접문제 1번이 이에 해당해. 풀이의 순서는 단순해. 우선 1:1대응을 먼저 해보자.

✚시범풀이

・269・

[문제 1] 제시문 (가)는 인간의 심리에 영향을 미치는 요소에 대해 설명하고 있다. ①
이 요소를 (나), (다), (라)에 적용시켜서 설명하시오.

(가)
…말만 다를 뿐, 그 내용은 같다.
①

(나)
색에 따라 그림이 전혀 달라 보이네.
①

질문에서는 '인간의 심리에 영향을 미치는 요소'가 무엇인지를 묻고 있어. 이에 대응되는 항목은 제시문 (가)에서는 '말'이고, 제시문 (나)에서는 '색'이지. 이 세 개가 각각 1:1대응이 되는 거야. 수능 문제였다면 이 정도만 해도 정답을 찾아낼 수 있어. 그런데 지금까지의 분석을 가지고 문제 1번에 대한 실제 답변을 구상한 다고 생각해보자. 답을 할 수 있겠니? 답을 하기에는 뭔가 찝찝한 구석이 있어. 제 시문 (가)가 바로 제시문 (나)에 매끄럽게 적용되지 않는다는 느낌이 들 거야. 즉 이 지점이 바로 출제자가 '추상화'를 숨겨 놓은 부분이야! 말과 색을 아우를 수 있 는 한 단계 추상화된 표현이 필요한 거야. 이게 뭔지는 '스스로 풀기'를 마저 푼 후 알려줄게.

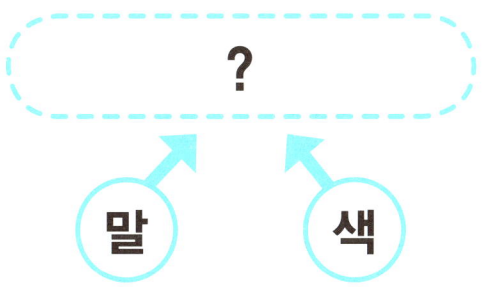

✖스스로 풀기

1 다음 질문과 제시문에서 동일한 위치에 있는 개념을 1:1대응시켜 표시한 후,
이를 포괄할 수 있는 추상화 단어를 적으시오.

[문제 1] 제시문 (가)는 인간의 심리에 영향을 미치는 요소에 대해 설명하고 있다.
         이 요소를 (나), (다), (라)에 적용시켜서 설명하시오.

(가)
…말만 다를 뿐, 그 내용은 같다.

(나)
색에 따라 그림이 전혀 달라 보이네.

(다)
아침에 3개, 저녁에 4개
아침에 4개, 저녁에 3개

(라)
머리 속에 시계 가격이 기준점이 되어,

− 2012학년 건국대학교 유형 자기추천자 전형 문제 1번

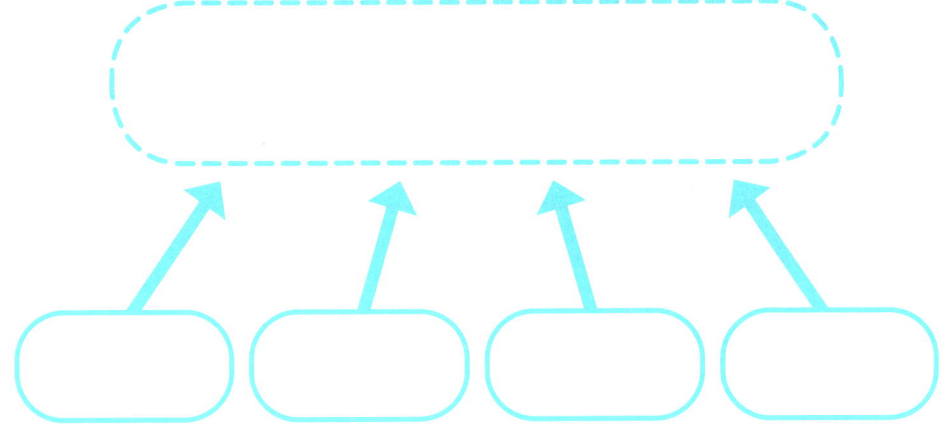

❖정답!!!

[문제 1] 제시문 (가)는 인간의 심리에 영향을 미치는 요소에 대해 설명하고 있다.
이 요소를 (나), (다), (라)에 적용시켜서 설명하시오.

(가)

…말만 다를 뿐, 그 내용은 같다.
　　①

(나)

색에 따라 그림이 전혀 달라 보이네.
　　①

(다)

아침에 3개, 저녁에 4개
아침에 4개, 저녁에 3개
　　①

(라)

머리 속에 시계 가격이 기준점이 되어,
　　　①

－ 2012학년 건국대학교 유형 자기추천자 전형 문제 1번

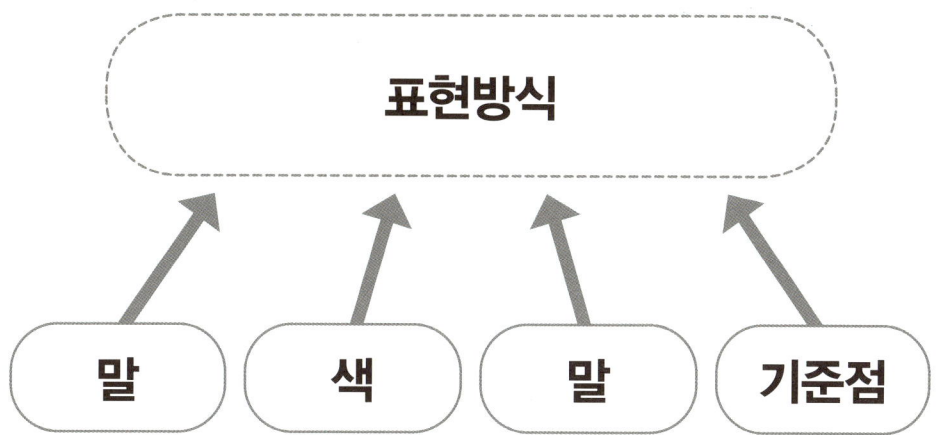

✚핵심풀이

우선 1:1대응에서는 제시문 (다)가 조금 까다로워. 이 제시문에서 원숭이들은 도토리를 '아침에 3개 주냐, 4개 주냐'에 의사결정이 달라지고 있어. 하지만 주의 해야 할 점은 아침과 저녁의 갯수를 모두 합치면 7개로 동일하다는 것이지. 즉 동 일한 도토리 개수시만 '말'을 어떻게 하는지에 따라 심리에 영향을 받는 거야.

다음으로 추상화 작업을 살펴보자. 네 가지 대응점은 '동일한 사실이지만 말을 어떻게 전달하느냐에 따라, 어떤 색에 집중하느냐에 따라, 어떤 기준점이 옆에 있 는지에 따라 이를 전혀 다른 것으로 착각하게 된다'라는 의미가 숨겨져 있어. 즉 인간은 객관적인 사실을 모두 동일하게 인식하는 것이 아니라, 그 사실을 전달하 는 표현방식에 크게 영향을 받는 존재인 거야. 이런 의미가 내포된 단어로 추상화 시켰다면 모두 정답이라고 할 수 있어.

✖시범문제 (1:1대응 + 배경지식)

1 1:1대응 지점을 찾아낸 후, 이를 적용하여 새로운 사례를 제안하시오.

[문제 2] 제시문(가)의 요소를 일상생활, 경제, 사회 등에 바람직하게 적용시킬 수 있는 두 가지 사례를 제시하시오.

(가)의 요소:
동일한 사실이더라도 표현방식이 바뀌면 전혀 다른 것으로 인식한다.

– 2012학년 건국대학교 유형 자기추천자 전형 문제 1번

사례찾기는 일반적인 원리를 구체적인 현상에 적용시킬 수 있는지를 확인하기 위해 출제하는 문제야. 즉 '적용하기 문제'의 한 유형인 것이지. 사례찾기 문제를 정확하게 풀기 위해서는 우선 '일반적인 원리'에서 1:1대응을 할 수 있는 지점을 찾아내야 해. 그리고 난 후 각 지점에 부합하는 새로운 사례를 제안할 수 있어야 하지.

그런데 새로운 사례를 머리 속에서 생각해내기 위해서는 단순 '1:1대응'만으로는 역부족이야. 단 15분 문제풀이 시간에 아무런 배경지식 없이 새로운 사례를 생각해내는 것은 그 누구라도 불가능할 거야. 즉 사례찾기 문제는 1:1대응과 배경지식을 동시에 요구하고 있는 거지.

✚시범풀이

우선 '일반적 원리'에서 1:1대응 지점을 찾아내야 해. 그간 문제 풀이 과정을 통해 우리가 찾아낸 제시문 (가)의 원리는 아래와 같아. 이를 '번호 매기기'를 활용하여 읽으면 1:1대응 지점을 찾아낼 수 있지.

(가)의 요소:
동일한 사실이더라도 표현방식이 바뀌면 전혀 다른 것으로 인식한다.
　　　　①　　　　　　　　　②　　　　　　　　③

그리고 나서 스스로 아는 모든 상식과 교과지식을 마구마구 떠올려 보는 거야. 즉 배경지식을 활용해서 새로운 사례를 생각하는 거지. 만약 다이어트를 하고 있다면 이에 대한 배경지식이 있겠지. 그러면 아래와 같이 새로운 사례를 제안해 볼수 있을 거야.

---

　　　①　　　　　　　　　　　②
"동일한 밥의 양이지만 이를 담아내는 밥그릇 크기가 바뀌면 다이어트 효과를 볼 수 있습니다. 밥에 양보다 훨씬 작은 밥그릇에 이를 담을 경우 많이 먹었다는 착각을 줄수 있습니다. 반면 밥의 양보다 훨씬 큰 밥그릇을 사용할 경우, 밥을 적게 먹었다는 착각을 줄 수 있습니다. 밥의 양에는 변화가 없지만 이를 담아내는 그릇의 크기에 따라 먹는 이로 하여금 많이 먹었거나, 적게 먹었다고 다르게 인식할 수 있는 것입니다."
　　　　　　　　　　　　　③

자신이 새롭게 구상해 낸 사례가 정답인지 확신할 수 있는 방법은 단 하나야. 원리에서 찾아낸 요소들과 1:1대응이 '하나도 빠짐없이' 되면 그게 바로 정답인 거지. 지금부터 스스로 사례를 생각하는 연습을 할 거야. 간단한 힌트를 줄 텐데 사용해도 좋고 사용하지 않아도 상관없어. 다만 1:1대응을 활용해서 네가 제안한 사례가 정답인지 꼭 스스로 먼저 확인한 후, 뒷장으로 넘어가도록 하자.

✖스스로 풀기 (1:1대응 + 배경지식)

1 1:1대응 지점을 적용하여 새로운 사례를 제안하고, 자신의 사례가 다시 1:1대응이 됨을 보이시오.

[문제2] 제시문 (가)의 요소를 일상생활, 경제, 사회 등에 바람직하게 적용시킬 수 있는 두 가지 사례를 제시하시오.

(가)의 요소:

동일한 사실이더라도 표현방식이 바뀌면 전혀 다른 것으로 인식한다.

배경지식 힌트: 3만 원, 한 달, 아프리카 빈민 후원

— 2012학년 건국대학교 유형 자기추천자 전형 문제 2번

너의 새로운 사례 1

2 1:1대응 지점을 적용하여 새로운 사례를 제안하고, 자신의 사례가 다시 1:1대응이 됨을 보이시오.

[문제2] 제시문 (가)의 요소를 일상생활, 경제, 사회 등에 바람직하게 적용시킬 수 있는 두 가지 사례를 제시하시오.

(가)의 요소:

동일한 사실이더라도 표현방식이 바뀌면 전혀 다른 것으로 인식한다.

배경지식 힌트: 성폭행 범죄 증가율, 그래프 y축 간격 조정

– 2012학년 건국대학교 유형 자기추천자 전형 문제 2번

너의 새로운 사례 2

❖정답!!!

1

[문제2] 제시문 (가)의 요소를 일상생활, 경제, 사회 등에 바람직하게 적용시킬 수 있는 두 가지 사례를 제시하시오.

(가)의 요소:

동일한 사실이더라도 표현방식이 바뀌면 전혀 다른 것으로 인식한다.
　　　①　　　　　　　　　　②　　　　　　　　　　③

배경지식 힌트: 3만 원, 한 달, 아프리카 빈민 후원

- 2012학년 건국대학교 유형 자기추천자 전형 문제 2번

예시 답안1:

① 동일한 3만 원이지만 표현방식을 바꾸면 아프리카 빈민 후원을 더 ② 활성화시킬 수 있습니다. '아프리카 빈민 후원을 위해 한 달에 3만 원을 매달 지원해주세요'라고 홍보활동을 펼치는 것 보다는 , '아프리카 빈민 후원을 위해 매일 1천 원을 지원해주세요.'라고 표현하는 것이 듣는 이에게 부담이 덜 느껴집니다. 두 표현은 모두 한 달 3만 원이라는 동일한 내용을 전달하고 있습니다. 하지만 이를 표현하는 방식을 바꿈으로써 사람들에게 느껴지는 부담은 전혀 다른 것이 됩니다. ③ 이를 활용하여 아프리카 후원활동을 더욱 더 활성화시킬 수 있습니다.

2

> [문제2] 제시문 (가)의 요소를 일상생활, 경제, 사회 등에 바람직하게 적용시킬 수 있는
> 두 가지 사례를 제시하시오.
>
>
> (가)의 요소: ②   ③
>
> ①   동일한 사실이더라도 표현방식이 바뀌면 전혀 다른 것으로 인식한다.
>
>
> 배경지식 힌트: 성폭행 범죄 증가율, 그래프 y축 간격 조정
>
> – 2012학년 건국대학교 유형 자기추천자 전형 문제 2번

예시 답안2:

① 동일한 성폭행 범죄 증가율이지만 그래프의 표현 방식을 바꾸면, 대중들이 문제의 심각성을 더 강하게 느끼도록 할 수 있습니다. 작년 성폭행 범죄율이 5%에서 올해 7%로 상승하는 추세에 있다고 가정해보겠습니다. 그런데 이를 뉴스나 신문에서 보도할 때, y축의 수치 간격을 촘촘하게 하면 기울기가 완만하게 그려집니다. 반면 y축 수치 ② 간격을 넓게 하면 기울기가 가파르게 표현됩니다. 즉 동일한 수치이지만 그래프 표현 방식에 따라 문제의 심각성이 다르게 인식될 수 있는 것입니다.

③
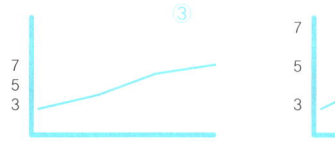 

✚핵심풀이

위의 그래프를 실제 면접장에서 화이트보드에 그리면서 대답했다면, 교수님들이 기립박수치는 완벽한 답! 화이트보드는 이렇게 쓰는 거야!

✖ 시범문제 (1:1대응 + 배경지식)

1 제시문 (가)와 (나)에서 동일한 위치에 있는 개념을 1:1대응시켜 표시하시오.

[문제 2] 제시문 (나)의 글쓴이 관점을 적용하여, 제시문 (가)에서 나타난 야노마모 족과 뉴욕커 사이의 경제시스템 차이를 설명하시오.

(나)

　분업은 노동의 효율을 최대로 제고시키는 주요 원인이다.

(가)

　야노마모 족의 주된 경제활동은 동물을 사냥하는 것과 과일 및 곡식을 채집하는 일이다. 야노마모 부족의 남자들은 해가 뜰 무렵인 새벽 6시부터 해가 저물 무렵인 저녁 6시까지 총 12시간 동안 쉬지 않고 일 한다. 야노마모 족의 남자들은 하루 종일 사냥을 하기 위해 정글을 돌아다니며 수렵활동을 한다. 하지만 12시간 동안 정글 속을 헤매고 다닌다고 해서 언제나 소득이 있는 것은 아니다. 운이 좋은 날은 멧돼지 사냥에 성공하기도 하지만, 이런 날보다는 작은 새 한 마리도 잡지 못하고 허탕을 치는 날들이 더 많다. 야노마모 족의 여자들은 근처 숲 속을 돌며 필요한 과일과 곡식을 수집 또는 재배한다. 이 외에 양육 및 가사일 역시 맡고 있다. 야노마모 족은 종종 주변에 있는 다른 부족들과 그들의 재화를 교환하기도 한다. 야노마모 족이 제한적으로 재배하는 곡물과 다른 부족이 재배하는 다른 종류의 곡물을 교환하기도 하는 것이다.

– 2012학년 경희대학교 유형 네오르네상스 인문계열2 문제 1번

✚시범풀이

　경희대학교 유형 문제는 제시문 (나)의 글쓴이 관점을 '적용하여' 제시문 (가)에 대한 설명을 요구하고 있어. 즉 (나)에 나타난 내용을 (가)에 1:1대응시켜야 한다는 거지. (나)에 나타난 글쓴이의 관점을 '번호 매기기'를 활용해서 쪼개보면 '분업', '노동', '효율' 정도로 구분할 수 있을 거야. 셋 중 어느 것에 초점을 맞춰서 1:1대응을 해도 상관없어. 네가 가장 잘 이해할 수 있는 단어를 선택해서 1:1대응을 시도하면 돼. 왜냐하면 세 단어는 객관적으로 분명 차이는 존재하지만, 이번 제시문에서 1:1대응을 할 때 그 차이가 영향을 크게 미치지 않기 때문이야.

(나)

　분업은 노동의 효율을 최대로 제고시키는 주요 원인이다.

(가)

　야노마모 족의 주된 경제활동은 동물을 사냥하는 것과 과일 및 곡식을 채집하는 일이다. 야노마모 부족의 남자들은 해가 뜰 무렵인 새벽 6시부터 해가 저물 무렵인 저녁 6시까지 총 12시간 동안 쉬지 않고 일 한다. 야노마모 족의 남자들은 하루 종일 사냥을 하기 위해 정글을 돌아다니며 수렵활동을 한다. 하지만 12시간 동안 정글 속을 헤매고 다닌다고 해서 언제나 소득이 있는 것은 아니다. 운이 좋은 날은 멧돼지 사냥에 성공하기도 하지만, 이런 날보다는 작은 새 한 마리도 잡지 못하고 허탕을 치는 날들이 더 많다. 야노마모 족의 여자들은 근처 숲 속을 돌며 필요한 과일과 곡식을 수집 또는 재배한다. 이 외에 양육 및 가사일 역시 맡고 있다. 야노마모 족은 종종 주변에 있는 다른 부족들과 그들의 재화를 교환하기도 한다. 야노마모 족이 제한적으로 재배하는 곡물과 다른 부족이 재배하는 다른 종류의 곡물을 교환하기도 하는 것이다.

　1:1대응을 하고 나면, 야노마모 족의 노동은 주로 사냥과 채집이라는 것을 알 수 있어. 그리고 이들은 열두 시간 동안 중노동을 한다는 것 역시 알 수 있지. 뉴욕커 제시문은 스스로 1:1대응을 해보도록 하자.

✖ 스스로 풀기 (1:1대응 + 배경지식)

1 제시문(가)와 (나)에서 동일한 위치에 있는 개념을 1:1대응시켜 표시하시오.

[문제 2] 제시문 (나)의 글쓴이 관점을 적용하여, 제시문 (가)에서 나타난 야노마모 족과 뉴욕커 사이의 경제시스템 차이를 설명하시오.

(나)

분업은 노동의 효율을 최대로 제고시키는 주요 원인이다.

(가)

이에 반해 뉴욕커들은 아침 9시부터 오후 6시까지 총 9시간을 일한다. 이 9시간 중 1시간은 점심식사를 하는 시간이므로 실질적으로 일하는 시간은 8시간이라 할 수 있다. 이들은 하루 종일 건물 안에서 움직이며, 컴퓨터를 통해 화상회의에 참여하고, 문서 작업을 하며, 다른 직장동료들과 회의를 한다. 이를 통해 뉴욕커들이 벌어들이는 소득은 야노마모 족의 400배에 육박한다. 이렇게 벌어들인 소득을 바탕으로 뉴욕커들은 275종류가 넘는 시리얼 중 자신에게 맞는 제품을 선택하여 매일 아침식사를 하고 있으며, 150종류가 넘는 립스틱 중 자신이 원하는 제품을 여러개 구매할 수도 있다. 뉴욕커들은 벌어들이는 소득이 많다는 점에서 부유하기도 하지만, 소비할 수 있는 제품과 서비스의 종류가 많다는 측면에서 또다른 의미의 부유함을 갖고 있다고 할 수 있다.

– 2012학년 경희대학교 유형 네오르네상스 인문계열2 문제 1번

2 시범문제 1번과 스스로 풀기 1번에서 한 1:1대응을 활용하여, 경희대학교 유형 문제 1번에 대한 답변을 서술하시오.

> [문제 2] 제시문 (나)의 글쓴이 관점을 적용하여, 제시문 (가)에서 나타난 야노마모 족과 뉴욕커 사이의 경제시스템 차이를 설명하시오.

너의 예상 답변:

❖정답!!!

[문제2] 제시문 (나)의 글쓴이 관점을 적용하여, 제시문 (가)에서 나타난 야노마모 족과 뉴욕커 사이의 경제시스템 차이를 설명하시오.

(나)

　분업은 노동의 효율을 최대로 제고시키는 주요 원인이다.
　　　　①

(가)

　이에 반해 뉴욕커들은 아침 9시부터 오후 6시까지 총 9시간을 일한다. 이 9시간 중 1시간은 점심식사를 하는 시간이므로 실질적으로 일하는 시간은 8시간이라 할 수 있다. 이들은 하루 종일 건물 안에서 움직이며, 컴퓨터를 통해 화상회의에 참여하고, 문서 작업을 하며, 다른 직장동료들과 회의를 한다. 이를 통해 뉴욕커들이 벌어들이는 소득은 야노마모 족의 400배에 육박한다. 이렇게 벌어들인 소득을 바탕으로 뉴욕커들은 275종류가 넘는 시리얼 중 자신에게 맞는 제품을 선택하여 매일 아침식사를 하고 있으며, 150종류가 넘는 립스틱 중 자신이 원하는 제품을 여러개 구매할 수도 있다. 뉴욕커들은 벌어들이는 소득이 많다는 점에서 부유하기도 하지만, 소비할 수 있는 제품과 서비스의 종류가 많다는 측면에서 또다른 의미의 부유함을 갖고 있다고 할 수 있다.

－ 2012학년 경희대학교 유형 네오르네상스 인문계열2 문제 1번

2 시범문제 1번과 <u>스스로 풀기 1번</u>에서 한 1:1대응을 활용하여, 경희대학교 유형 문제 1번에 대한 답변을 서술하시오.

[문제2] 제시문 (나)의 글쓴이 관점을 적용하여, 제시문 (가)에서 나타난 야노마모 족과 뉴욕커 사이의 경제시스템 차이를 설명하시오.

예상답변:

모 아니면 도

✚핵심풀이

예상 답변은 '모 아니면 도'야. 자, 이제 우리 솔직해질 시간이 됐어. 이번 문제의 경우 1:1대응시키는 건 전혀 어렵지 않아. 그리고 '야노마모 족과 뉴욕커 사이의 경제시스템 차이'도 뭔지 대충 알 것 같아.

완전 쿨하게 답을 말해보면, '야노마모 족은 분업을 안 해서 가난하고 요, 뉴욕커는 분업을 해서 부유해요.'

이게 다야. 그리고 실제 이 문장이 답의 핵심이기도 해. 그런데 교수님 앞에서 정말 이 한 문장 말하고 나올 거야? 발표 시간은 5분이야. 적어도 4분 정도는 너의 생각을 논리적으로 풀어서 이야기해야만 해. 이 문제는 철저하게 배경지식이 얼마나 있는지에 따라 답변 수준이 달라져. 경제과목을 열심히 공부했다면 평소 자신이 알고 있든 분업과 관련된 주변 지식을 끌어들여 풍성하게 발표할 수 있는가 하면, 정말 딱 위의 한 문장밖에 말 못하는 사람도 있는 거야. 즉 이 문제는 압도적으로 배경지식에 무게가 실려서 출제된 형태인 거야. '적용하기 문제'에서 배경지식의 무게가 이와 같이 크게 실려서 출제될 수도 있다는 점을 명심해.

배경지식이 풍성한 사람이라면, 아래와 같이 답변을 했을 거야.

2

> **[문제2]** 제시문 (나)의 글쓴이 관점을 적용하여, 제시문 (가)에서 나타난 야노마 모 족과 뉴욕커 사이의 경제시스템 차이를 설명하시오.

예상 답변:

제시문 (나)의 글쓴이는 분업이 노동의 효율성을 제고한다고 자신의 관점을 밝히고 있습니다. 이는 노동자 개인이 분업할 경우 전체 생산성이 증대된다는 것을 의미합니다. 이러한 관점에서 제시문 (가)에 나온 야노마모족과 뉴욕커의 경제시스템 차이를 설명해보겠습니다.

우선 야노마모족과 뉴욕커 사회가 가장 큰 경제시스템 차이는 노동의 분업 유무입니다. 야노마모족의 경우 원시 자급자족 사회로 노동의 분업이 거의 이루어져 있지 않습니다. 다른 부족과 시장을 형성하여 재화를 거래하는 모습을 보이고 있기는 하지만, 이는 일부일 뿐 전체적으로는 자급자족 사회에 가깝습니다. 또한 사냥의 전체 과정을 남자 부족원들이 모두 참여하는 모습을 보여주고 있습니다. 즉 사냥에 참여하는 남자 부족원이라면, 사냥감을 탐색하고, 사냥을 하고, 이를 손질하는 과정까지 모두 총괄하여 참여하게 됩니다. 노동의 분업이 전혀 이루어져 있지 않으며 한 노동의 전체 과정을 각 노동자가 오롯이 책임지고 있는 모습을 보이고 있습니다.

반면 뉴욕커의 경우 발달된 정보사회에서 노동을 하는 모습을 보이고 있습니다. 이들은 전체 경제 체제 내에서 일부로서 분업화되어 일을 하고 있습니다. 컴퓨터로 화상회의를 하거나, 문서작업을 한다는 것이 거대한 일에서 아주 작은 부분으로 일하고 있는 모습을 반증합니다. 야노마모족은 그들의 노동이 곧 식량, 생활과 결부되어 있었다면 뉴욕커는 그렇지 않습니다. 뉴욕커가 하는 문서작업은 그들의 아침식사와 그 어떤 직접적인 연관성이 없습니다. 하지만 뉴욕커는 야노마모족보다 풍성하게 식사를 할 수 있습니다. 이는 분업의 결과로 전체 생산성이 증대되어 누리는 물질적 풍요라고 할 수 있습니다.

핵심
정리

▶ 교수님은 '적용하기 문제'를 엄청 사랑하신다.

▶ 대학에 오면 더 많은 '적용하기 문제'를 풀어야 한다.

▶ 계속 공부를 하는 이상, 우린 '적용하기 문제'를 피할 길이 없다.

▶ 모든 적용하기 문제는 '1:1 대응'을 활용하여 풀이한다.

▶ 수능은 '1:1 대응'만으로 풀렸다면, 면접은 그렇지 않다.

▶ 면접 적용하기 문제를 풀기 위해서는 두 가지 능력이 더 필요하다.

▶ 그 두 가지는 바로 추상화와 배경지식이다.

▶ 추상화와 배경지식을 통해 대학은 지원자가 그동안 학교에서 '얼마나 성실하게 공부했는가'를 검증하고자 한다.

고지가 눈 앞에 보인다!

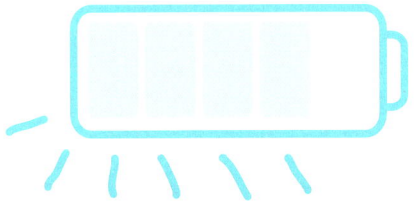

다음은 프로이트와 웨스터마크가 나눈 가상의 대화이다.
두 학자의 입장을 근거로 하여, **자신의 입장**을 논리적으로 **서술**하시오.

– 2012학년 경희대학교 유형 네오르네상스 전형 인문계열1

[문제 2] 자신만의 논리적 근거를 제시하여, 제시문 (나) 글쓴이의 주장을
비판하시오.

– 2012학년 경희대학교 유형 네오르네상스 전형 인문계열2 면접문제 2번

식량난을 해결하기 위하여 GMO(유전자 재조합 생물체)를 확대하는 것에 찬성하는가
혹은 반대하는가? **자신의 주장**에 대한 논리적 근거는 무엇인가?

– 2012학년 이화여자대학교 유형 미래인재 전형

Feel

James moor는 컴퓨터 윤리학의 특성을 어떻게 정의하고 있는지 그 핵심을 요약하고
본인의 입장에서 비판적으로 논하시오.

- 서울대학교 2011학년도 2학기 개설강좌【정보사회와 사이버 윤리】중간고사 주관식 문제

Study

비판하기는 적용하기 못지 않게 대학에서 공부를 할 때 필요한 사고능력 중 하나야. 그간 고등학교 때까지의 공부가 그저 착하게 선생님의 말을 듣고 이를 받아적고 기억하는 것이었다면, 대학에서의 공부는 이와 반대야. 물론 대학에서도 여전히 교수님의 말을 듣고 이를 받아적고 수용하는 것 역시 중요해. 하지만 이것 못지 않게 상대의 의견을 비판하고 반박할 수 있는 역량 역시 중요해. 그저 착하게 다른 이의 주장과 근거를 받아들이는 것이 아니라, 그것이 사실인지 그리고 논리적으로 타당한 것인지를 깐깐하게 검토하며 읽는 능력이 필요한 거야.

권위자의 말이 항상 진리인 것은 아니다.

실제로 대학에 와서 배우게 될 학자의 주장과 그들이 만들어낸 개념이 완벽한 진리인 것은 아니야. 더 나아가 교수님이 하는 모든 말도 진리라고 볼 수는 없어. 또한 TV에서 나오는 각종 사회 유명인사, 정치인, 기업인, 종교인, 사회운동가들이 하는 이야기 역시도 항상 진리라는 보장은 어디에도 없지. 누군가는 일부러 자신에게 유리한 주장을 하는 것일 수도 있고 혹은 일부에서만 받아들일 수 있는 편협한 주장을 하는 것일 수도 있어. 그러니 그들의 '말', '생각', '주장'을 모두 비판적으로 수용해야 하는 거야.

비판하기를 잘 하는 사람이 섹시하다.

위대한 학자의 의견이나 견고해 보이는 논리를 날카롭게 비판할 수 있는 것은 대학에서 굉장히 중요한 능력 중 하나야. 실제로 비판하기를 날카롭게 해내면 지적으로 완전 섹시해 보여. 그래서 대학에 가면 각 과마다 옷도 잘 못입고 못생겼는데 엄청 인기 많은 남자 선배가 있는 거야. 맨 처음에는 대체 왜 저 오빠가 킹카일

까 의문이 들겠지만, 학회에 가서 그 선배가 '말'하는 것을 보면 너도 반할 수밖에
없어.

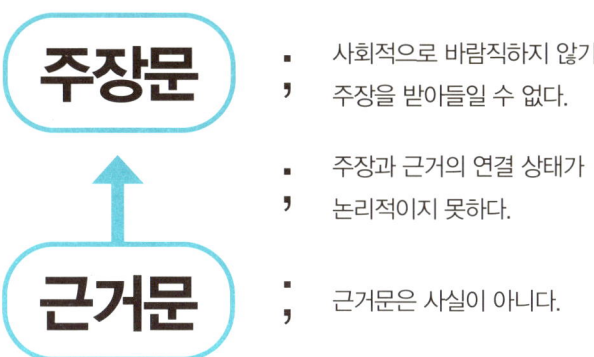

논설문은 크게 세 부분으로 이루어져 있어. 우선 '①주장문'이 있고, 이를 지지
하는 '②근거문'이 있지. 마지막으로 '③근거문에서 주장문으로 향하는 화살표'가
있어. 논설문의 구조에 따라 비판하기 역시 세 부분으로 나뉘어져. 가장 쉽게 비
판할 수 있는 방법은 '①주장문은 받아들일 수 없다'고 말하는 거야. 주장문을 받
아들일 수 없는 이유는 오직 '사회적으로 바람직하지 않을 때' 뿐이야. 사회 전체
에 부정적인 영향을 미칠 주장문은 아무리 논리적 근거를 제시했다 하더라도 지지
할 수 없는 거지. 다음으로 '②근거문이 사실이 아니다'라고 비판할 수 있어. 글쓴
이가 자신의 주장을 타당하게 하기 위해 거짓 근거를 제시한 경우이지. 사실 이 두
가지는 누구라도 구사할 수 있는 흔한 '비판하기 방식'이야.

비판하기 고수들은 단순히 주장문과 근거문 따로 따로에만 주목하지 않아. 그들
은 이 둘의 연결 상태에 주목하지. 즉 '③근거가 주장을 논리적으로 지지하지 못
하고 있다'고 비판하는 거야. 즉 화살표의 연결 상태에 대해 고민하는 것이지. 화
살표를 비판할 수 있는 방법은 많이 있지만, 크게 네 가지로 나누어 볼 수 있어. 지
금부터 이 네 가지 비법을 알려줄게.

↑를 비판할 수 있는 네 가지 비법

① 일반화의 오류

"수희, 주희, 선희 이름의 여자들은 다 예뻤다. 그러므로 이름에 '희'자가 들어가는 여자들은 얼굴이 예쁠 것이다."

과연 이렇게 결론내릴 수 있을까? 일부 아주 작은 사례들의 공통점을 전체로 확대해서 적용하는 것은 비논리적인 사고법이야. 이를 '일반화의 오류'라고 부르지. 일반화의 오류는 일상생활과 사회현상에서 자주 목격할 수 있어. 왜냐하면 인간은 자신이 직접 체험한 경험이 너무 생생하기 때문에 그것이 마치 진리인 양 착각하게 되기 때문이야. 즉 일반화의 오류는 사람이라면 누구나 범할 수 있는 실수인 거야. 이렇듯 흔한 논리적 오류이다 보니, 면접문제 뿐만 아니라 논술문제와 수능문제에서도 자주 출제되고 있어.

② 인과관계의 오류

"삼촌, 삼촌은 아이유가 어리니까 좋은 거지? 아이유랑 삼촌이랑 나이차가 얼마나 나는 줄 알어? 진짜 징그러워 죽겠어!!"

과연 삼촌을 향한 이런 분노는 정당한 걸까? 삼촌이 아이유를 좋아하는 이유는 다양할 수 있어. 단순히 어리기 때문에 좋아한다고 결론내릴 수 있는 근거는 그 어디에도 없어. 삼촌은 아이유의 음악성을 좋아하는 것일 수도 있고, 아이유의 예능감을 좋아하는 것일 수도 있어. 아이유를 좋아하는 수많은 원인 중 '어린 나이'만을 원인으로 여기고 이를 과장해서 말하는 건 분명 논리적 오류를 범하고 있는 거야. 즉 어떠한 결론의 근본적인 원인을 잘못 추정한 경우 역시 논리적인 오류에 해당하는 거야.

③ 잘못된 전제

"혜선아. 대학에 가면 살빠지고 예뻐져서(멋있어져서) 애인이 생겨."

 정말 그렇게 생각해? 엄마가 너희들한테 자주 하는 이야기 중 하나지. 정말 대학만 딱 가면 네가 갑자기 살이 확 빠지고, 예뻐지거나 멋있어지고, 애인이 생길까? 그럼 대체 왜 그 많은 사람들이 솔로부대에 소속되어 있는 건데? 이 문장에는 숨겨진 전제가 있어. '대학에 가면 여유 시간이 많이 생길 것이고 그 시간을 꾸미는 데 쓸 것이다'라는 전제가 숨겨져 있는 거지. 그래서 이 전제가 무너질 경우 논리성 전체가 완벽하게 무너지게 돼. 이처럼 어떤 근거와 주장에는 글쓴이가 암묵적으로 숨겨 놓은 전제가 있어. 글쓴이의 주장을 반박하고 싶다면 전제를 찾아내서 이를 뒤집으면 돼. 전제는 글의 가장 중심에 해당하니 이를 비판할 경우, 그 글은 와르르 무너지게 되지. 가장 화끈한 비판하기 방법인 거야.

④ 반례찾기

"모든 어린이는 뽀로로를 신으로 생각한다"

 이 문장이 진리가 아니라는 것을 가장 효율적으로 비판할 수 있는 방법은 뭘까? 아주 간단하게 뽀로로를 신으로 생각하지 않는 어린이를 사례로 내세우면 돼. 즉 글쓴이의 논리를 반박할 수 있는 사례를 제시하면 되는 거야. 반박은 하고 싶은데 딱히 방법이 떠오르지 않으면 '반례찾기'를 먼저 해봐. 특히 글쓴이가 '모든', '반드시', '언제나'라는 표현을 쓰고 있다면 반례를 더 잘 찾아낼 수 있을 거야. 비판하기가 잘 안 될 때, 네가 쓸 수 있는 마지막 보루가 바로 '반례찾기'인 거야.

Exercise

✖ 시범문제

1 다음 주장문과 근거문을 비판할 수 있는 방법에 동그라미 친 후, 직접 비판문을 글로 작성해보시오.

> 주장문: 인간은 태어날때 부터 혈연 간의 성관계에 대한 욕망을 갖고 있다.

> 근거문: 햄릿과 오이디푸스같은 인물이 문학과 예술작품에 자주 묘사되어 있다.

① 주장문만 비판
② 근거문만 비판
③ 주장문과 근거문의 화살표 비판
(일반화의 오류 / 인과관계의 오류 / 잘못된 전제 / 반례찾기)

– 2012학년 경희대학교 유형 네오르네상스 전형 인문계열1

✚핵심풀이

시범문제는 경희대학교 유형 문제 중 프로이트의 주장문과 근거문이야. 이를 비판할 경우 너는 웨스터마크 입장을 지지하는 것으로 너의 주장을 펼칠 수 있지. 즉 프로이트를 비판한 것이 너의 주장에 대한 근거로 들어갈 수 있는 거야.

이번 문제의 경우 어떻게 비판할 수 있을까? 자유롭게 주어진 보기 중에 고르면 돼. 주장문과 근거문을 비판하는데 그 방법이 한 개만 사용될 수도 있고 여러 개가 사용될 수도 있지. 그러니 스스로 판단해서 비판하기 방법을 고르면 되는 거야.

① 주장문만 비판
② 근거문만 비판
③ 주장문과 근거문의 화살표 비판
(일반화의 오류 / 인과관계의 오류 / 잘못된 전제 / 반례찾기)

우선 주장문이 사회적으로 바람직하지 않다고 비판할 수도 있을 거야. 혈연 간 성관계에 대한 욕망을 인간이 태어날 때부터 가지고 있다니. 이 주장을 받아들이면 사회가 엄청난 혼란에 빠질 거야. 혹은 주장문과 근거문의 화살표를 비판할 수도 있을 거야. 비판의 구체적인 방법은 '일반화의 오류'를 사용할 수 있어. 햄릿과 오이디푸스라는 '특수한' 인물 유형이 혈연 간 성관계에 대한 욕구를 가졌다고 해서 '모든' 인간이 그런 특성을 갖고 있을 것이라고 판단할 수 있을까? 이는 전형적인 일반화의 오류인 거지. 지금까지의 분석을 이용해서 비판문을 만들어보면 아래와 같아.

> "문학작품에 햄릿과 오이디푸스 같은 혈연 간 성관계를 맺는 인물 유형이 등장한다고 해서, 이를 모든 인간의 특성으로 볼 수는 없습니다. 일부 문학작품 속 등장인물이 인류 전체를 대변한다고 판단하는 것은 과도한 일반화의 오류라는 것이죠. 이런 식의 논리라면 살인마를 다루는 문학작품이 있으니 모든 인류가 살인에 대한 욕망을 갖고 있다고 판단해야 합니다. 즉 일부 문학작품에서 나온 특정한 인물의 속성을 모든 인류의 속성으로 생각하는 프로이트의 주장은 논리적 오류를 범하고 있습니다."

✖스스로 풀기

1 다음 주장문과 근거문을 비판할 수 있는 방법에 동그라미 친 후, 직접 비판문을 글로 작성해보시오.

> 주장문: 인간은 태어날때 부터 혈연 간의 성관계에 대한 욕망을 갖고 있다.

> 근거문: 인류의 기원인 아담과 이브는 남매 관계였다.

① 주장문만 비판
② 근거문만 비판
③ 주장문과 근거문의 화살표 비판
(일반화의 오류 / 인과관계의 오류 / 잘못된 전제 / 반례찾기)

– 2012학년 경희대학교 유형 네오르네상스 전형 인문계열1

네가 만든 비판문:

스스로

답적고

페이지

넘겨라

그래야

합격한다

✖정답!!!

1

✚핵심풀이

이 책에서는 '인과관계의 오류'를 사용하여 비판할 수 있다고 명시했지만, 이 외에 다른 방법으로 비판하기를 할 수도 있어. 그러니 네가 생각했던 답과 다르다고 너무 당황하지 말자.

예상 비판문 :

"프로이트는 아담과 이브의 예를 들어 인간은 본래 혈연 간의 성관계를 원한다고 말했습니다. 하지만 아담과 이브는 둘 밖에 없는 상황에서 후손을 생산해야만 했습니다. 즉 성적 욕구가 원인이 되어 성관계를 맺은 것이 아니라 종족 번식의 욕구가 원인이었던 것이죠. 혹은 또 다른 이유가 있을 수도 있습니다. 즉 아담과 이브가 성관계를 맺은 데에는 다양한 원인이 있을 수 있는데, 그것을 '성적욕구'라는 이유 하나로 규정지은 프로이트의 논리는 설득력이 없습니다."

✚핵심풀이

예상 비판문 역시 하나의 사례일 뿐이야. 이 외에 다른 형태로 비판할 수도 있어. 그러니 논리성을 참고한다는 측면에서만 읽어 나가자.

✖스스로 풀기

2 다음 주장문과 근거문을 비판할 수 있는 방법에 동그라미 친 후, 직접 비판문을 글로 작성해보시오.

> 주장문: 인간은 천성적으로 혈연간 성관계를 원하지 않는다.

> 근거문: 혈연간 성관계가 생물학적으로 위험한 것을 알고 난 후,
> 이에 대한 욕구가 사라졌다.

① 주장문만 비판
② 근거문만 비판
③ 주장문과 근거문의 화살표 비판
(일반화의 오류 / 인과관계의 오류 / 잘못된 전제 / 반례찾기)

– 2012학년 경희대학교 유형 네오르네상스 전형 인문계열1

네가 만든 비판문:

스스로
답적고
페이지
넘겨라

그래야
합격해

✖정답!!!

2

주장문: 인간은 천성적으로 혈연간 성관계를 원하지 않는다.

⬆

근거문: 혈연간 성관계가 생물학적으로 위험한 것을 알고 난 후,
이에 대한 욕구가 사라졌다.

① 주장문만 비판
② 근거문만 비판
③ 주장문과 근거문의 화살표 비판
(일반화의 오류 / 인과관계의 오류 / 잘못된 전제 / 반례찾기)

– 2012학년 경희대학교 유형 네오르네상스 전형 인문계열1

➕핵심풀이

이 문제를 비판하는 가장 좋은 방법은 '반례찾기'를 사용하는 거야. 즉 웨스터마크의 논리를 지지하지 않는 반례를 제시해서 그의 주장을 무너트리는 거지. '반례찾기'를 활용해서 어떻게 답을 할 수 있나 보여줄게.

예상 비판문:

"웨스터마크는 혈연 간 성관계에 대해 인간이 생물학적 위험을 알게 되면서 자연스레 이에 대한 욕구가 사라지게 되었다고 주장합니다. 그의 이러한 주장 밑바탕에는 인간은 생물학적 위험을 느끼면 이에 대해 아무리 욕망을 느껴도 자연스레 피하고자 한다는 논리가 깔려있습니다. 하지만 이 논리는 담배, 술, 마약과 같은 반례를 설명해내지 못합니다. 담배, 술, 마약은 이를 소비하는 사람뿐만 아니라 그의 후손들에게 까지 생물학적 위험이 됩니다. 하지만 오늘날 많은 사람들이 여전히 이것들을 소비하고 있습니다. 즉 인간은 생물학적 위험을 느낀다고 해서 그것에 대한 욕구가 사라지는 존재는 아닌 것입니다. 그러므로 혈연 간 성관계에 대해 생물학적 위험을 느껴 욕구가 사라졌다는 웨스터마크의 주장은 받아들일 수 없습니다."

✖스스로 풀기

3 다음 주장문과 근거문을 비판할 수 있는 방법에 동그라미 친 후, 직접 비판문을 글로 작성해보시오.

> 주장문: 인간은 천성적으로 혈연간 성관계를 원하지 않는다.

> 근거문: '인간은 유아기부터 함께 자란 남녀에게 성적 매력을 느끼지 못한다' 라는 가설을 과학적으로 실험을 통해 검증하였다.

① 주장문만 비판
② 근거문만 비판
③ 주장문과 근거문의 화살표 비판
(일반화의 오류 / 인과관계의 오류 / 잘못된 전제 / 반례찾기)

– 2012학년 경희대학교 유형 네오르네상스 전형 인문계열1

네가 만든 비판문:

스스로

답적고

페이지

넘겨라

그래야

합격해

✖정답!!!

3

> 주장문:　인간은 천성적으로 혈연간 성관계를 원하지 않는다.
>
>
>
> 근거문:　'인간은 유아기부터 함께 자란 남녀에게 성적 매력을 느끼지 못한다'
> 라는 가설을 과학적으로 실험을 통해 검증하였다.
>
> ① 주장문만 비판
> ② 근거문만 비판
> ③ 주장문과 근거문의 화살표 비판
> (일반화의 오류 / 인과관계의 오류 / 잘못된 전제 / 반례찾기)
>
> — 2012학년 경희대학교 유형 네오르네상스 전형 인문계열1

✚핵심풀이

　　이번에는 비판하기 다소 까다로운 경우야. 글쓴이의 숨겨진 '전제'를 찾아 이를 비판하는 것은 대학생들에게도 힘든 일이지. 우선 예상 비판문을 읽고 '전제를 어떻게 뒤집는지' 느껴보도록 하자.

예상 비판문:

"웨스터마크는 대화에서 '유아기부터 함께 자란 남녀는 서로에게 성적 욕구를 느끼지 않는다'라는 가설을 세우고 과학적 검증을 했다고 언급했습니다. 그의 이러한 가설에는 '욕구를 과학적으로 측정하는 것이 가능하다'라는 전제가 깔려있습니다. 하지만 인간은 자신의 욕구를 숨길 줄 아는 존재입니다. 예를 들어 배고파도 아닌 척 하고, 갖고 싶은 것이 있어도 티 내지 않을 수 있는 존재는 인간 뿐입니다. 이 어렵지 않은 사례에서도 보듯이 인간의 욕구는 과학적으로 검증이 불가능합니다. 따라서 웨스터마크는 잘못된 전제를 바탕으로 하는 오류를 범하고 있으며, 동시에 이를 기반으로 하고 있는 그의 주장 역시 설득력이 없습니다."

✚핵심풀이

장난아니지? 이게 바로 섹시한 비판하기야. 웨스터마크는 '인간의 욕구는 과학적으로 측정 가능하다'라는 전제를 깔고 논의를 진행시키고 있어. 그런데 이 전제를 과연 그대로 받아들일 수 있을까? 인간은 거짓말을 할 줄 알잖아! 아무리 갖고 싶어도 주변 사람들의 시선을 의식해서 이를 숨길 수 있지. 그러니 웨스터마크의 전제는 논리적으로 틀린 거야. 전제를 잘못 깔았으니 이를 비판하면 그의 주장은 완전히 무너질 수밖에 없어.

✖스스로 풀기

4 다음 주장문과 근거문을 비판할 수 있는 방법에 동그라미 친 후, 직접 비판문을 글로 작성해보시오.

> 주장문: 빈곤국의 식량난을 해결하기 위해서 GMO를 확대하는 것에 찬성한다.

> 근거문: 경작지의 면적은 제한되어 있기 때문에, 생산성을 2배 정도 높여야 인류가 굶어죽지 않을 수 있다
>
> ① 주장문만 비판
> ② 근거문만 비판
> ③ 주장문과 근거문의 화살표 비판
> (일반화의 오류 / 인과관계의 오류 / 잘못된 전제 / 반례찾기)
>
> – 2012학년 이화여자대학교 유형 이화미래인재 전형 토론면접

네가 만든 비판문:

스스로

답적고

페이지

넘겨라

그래야

합격해

✖정답!!!

주장문 : 빈곤국의 식량난을 해결하기 위해서 GMO를 확대하는 것에 찬성한다.

근거문 : 경작지의 면적은 제한되어 있기 때문에, 생산성을 2배 정도 높여야
인류가 굶어죽지 않을 수 있다

① 주장문만 비판
② 근거문만 비판
③ 주장문과 근거문의 화살표 비판
(일반화의 오류 / 인과관계의 오류 / 잘못된 전제 / 반례찾기)

– 2012학년 이화여자대학교 유형 이화미래인재 전형 토론면접

✚핵심풀이

이화여대 유형의 문제도 '잘못된 전제'로 가장 확실하게 비판할 수 있어. 마찬가지로 예상 비판문을 읽고 감을 잡아보자.

예상 비판문:

"경작지 면적이 제한되어 있기 때문에, 생산성을 높이기 위해서 GMO를 확대해야 한다는 글쓴이의 주장은 잘못된 전제를 근거로 하고 있습니다. 글쓴이는 현재 빈곤국이 식량난에 시달리는 이유를 '경작지가 부족하기 때문에'라고 전제하고 있습니다. 하지만 이는 받아들일 수 없습니다. 빈곤국이 식량난에 시달리는 이유는 단순히 물리적인 경작지의 양이 부족해서가 아닙니다. 단지 현재 생산되고 있는 식량의 대부분이 일부 선진국에 집중되어 있기 때문입니다. 즉 선진국과 빈곤국 모두 충분히 먹을 식량의 양이 생산되고 있는데, 선진국에만 식량이 몰려 있는 것입니다. 대부분의 선진국에서는 과소비와 음식물 쓰레기가 사회문제로 대두되고 있습니다. 바로 이 점이 '식량 분배의 불평등'을 상징하고 있습니다. 이처럼 글쓴이는 '경작지 면적 부족'이라는 잘못된 전제를 근거로 주장을 펼치고 있으므로 그의 주장을 받아들일 수 없습니다.

✚핵심풀이

앞의 문제와 마찬가지로 글쓴이의 전제를 무너뜨렸으니 글 전체가 무너졌다고 봐도 상관없어.

지금까지 빠짐없이 잘 따라왔다면
건국대, 경희대, 이화여대 유형 면접문제에 대한
모범답안이 만들어진 거야!

앞으로 돌아가서
다시 면접문제를 읽어보자.
맨 처음 봤을 때랑 다르게 보이니?
어떻게 풀어야 하고, 어떻게 접근해야 할지가
눈에 보여?

만약 처음과 면접문제가 다르게 보인다면,
실제 네가 지원한 대학의 면접장에 가서도
다른 지원자들보다 면접문제를
빠르고 정확하게 풀어낼 수 있을 거야.

즉 면접문제를 풀어낼 수 있는
'대학수학능력'을 갖추게 된 것이지.

면접 시험 전까지 '대학수학능력'을 더욱더 탄탄하게 만들자.
www.passplay.co.kr에 추가 면접문제가 있어.
이를 활용해서 너의 능력치를 최대로 끌어올리고
면접장에 들어가자!

그럼 네가 원하는 대학의 최종합격이
더이상 '꿈'이 아니라
'현실'이 되어 있을 거야!

4장

모의면접
연습하기?

평가표와
함께!

01 실전 면접 상황 꾸미기

8월 말까지 이 책의 3장에서 제시한 대수능전략을 끝냈다면, 8월 말 혹은 9월 초부터는 본격적으로 실전 준비 전략으로써 모의면접을 연습해봐야해. 그런데, 너희들도 알다시피 모의면접을 해봐야 한다는 사실은 공감하지만 실천을 하는 학생은 드물어. 왜냐하면,

귀찮으니까.
어떻게 해야 할지 모르니까.

첫째, 귀찮다고 생각하는 친구들은 방법이 없어. 면접에서 시원하게 광탈하는 수밖에. 둘째, 하고자 하는 의지는 분명한데 어떻게 해야 할지 모르는 친구들? 이번 장은 그런 너희들을 위해 썼어. 모의면접을 어떻게 해야 할지 감을 잡고 있지 못하고 있다, 그렇다면 이번 장을 꼼꼼히 읽어보도록 하자.

그럼, 지금부터 실전처럼 모의면접을 연습해보도록 하자.

[실전 모의면접 준비방법 5단계]

Step1. 면접에 대한 세 가지 필수 정보를 파악한다.

Step2. 면접관을 섭외한다.

Step3. 친구들과 함께 평가표를 파헤친다.

Step4. 모의면접 연습 날짜를 정한다.

Step5. 면접을 진행하고 피드백을 주고 받는다.

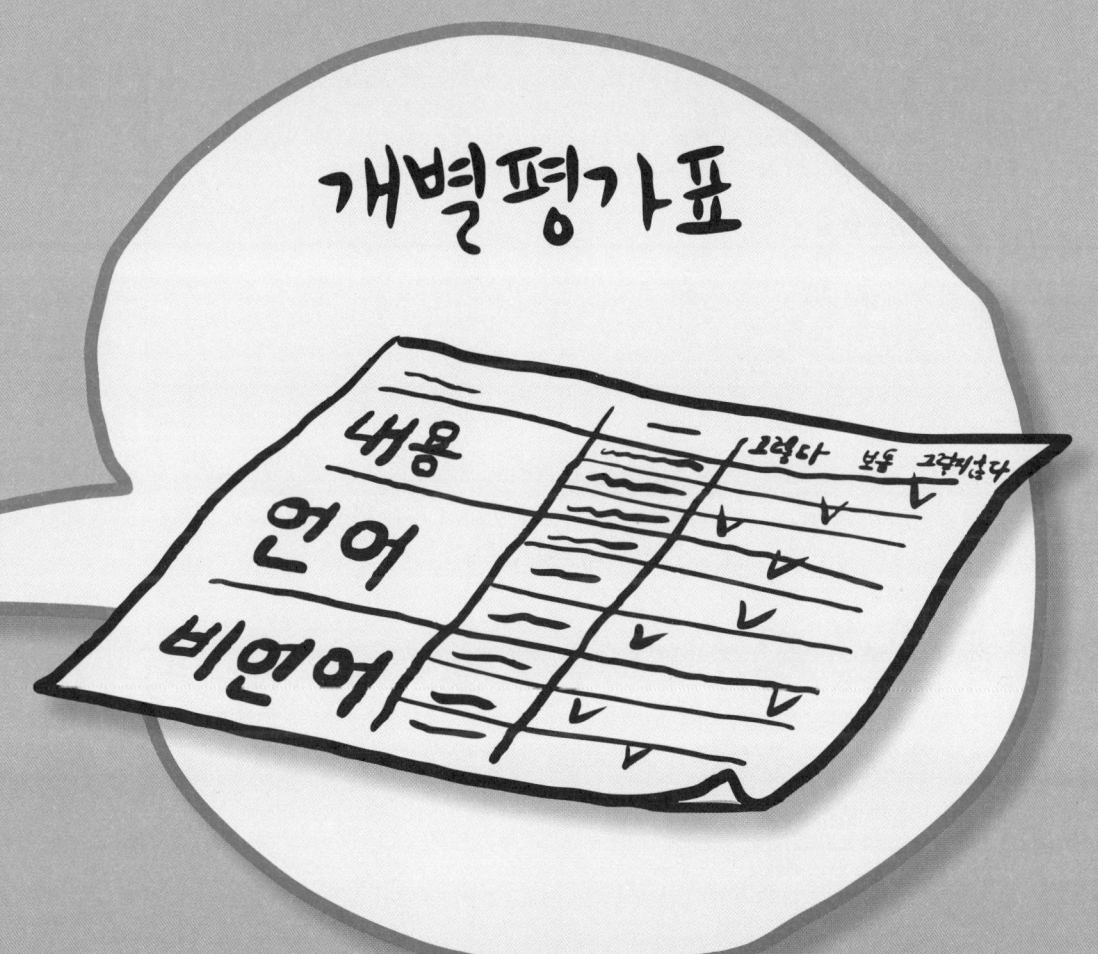

Step1 면접에 대한 세 가지 필수 정보를 파악한다

이 책의 1장 입학사정관제에서 모의면접을 진행하기 전 면접에 대한 필수 정보 세 가지를 파악하라고 했어. 기억나니?

---

1. **면접 유형** : 인성 / 구술고사 형태의 인성 / 토론 / 발표

2. **기출문제 공개 유무**
    ① 있을 경우 기출문제 확보
    ② 없을 경우 이 책의 공식 웹사이트(www.passplay.co.kr) 참조

3. **면접 진행 방식**
    ① 준비 시간 : _____ 분
    ② 진행 시간 : _____ 분
    ③ 면 접 관 : _____ 명

모의면접을 진행하려면 일단 이 세 가지 정보부터 정확하게 파악하자. 다시 한 번 말하지만 홈페이지 들어가서 이것저것 클릭하면서 시간 허비하지 말것. 입학처 전화 번호 누른 다음, 수화기를 들고 통화 버튼을 누르자.

만약에 네가 지원한 대학의 면접 정보가 다음과 같았다고 해볼게.

---

1. **면접 유형** : 인성 / 구술고사 형태의 인성 / 토론 / 발표

2. **기출문제 공개 유무**
    ① 있을 경우 기출문제 확보
    ② 없을 경우 이 책의 **공식 웹사이트**(www.passplay.co.kr) 참조

3. **면접 진행 방식**
    ① 준비 시간 : _____ 분
    ② 진행 시간 : _____ 분
    ③ 면 접 관 : _____ 명

면접 유형을 파악했다면 기출문제를 확보해야 해. 입학사정관제 공식 홈페이지에 기출문제를 공개해놓은 대학들도 있지만 그렇지 않은 대학들도 많아. 따라서 입학사정관 전형 면접문제를 구할 수 없다면 이 책의 공식 웹사이트 www.passplay.co.kr을 참고하도록 하자.

문제를 확보했다면 이제 면접 진행 방식과 최대한 동일한 환경을 만들기 위해서 면접관을 섭외해야해. 면접관이라…. 누가 좋을까?

Step2 면접관을 섭외한다

가장 훌륭한 면접관은 학교 선생님이야. 너희들의 담임 선생님도 될 수 있고, 과목별 담당 선생님이 될 수도 있겠지. 하지만 모의면접은 최대한 여러번 자주 연습해봐야 효과가 있고, 그런 의미에서 여러가지 업무로 바쁘신 선생님들을 매번 면접관으로 섭외할 순 없어. 따라서, 실제 면접시험 직전에는 선생님을 면접관으로 섭외하고 그 전에 여러 번 연습을 할 때는 친구들을 면접관으로 섭외하도록 하자. 즉, 친구들끼리 서로 돌아가면서 면접관의 역할을 해보는 거지.

동일한 대학의 동일한 전형을 지원한 친구들과 함께 모의면접을 연습하면 가장 좋겠지? 교내 친구들을 수소문할 수도 있고, 수험생 온라인 커뮤니티에 글을 올려서 가까운 지역내에 사는 친구들끼리 모여서 연습을 할 수도 있겠지. 그런데 만약 동일한 전형에 지원한 친구를 찾을 수 없다면? 교내에서 입학사정관 전형에 지원한 학생들끼리 모여서 연습을 해도 좋아. 면접 유형이 조금 다르겠지만 서로 돌아가면서 서로의 면접관의 역할을 해주면 되니까.

토론면접을 하기 위해서는 최소 네 명 이상이 모여야 하고, 인성면접이나 발표면접은 세 명만 모여도 얼마든지 할 수 있어.

"그런데, 친구들끼리 면접을 하는 게 효과가 있을까요?"

.

.

.

.

.

.

효과?

있지.

엄청.

친구들과 함께 면접관의 역할을 바꿔가면서 하는 이유는 단순히 나의 면접 결과가 좋은지 나쁜지를 평가하기 위해서가 아니야. 면접관의 '눈'을 기르고 그 '눈'을 통해서 스스로의 면접을 개선하기 위해서야.

"처음 모의면접을 할 때는 많이 떨리고 부끄러웠어요. 그러다가 제가 면접관이 되어서 다른 친구들의 면접을 보고 직접 평가를 해보니까 알겠더라고요. 저건 저렇게 말하면 더 좋을 텐데, 나는 저런 자세로 하면 안 되겠구나 등등. 직접 면접을 해보는 것과는 또 다른 효과를 보았던 것 같아요."

– [Pitamin Project] 참가자 엄지연(경희대학교 Hospitality 12학번)

Step3 친구들과 함께 평가표를 스터디한다

모의면접을 함께 연습할 친구들을 모았다면, 그 다음에 해야 할 일은 이 책의 별 책부록으로 수록되어 있는 개별 면접 평가표를 함께 분석하며 공부하는 거야. 개별 면접 평가표를 사용하는 이유는? 친구들끼리 모의면접을 연습할 때 아무런 평가의 기준이 없으면 서로 유의미한 피드백을 주고받을 수 없기 때문이야. 잡담하고 웃고 떠들다가 끝나. 1분 1초가 아까운 수험생에게 절대로 있어서는 안 되는 일이지?

그런데 개별 면접 평가표를 제대로 이용하려면 각각의 세부 평가 항목의 의미를 정확하게 파악할 필요가 있어. 다시 한 번 강조하지만 누가 면접을 더 잘하고 못하고를 아는건 중요하지 않아. 면접관의 '눈'을 탑재하는 것, 그게 핵심이야. 따라서, 이 책에 소개되어 있는 개별 면접 평가표를 이용하는 방법을 모의면접을 연습할 친구들과 함께 하루 정도 날을 잡아서 꼼꼼하게 스터디하도록 하자.

면접 평가표에 대한 이야기는 추후에 좀 더 자세하게 진행하도록 할게. 일단, 네가 친구들과 함께 평가표 스터디를 마무리했다고 가정하고 Step4 단계로 넘어가자.

Step4 모의면접 연습 날짜를 정한다

친구들과의 개별 면접 평가표 스터디가 끝났다면 본격적인 실전 모의면접 연습 날짜를 정해야 해. 실전 모의면접 연습은 8월 말이나 9월 초부터 시작하라고 했던 말, 기억하지? Step1부터 3까지 마무리하는 데 2주 정도의 시간이 소요된다고 가정하면 적어도 9월 둘째 주부터는 본격적으로 모의면접을 연습해봐야 해. 8월에 미리 스터디를 끝내고 9월 첫째 주부터 모의면접을 시작하면 더 좋고.

모의면접은 많이 해볼수록 좋지만, 정도가 지나칠 정도로 너무 많이 하지는 말 것. 왜냐하면 이 시기는 수능 공부에 집중해야 하는 시기이기 때문이야. 11월 수능까지 두 달 정도가 남은 상황에서 매일 매일 모의면접 연습을 한다? 아니지. 수능 공부도 무시할 수 없어. 따라서 날짜를 정해서 일주일에 한 번 정도만 모의면접을 진행하도록 하자. 평일에는 야간자율학습과 보충수업 때문에 시간을 내기가 어려우니까 주말을 이용해서 모의면접을 연습하면 좋겠지?

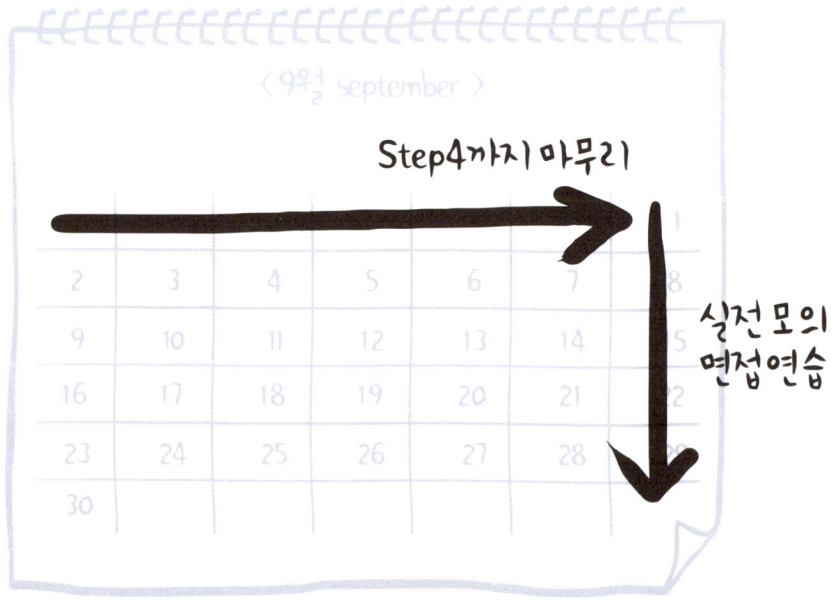

Step5 면접을 진행하고 피드백을 주고 받는다

연습 날짜를 정했다면 이제 진짜로 실전 모의면접을 진행해야겠지? 최적의 장소는 빈 교실이야. 주말에 연습을 하는 친구들은 주중에 선생님께 말씀드려서 미리 교실을 빌려놓도록 하자.

이 책의 별책부록으로 수록된 개별 면접 평가표를 오려서 인원수에 맞게 준비하도록 하자. 1:2(면접관)로 인성 혹은 발표면접을 진행한다면 총 6장을 복사해두면 되겠지? (면접관 수×면접 연습할 학생 수)

한편, 토론면접의 경우 소수의 면접관이 다수의 학생들을 평가해야 해. 그런데 너희들은 전문 면접관이 아니기 때문에 여러 명의 학생들의 평가표를 동시에 작성하기가 어려워. 따라서 토론면접을 진행할 때는 스마트폰이나 디지털 카메라를 이용해서 면접 영상을 촬영하고, 토론이 끝난 이후 동영상을 다 같이 보면서 각자 다른 친구 한 명에 대한 평가표를 작성해보도록 하자. 면접 평가표는 토론 참가자 인원수와 동일하게 준비하면 돼.

면접 평가표를 준비했다면 이제 책상을 배치하도록 하자. Step1에서 면접 유형이 인성과 발표라는 것을 확인했다면 각각의 면접 유형에 맞춰서 책상 배치를 하면 되겠다.

〈인성〉　　　　　　　〈발표〉　　　　　　　〈토론〉

책상 배치가 완료되었으면 이제 실제 상황과 동일하게 면접을 진행해보자.
Step1에서 파악한 정보를 다시 확인해볼까?

1. **면접 유형 :**(인성)/ 구술고사 형태의 인성 / 토론 /(발표)

2. **기출문제 공개 유무**
    ① 있을 경우 기출문제 확보
    ② 없을 경우 이 책의 **공식 웹사이트(www.passplay.co.kr)** 참조

3. **면접 진행 방식**
    ① 준비 시간 : _____ 분
    ② 진행 시간 : _____ 분
    ③ 면 접 관 : _____ 명

면접 유형은 인성과 발표면접이고, 준비시간은 각각 5분과 15분이야. 진행 시간은 인성이 10분, 발표가 15분이지. 먼저 인성면접을 진행하고 그 다음에 발표면접을 진행한다고 하면 사전 준비시간과 진행시간도 동일하게 따르도록 하자. 특히 발표면접이나 토론, 구술고사 형태의 인성면접은 준비시간이 곧 문제 풀이 시간이기 때문에 정해진 시간 안에 답변을 준비할 수 있도록 연습을 해야 하거든. 안 그러면 실제 면접장에 갔을 때 준비시간 안에 답변을 정리하지 못할 수도 있어. 면접관 앞에서 헛소리만 하다가 울면서 면접장에서 나오는 거지. 면접 진행시간도 면접관의 역할을 하는 친구들이 휴대전화의 스톱워치를 사용해서 정확하게 지키도록 하자. 왜냐하면 면접 진행 중에는 시간을 확인할 수 없어. 시계를 쳐다보는 것은 면접관에 대한 예의가 아니니까 말야. 그런데 정해진 시간 안에 네가 준비한 답변을 임팩트있게 전달해야만 해. 그러려면 시간에 대한 감각이 몸에 베어 있어야 하겠지? 그래서 스톱워치를 사용해서 철저하게 진행 시간에 맞춰서 답변을 하는 연습을 하라는 거야. 몇번 연습 하다보면 '아, 15분이면 이 정도겠구나'라는 감이 오거든.

면접이 끝났으면 서로의 평가표를 보면서 좋은 점과 개선할 점을 최대한 자유롭게 이야기 해보도록 하자. 평가표로 작성할 수 없는 내용들이 분명 있으니까 말야. 이렇게 해서 모의면접 연습이 완전히 끝났으면 그 다음주에는 새로운 문제를 준비하거나 다른 유형의 면접을 연습해보는 것도 좋겠지?

02 개별 면접 평가표?

지금부터는 Step3에서 언급했던 개별 면접 평가표를 소개하고 그 이용 방법을 알아보도록 할 거야. Step2에서 같이 면접을 연습할 친구들을 모았다면 이 파트를 친구들과 함께 스터디하도록 하자.

[Pitamin Project] 개별 면접 평가표는 사실, 필자들이 활동했던 서울대학교 프레젠테이션 연구회(CISL : Club for Improving Social skills and Leadership)의 '발표(Presentation) 평가표'에 뿌리를 두고 있어.

서울대학교 프레젠테이션 연구회에서는 프레젠테이션이란 다수의 청자를 대상으로 자신의 생각과 감정을 말로 표현하는 행위라고 정의하고 있어. 그렇기 때문에 다양한 형태의 말하기 활동을 포괄하고, 면접도 프레젠테이션의 한 종류로 정의하고 있지. 그렇기 때문에 우리는 프레젠테이션 연구회의 발표 평가표를 기점으로 개별 면접 평가표를 제작하게 되었어. '교수님들 앞에서 말 잘하는 학부생들'의 노하우와 스킬이 입학사정관 전형의 면접에서도 유용할 것이라 판단했기 때문이야. 실제로 [Pitamin Project]에서도 이 개별 면접 평가표를 활용하여 학생들과 함께 모의면접을 진행했었고.

"[Pitamin Project]를 하면서 뭐랄까, 말빨(?)이 늘었어요. 매주 모의면접 진행하고 집에 가서 평가표를 꼼꼼하게 살펴봤는데 제가 말을 할 때 어떤 점이 부족하고 어떤 점을 개선해야 할지 알겠더라고요. 예전엔 선생님 앞에서 말하는 것도 부끄러워 했는데… 진짜 면접에서는 떨지 않고 차분하게 이야기할 수 있었어요."

– [Pitamin Project] 참가자 이주영(숙명여대 법학과 12학번)

프레젠테이션

= 면접 말하기, 토론(토의) 말하기, 발표

개별 면접 평가표

평가 기준	세부 평가 사항	매우 그렇다	그렇다	보통이다	그렇지 않다	매우 그렇지 않다
내용	1. 면접관의 질문에 대해 빠짐없이 중복되지 않게 답하였는가?					
	2. 이야기 초반부에 의견이나 주장을 명확하게 제시하였는가?					
	3. 이야기 전개의 흐름이 논리적인가?					
	4. 말 끝을 흐리지 않고 있는가?					
언어적 표현	5. 구체적이고 명확한 단어들을 사용하였는가? (추상적이고 애매모호한 단어 지양)					
	6. 접속사를 적재적소에 배치하였는가?					
	7. 면접에 대해서 진지하고 겸손한 자세로 임하고 있는가?					
	8. 편안하고 자신감있는 표정을 보여주고 있는가?					
	9. 면접관과의 눈 맞춤(eye-contact)이 자연스러운가?					
비언어적 표현	10. 목소리의 크기	매우 크다	크다	보통이다	작다	매우 작다
	11. 말의 빠르기	매우 빠르다	빠르다	보통이다	느리다	매우 느리다
	12. 제한된 시간(시간 준비시간 ___분, 면접 진행시간 ___분)을 엄수하였는가?	그렇다			아니다	
기타						
총평	전반적인 느낌, 장점과 단점, 개선할 점 등을 자유롭게 적어주세요.					

개별 면접 평가표는 크게 세 부분으로 나눠져.
내용과 언어적 표현, 비언어적 표현.
평가표와 그림을 보면 훨씬 명확하게 이해할 수 있을 거야.

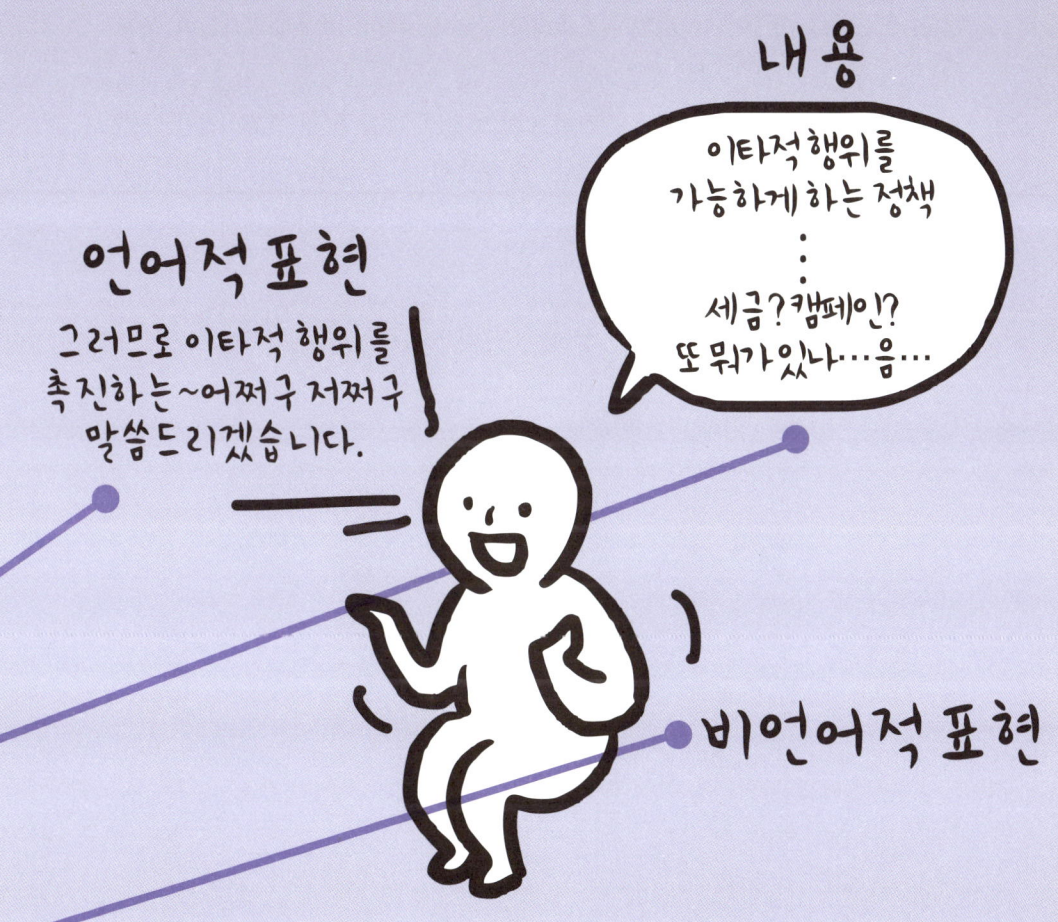

내용

이타적 행위를 가능하게 하는 정책
:
세금? 캠페인?
또 뭐가 있나...음...

언어적 표현

그러므로 이타적 행위를 촉진하는~어쩌구 저쩌구 말씀드리겠습니다.

비언어적 표현

내용, 언어적 표현, 비언어적 표현 이외에 기타 항목으로 '제한 시간 엄수'가 있지? 이것은 사전 준비시간과 면접 진행시간을 지켰는지 여부를 체크하는 거야. 평가표를 이용할 때는 Step1에서 파악한 정보를 바탕으로 제한 시간을 적고 면접관 역할을 하는 사람이 시간을 체크하면 돼.

지금부터는 개별 면접 평가표의 내용, 언어적 표현, 비언어적 표현에 대한 세부 평가 요소들의 의미를 파악하고 면접관의 입장에서 이것을 어떻게 평가하며, 학생의 입장에서는 무엇을 어떻게 준비해야 하는지를 알아보도록 할 거야. 단, 평가표만 바로 복사해서 모의면접을 시작하려고 하지 말것. 다시 한 번 강조하지만, 누가 더 잘했고 누가 더 못했는가를 평가하는 게 중요한 것이 아니라 면접관의 '눈'으로 나와 내 친구들의 면접을 보고 스스로 개선할 점을 정확하게 파악하고 고쳐나가는 것이 더 중요한 일이니까.

03 답변의 내용 : 논리가 생명

1 면접관의 질문에 대해 빠짐없이 중복되지 않게 답하였는가?

면접관이 묻는 말에 정신 똑바로 차리고 충분히 답을 했는가를 보는 항목이야. 네가 면접관이라고 가정을 해보자. A, B 두 학생에게 다음과 같은 질문을 했어.

"SNS의 예시와 순기능 및 역기능에 대해 말해보게."

그리고 이 질문에 대해서 A와 B는 다음과 같이 답변을 했어.

<table>
<tr>
<td>

A 학생

"SNS란 Social Networking Service를 의미합니다. SNS의 순기능은 시공간의 제약없이 친구들과 소통을 할 수 있다는 점입니다. 사진과 동영상을 올려서 친구들과 공유하고 실시간으로 댓글을 달고 확인할 수 있습니다. 특히 댓글은 누구나 자유롭게 남길 수 있기 때문에 제 2의 정보 제공원이 되기도 하며, 이것을 기반으로 1인 미디어도 성장하게 되었습니다."

</td>
<td>

B 학생

"SNS란 Social Networking Service를 의미하며 대표적인 예로 페이스북과 트위터, 블로그, 싸이월드가 있습니다. 먼저 순기능으로는 시공간의 제약없이 친구들과 소통할 수 있다는 점입니다. 지구 반대편에 있는 친구들의 근황을 물어볼 수 있고 그들과 함께 서로의 사진과 동영상도 공유할 수 있습니다. 하지만 SNS를 통해 남겨진 개인 정보가 유출되는 문제는 분명 역기능이라 할 수 있을 것입니다."

</td>
</tr>
</table>

이 두 학생의 답변만 보고 합격과 불합격을 결정해야 하는 상황이라면,

누가… 합격일까?

질문에 대한 답변만 고려한다면 A는 불합격이고 B는 합격이야. 왜냐고? A 는 면접관의 질문에 대해서 충분히 답변하지 않았기 때문이야. 면접관의 질문을 다시 읽어보자. 학생이 답변해야 할 내용은 총 3개야.

"SNS의 예시와 순기능 및 역기능에 대해 말해보게."

즉, SNS의 예시와 순기능 및 역기능을 모두 빠짐없이 중복되지 않게 답 변해야해. 다음의 그림을 볼까?

A 학생	B 학생	
"SNS란 Social Networking Service를 의미합니다. SNS의 순기능은 시공간의 제약없이 친구들과 소통을 할 수 있다는 점입니다. 사진과 동영상을 올려서 친구들과 공유하고 실시간으로 댓글을 달고 확인할 수 있습니다. 특히 댓글은 누구나 자유롭게 남길 수 있기 때문에 제 2의 정보 제공원이 되기도 하며, 이것을 기반으로 1인 미디어도 성장하게 되었습니다."	"SNS란 Social Networking Service를 의미하며 대표적인 예로 페이스북과 트위터, 블로그, 싸이월드가 있습니다. 먼저 순기능으로는 시공간의 제약없이 친구들과 소통할 수 있다는 점입니다. 지구 반대편에 있는 친구들의 근황을 물어볼 수 있고 그들과 함께 서로의 사진과 동영상도 공유할 수 있습니다. 하지만 SNS를 통해 남겨진 개인 정보가 유출되는 문제는 분명 역기능이라 할 수 있을 것입니다."	SNS의 예시 순기능 역기능

순기능

예시와 역기능 설명 안함   빠짐없이 중복되지 않게 답변

A는 SNS의 순기능으로 '시공간의 제약없이 친구들과 소통을 할 수 있다'는 점은 설명했는데 SNS의 예시와 역기능을 설명하지 않았어. 반면에 B는 A와 마찬가지로 순기능을 설명하고 역기능으로써 '개인 정보 유출'을 지적했지. 면접관이 질문을 통해서 요구한 세 가지 사항을 모두 빠짐없이 중복되지 않게 답변했어.

빠짐이 없다는 말은 빼먹지 않는다는 의미이고, 중복되지 않는다는 것은 불필요하게 비슷한 내용을 반복해서 말하지 않는다는 의미야. 이 항목이 중요한 이유는 최소한의 기본 점수를 받기 위해서야. 면접관이 질문 3개를 했는데 하나에 대해서만 답변을 한다. 그러면 나머지 2개는 평가 자체가 안 돼. 평가가 되지 않다보니 기본 점수도 받을 수 없게 되고.

지면을 통해서 문제를 접하다보니, '에이~ 이 정도 누가 못해?'라고 생각하는 친구들도 있을 거야. 이 정도야 뭐, 훗. 식은 죽 먹기지. 하지만 실제로 면접장에 갔을 때 면접관으로부터 '글'이 아닌 '말'을 통해 질문을 받게 되면? 이미 긴장하고 불안한 상태이다보니 말하다가 답변해야 할 항목을 까먹기도 하고, 본인이 잘 아는 이야기만 쏟아내는 경우가 허다해. 따라서 면접장에 갔을 때 만약에 답변 항목을 까먹는다면, "죄송하지만, 질문을 한 번만 더 말씀해주시겠습니까?" 하고 물어볼 것. 그리고 면접관이 요구한 답변이 앞에서 살펴보았던 예시처럼 3개 – SNS의 예시, SNS의 순기능과 역기능 – 인데, SNS의 역기능을 정확히 모른다? 그렇다면 솔직하게 인정하자. "죄송하지만 SNS의 역기능은 정확하게 잘 모르겠습니다. 먼저 SNS의 예시와 순기능부터 말씀드려도 되겠습니까?" 하고 양해를 구할 것. 모르는 것은 죄가 되지 않아. 모르는 것을 배우려고 대학에 가는 거니까.

② 이야기 초반부에 의견이나 주장을 명확하게 제시하였는가?

평가표의 두 번째 항목이야. '두괄식'으로 자신의 의견을 개진하는지를 보는 거야. 가령 면접관으로서 네가 학생에게 "사형제도를 폐지해야 한다고 생각하는가?"에 대한 질문을 던졌다고 해보자. 그런데 학생이 말하는 시간은 3분인데 2분 30초째 찬성인지 반대인지 도저히 답이 안 나와. 그러다가 마지막에 학생이 마침내 "그러므로 나는 사형제도 폐지를 찬성한다"라고 말을 마무리해. 두괄식이 아닌 미괄식으로 이야기를 전개한 거지.

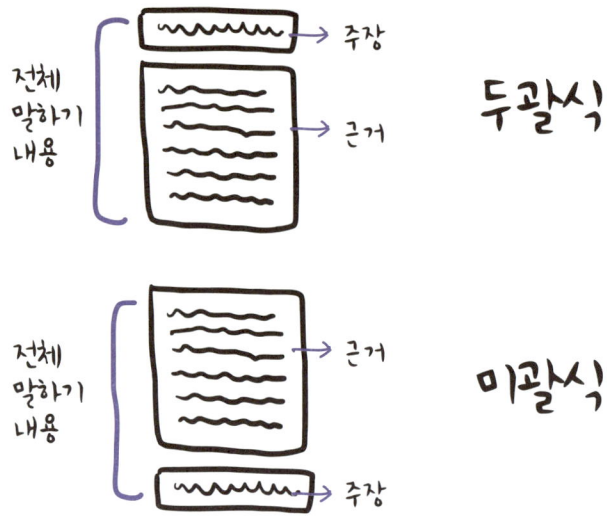

글을 쓸 때는 미괄식도 크게 문제가 안돼. 그런데 '면접'에서는 문제가 돼. 왜냐하면 면접을 진행하는 교수님이나 입학사정관도 너희와 똑같은 사람이거든. 하루종일 수십 명의 학생들을 봐야 하는 면접관으로서 1분 1초 모든 시간을 빠짐없이 집중하기란 불가능해. 그런데 학생이 면접관의 질문에 대해 곧바로 주장을 정리하지 않고 이리저리 이야기를 하다가 마지막에 짠하고 주장을 밝힌다면? 이미 그 때는 면접관의 집중력이 떨어져 있을 가능성이 커.

다음의 그래프를 볼까? 화자의 발표 시간에 따른 청자의 집중력 수준을 나타내는 그래프야. 발표 뿐만이 아니라 대부분의 말하기 활동에 적용되는 사항이야. 네가 두괄식으로 주장을 밝혀야 하는 이유가 나타나있어. 시간이 지날수록 청자인 면접관의 집중력이 떨어지기 때문에, 되도록이면 초반부에 주장을 명확하게 밝혀야해. 그래야 너의 주장이 보다 분명하고 강력하게 면접관에게 전달될 수 있거든.

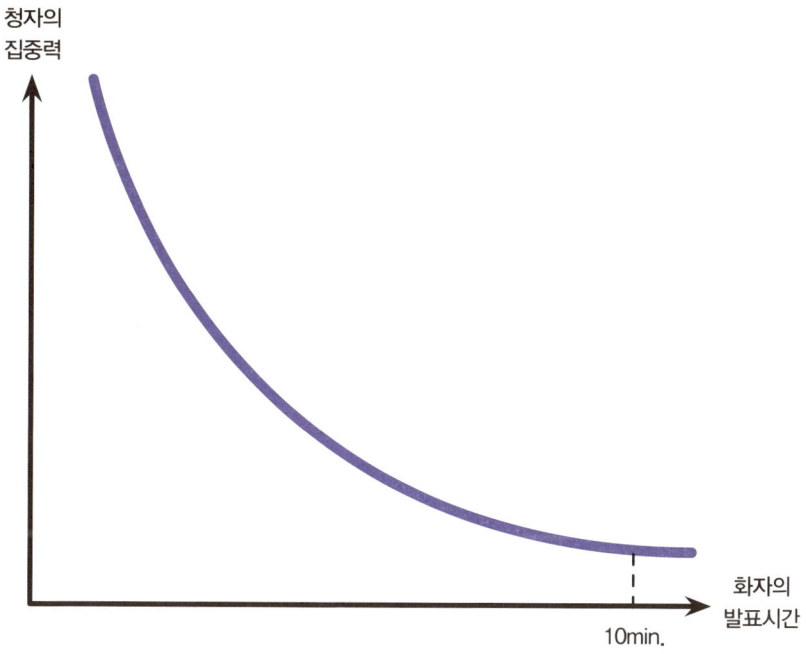

청자의
집중력

화자의
발표시간

10min.

　따라서 면접관의 입장에서 평가표를 작성할 때는 면접자가 이야기 초반부에 자신의 주장을 분명하게 제시를 하면 '매우 그렇다'나 '그렇다'에 체크를 하고 반대의 경우에는 '그렇지 않다'나 '매우 그렇지 않다'에 체크를 하도록 하자. 반대로 네가 학생의 입장일 때는 두괄식으로 말을 하는 연습을 해보도록 하자. 주장을 먼저 말하고 그 다음에 근거 설명하기. 꼭 기억하자!

③ 이야기 전개의 흐름이 논리적인가?

논리를 어떻게 정의하느냐에 따라 이야기할 수 있는 내용들은 상당히 많아. 하지만 여기서는 모든 면접에 적용할 수 있는 '내용의 전체 구조' 측면의 논리만 다루도록 할게. 이야기 전개의 흐름이 논리적이다는 말은 네가 말하는 내용의 전체 흐름이 듣는 이의 머릿속에 명확하게 그려진다는 것을 의미해. 무슨 말인지 확 와닿지가 않을 거야. 실제 예시를 통해서 확인해보자. 이번에도 네가 면접관이라고 가정을 해볼게. 이번에는 발표면접이고 다음과 같이 면접문제가 제시되었다고 해보자.

> "이공계 기피 현상의 해결책을
> K-POP과 연관지어서 설명해보시오."

이 질문에 대해서 한 학생이 다음과 같은 답변을 했어. 먼저, 다음에 제시된 답변을 차분히 읽어보도록 하자.

K-POP은 학생들에게 선망의 대상인 반면, 이공계는 학생들이 싫어하고 기피하는 대상입니다. 그런데 학생들이 좋아하는 K-POP의 성공 비결을 보면 이공계 기피 현상의 해결책을 배울 수 있습니다. 그것은 바로 재미와 투자 그리고 롤모델입니다.

첫 번째, 이공계 분야를 학생들이 재밌게 접할 수 있도록 해야 합니다. K-POP은 TV를 통해 눈으로, 소리로 접하면서 동시에 심리적으로는 즐거움과 재미를 느끼게 됩니다. 하지만 과학은 다릅니다. 과학은 생활에서 접한다기보다 교과서에서, 수업시간에, 글자로 접하게 됩니다. 또 학교라는 장소에서 접하기 때문에 심리적으로 '귀찮은, 졸린, 지루한' 상태에서 만나게 됩니다. 만약에 과학과 수학을 학생들이 K-POP처럼 즐거움과 재미, 놀이 과정을 통해서 배울 수 있다면 지금보다 훨씬 많은 학생들이 이공계를 자신의 진로로 선택할 것이라 생각합니다.

두 번째, 지속적인 투자를 해야 합니다. K-POP 연예인의 경우 소속사에서 많게는 1인당 수천만원씩 들여가며 적게는 1~2년, 많게는 8~9년까지 혹독한 훈련과 관리를 하면서 연예인으로 키우고 있습니다. 세계도 인정하는 K-POP의 경쟁력은 여기서 나온다고 생각합니다. 하지만 과학은 다릅니다. 기초과학에 대한 투자가 부족할 뿐만 아니라 미래 과학자가 될 청소년들에 대한 지원은 거의 없다고 보아도 무방할 수준입니다. 이공계 기피 현상의 원인 중의 하나가 학생들 스스로가 이공계 분야는 비전이 없다고 느끼기 때문입니다. 지속적인 투자를 통해서 이공계 분야를 희망하는 학생들이 보다 적극적으로 도전할 수 있도록 해야 합니다.

세 번째, 롤모델을 만들어야 합니다. 연예인이나 가수가 되고 싶어하는 학생들은 무작정 '일단 연예인이 돼야지!'라고 생각하지 않습니다. 연습생들마다 자신이 품은 우상, 롤모델이 있기 때문에 구체적인 목표가 보이고 더 꿈을 키울 수 있는 것입니다. 과학도 마찬가지여야 한다고 생각합니다. 여러 분야의 석학들과의 미래 과학자들이 조금 더 소통할 수 있는 환경이 조성된다면, 과학도들의 가슴에 구체적인 '꿈과 목표'를 심어줄 수 있을 것입니다. 막연히 '과학자가 되어야지'라는 꿈으로 버티는 것과, 정말 내가 되고 싶어하는 위치에 있는 사람을 보면서 꿈을 키우는 것. 사람을 이끄는 힘은 후자가 훨씬 강할 것이라고 생각합니다.

···어때?

음… 괜찮은데?

하지만! 이것은 모범 답변일 뿐. 실제로 이렇게까지 완벽하게 답변을 하는 친구들은 드물어. 쫄지 말자. 우리가 모범 답안을 읽어본 이유는 이야기 전개의 흐름을 논리적으로 하기 위한 방법을 배우기 위함이야. 이 답변이 훌륭하다고 느껴지는 이유는 다음과 같이 이야기 전체의 흐름이 매우 짜임새 있는 큰 그림으로 머릿속에 그려지기 때문이야.

K-POP은 학생들에게 선망의 대상인 반면, 이공계는 학생들이 싫어하고 기피하는 대상입니다. 그런데 학생들이 좋아하는 K-POP의 성공 비결을 보면 이공계 기피 현상의 해결책을 배울 수 있습니다. 그것은 바로 재미와 투자 그리고 롤모델입니다.

첫 번째, 이공계 분야를 학생들이 재밌게 접할 수 있도록 해야 합니다. K-POP은 TV를 통해 눈으로, 소리로 접하면서 동시에 심리적으로는 즐거움과 재미를 느끼게 됩니다. 하지만 과학은 다릅니다. 과학은 생활에서 접한다기보다 교과서에서, 수업시간에, 글자로 접하게 됩니다. 또 학교라는 장소에서 접하기 때문에 심리적으로 '귀찮은, 졸린, 지루한' 상태에서 만나게 됩니다. 만약에 과학과 수학을 학생들이 K-POP 처럼 즐거움과 재미, 놀이 과정을 통해서 배울 수 있다면 지금보다 훨씬 많은 학생들이 이공계를 자신의 진로로 선택할 것이라 생각합니다.

두 번째, 지속적인 투자를 해야 합니다. K-POP 연예인의 경우 소속사에서 많게는 1인당 수천만원씩 들여가며 적게는 1~2년, 많게는 8~9년까지 혹독한 훈련과 관리를 하면서 연예인으로 키우고 있습니다. 세계도 인정하는 K-POP의 경쟁력은 여기서 나온다고 생각합니다. 하지만 과학은 다릅니다. 기초과학에 대한 투자가 부족할 뿐만 아니라 미래 과학자가 될 청소년들에 대한 지원은 거의 없다고 보아도 무방한 수준입니다. 이공계 기피 현상의 원인 중의 하나가 학생들 스스로가 이공계 분야는 비전이 없다고 느끼기 때문입니다. 지속적인 투자를 통해서 이공계 분야를 희망하는 학생들이 보다 적극적으로 도전할 수 있도록 해야 합니다.

세 번째, 롤모델을 만들어야 합니다. 연예인이나 가수가 되고 싶어하는 학생들은 무작정 '일단 연예인이 돼야지!'라고 생각하지 않습니다. 연습생들마다 자신이 품은 우상, 롤모델이 있기 때문에 구체적인 목표가 보이고 더 꿈을 키울 수 있는 것입니다. 과학도 마찬가지여야 한다고 생각합니다. 여러 분야의 석학들과의 미래 과학자들이 조금 더 소통할 수 있는 환경이 조성된다면, 과학도들의 가슴에 구체적인 '꿈과 목표'를 심어줄 수 있을 것입니다. 막연히 '과학자가 되어야지'라는 꿈으로 버티는 것과, 정말 내가 되고 싶어하는 위치에 있는 사람을 보면서 꿈을 키우는 것. 사람을 이끄는 힘은 후자가 훨씬 강할 것이라고 생각합니다.

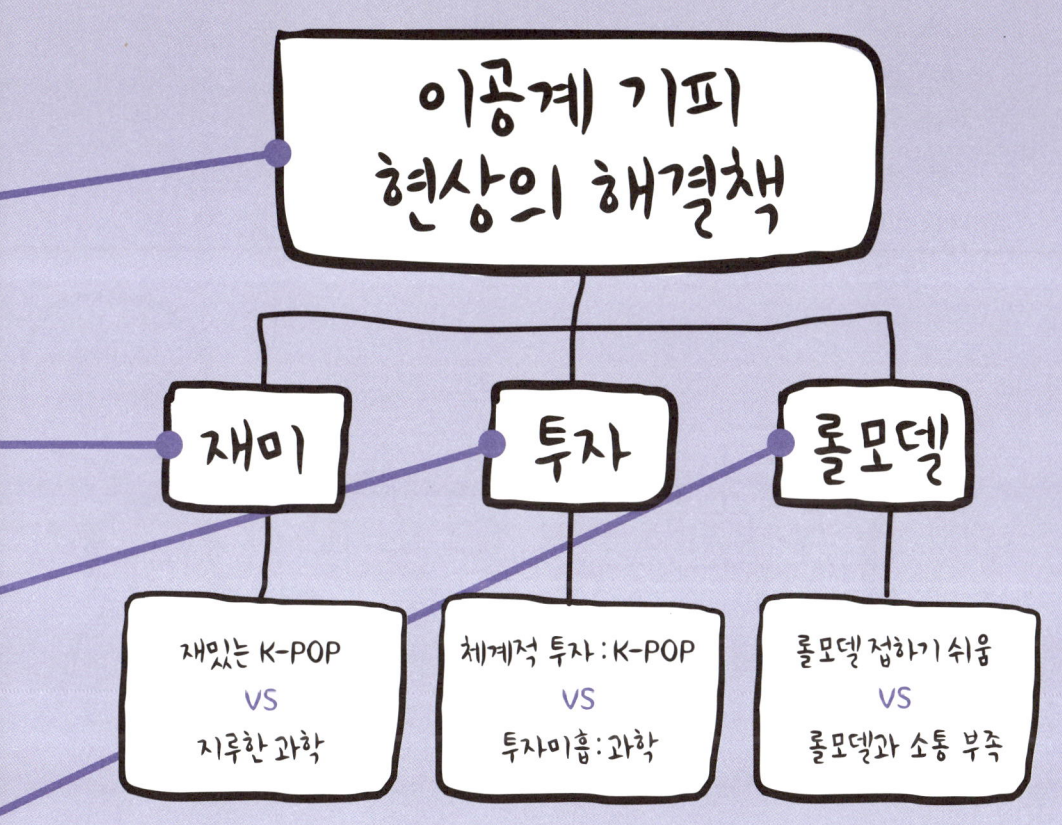

이공계 기피
현상의 해결책

재미

투자

롤모델

재밌는 K-POP
VS
지루한 과학

체계적 투자 : K-POP
VS
투자미흡 : 과학

롤모델 접하기 쉬움
VS
롤모델과 소통 부족

이야기 전개의 흐름이 논리적이다는 말은 앞장에서 살펴본 것처럼 말하는 내용의 전체 흐름과 구조가 듣는이의 머릿속에 분명하게 그려진다는 것을 의미해. '글'과 비교해보자면 서론과 본론, 결론이 분명하게 구분되는 것과 마찬가지라고 할 수 있지.

그렇다면, 면접관이 아닌 학생의 입장에서 어떻게 해야 논리적인 흐름의 답변을 할 수 있을까?

방법은 하나. 모의면접을 할 때 주어지는 답변 준비 시간에, 앞장에서 살펴본 도식과 같이 답변 내용의 전체 이야기 흐름을 그리고 그것에 맞춰서 말하는 연습을 해보는 거야.

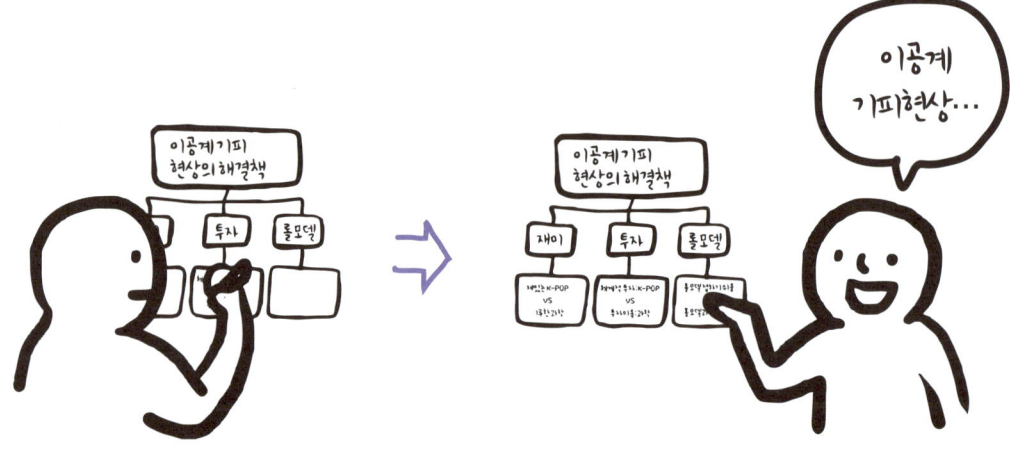

그런데 문제는 도식화 된 그림을 그리기까지의 과정 자체가 쉽지 않아. 그림이 문제가 아니라 그 그림을 그리기 위해서 논리적으로 생각을 해야 하는데 그 방법이 쉽지 않다는 거지. 게다가 말하는 연습도 어떻게 해야 하는지 제대로 감이 오지 않을 거야. 그래서 지금부터는 이야기 전개를 논리적으로 만들어주는 '도식'을 그리기까지 필요한 논리적 사고 방법과 그에 맞춰서 도식을 그리는 방법, 마지막으로 답변을 정리하는 방법을 간단히 살펴보도록 할게. 지금부터는 내용이 다소 어

려워질 수 있어. 조금 지루할 수도 있고. 하지만 '논리성'은 모든 면접에서 핵심적으로 평가하는 요소야. 그렇기 때문에 그냥 '평소에 책 많이 읽고 면접장에서는 최대한 논리적인 답변을 하려고 노력해라'라는 뻔한 이야기만 하고 이 책을 마무리할 수 없었어. 수험생에게 전혀 도움이 안 되는 얘기거든.

따라서 지금부터 소개할 내용이 다소 어렵게 느껴지더라도 너희들에게 반드시 필요하고 도움이 되는 내용이기 때문에 이 장을 열심히 읽어줬으면 좋겠어. 우리들을 위해서가 아니라 바로 너 스스로를 위해서 말야.

(1) 전체 흐름 그리기

구술고사 형태의 인성면접과 토론, 발표면접은 답변 준비 시간이 있는데, 이때 문제를 해결하는 과정은 다음과 같아.

문제 읽기부터 자료(지문) 분석까지는 대학수학능력의 영역에 속하기 때문에 여기서는 네가 지문 분석까지 모두 완료를 했다고 가정을 하고 '주장과 근거 정리' 단계에서 전체 흐름을 그리는 방법을 알아볼 거야. 잠시, 실제 면접장에 왔다고 상상을 하고 글을 읽어나가도록 하자.

[면접문제] 우리 대학 재학생들을 위한 창업 활성화 방안을 제시하시오.

.
.
.

문제를 읽고 요구 사항(창업 활성화 방안 제시)도 확인했고, 자료(지문) 분석도 모두 끝냈어. 이제 창업 활성화 방안으로 여러 가지 아이디어를 떠올리고 주장을 정리한 다음, 그에 대한 근거를 생각하면 되겠네. 그런데 이 때, 주의해야 할 점이 있어.

지문 분석 후 곧바로, 답변할 내용을 완벽한 문장으로 적으려고 하지 말것!

왜냐하면, 처음부터 완벽한 문장으로 답변을 적으려고 하면 '자유로운 사고'가 가로막혀 버리거든. 그럴싸한 문장 하나를 말하는 게 중요한 게 아니지. 너의 '생각'을 들어보기 위해서 면접을 하는 것이니까. 생각! 생각!! 생각!!!이 중요해!

완벽한 문장을 적으려고 하지 말고 대신, 지문 분석 이후 다음의 네 단계에 따라서 너의 주장과 근거를 정리하도록 하자.

① 쏟기 : 최대한 자유롭게 모든 생각을 적어본다.
② 묶기 : 상위 개념이 비슷한 것끼리 묶어준다.
③ 지우기 : 불필요한 아이디어들을 지워준다.
④ 그리기 : 상위 개념부터 순서대로 그림을 그려준다.

전체 흐름
도식 완성

각 단계별 구체적인 실행 방법을 알아보도록 할게.

① 쏟기 : 최대한 자유롭게 모든 생각을 적어본다.

지문과 자료 분석을 끝냈으면, 문제에서 요구한 '창업 활성화 방안'과 관련된 여러가지 아이디어를 생각해낼 수 있을 거야. 이 아이디어들을 연습지나 문제지 한 켠에 모두 적어보도록 하자. 멋지고 거창한 단어나 구, 문장? 그런거 적을 필요 없어. 그냥 네가 평소에 쓰는 일상 언어도 상관없으니까 최대한 자유롭고 편하게 생각을 쏟아내자. 일종의 브레인스토밍이지.

창업 활성화 방안과 관련해서, 네가 떠올린 아이디어들이 다음과 같았다고 가정을 해보자.

> • 창업 관련 교과목 개설 • 캠페인 • 창업 선배와의 멘토링
> • 창업 장려금 지급 • 특강 개최 • 창업 아이디어 공모전
> • 투자자와의 연결 • 사무실 지원 • 창업 동아리 후원
> • 창업 보육센터 개설 • 재학생 창업 커뮤니티 운영…

더 이상 머리를 굴려도 떠오르는 아이디어가 없다고 느꼈을 때, 다음 단계 ②묶기로 넘어가도록 하자. 아이디어가 좀 더 많더라도 면접 답변 준비 시간이 한정되어 있다는 점을 고려해서 브레인스토밍에 너무 많은 시간을 할애하지 않도록 주의하기!

② 묶기 : 상위 개념이 비슷한 것끼리 묶어준다.

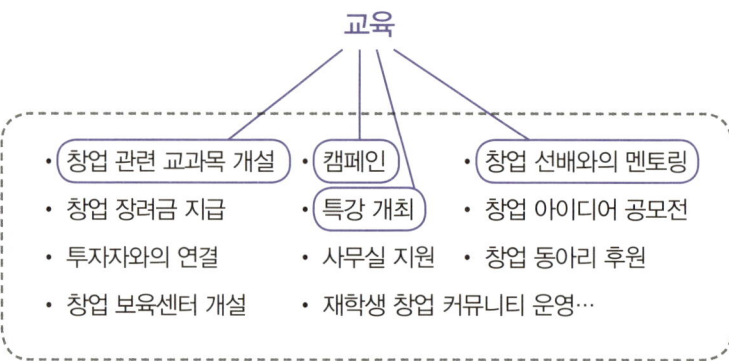

Step1 단계에서 쏟아낸 아이디어들을 정리해보는 단계야. 예시와 같이 창업 관련 교과목 개설과 캠페인, 멘토링, 특강 개최는 '교육'이라는 상위 개념으로 묶어볼 수 있어. 상위 개념이란 네가 쏟아낸 여러가지 아이디어를 하나로 포괄할 수 있는 개념을 의미해. 상위 개념은 각각의 아이디어들 간의 '공통점'을 생각해보면 쉽게 떠올릴 수 있어.

아이디어	공통점	
창업 관련 교과목 개설	학생들을 가르친다	→ 교육
캠페인	인식 개선? 결국, 가르치는 것.	
창업 선배와의 멘토링	선배님이 학생들을 가르친다	
특강 개최	학생들을 가르친다	

나머지 아이디어들도 마찬가지의 방법으로 상위개념을 찾아서 묶으면 돼. 이 과정이 처음에는 복잡하고 어려워보일 거야. 시간도 꽤 걸리고. 하지만 이것도 일종의 기술이기 때문에 몇 번만 연습해보면 나중엔 종이에 적지 않고도 머릿속에서 자동으로 이뤄질 수 있어. [Pitamin Project] 학생들도 처음에는 다들 어렵다며 상당히 힘들어 했었는데, 3주째 모의면접 시간에는 다들 슥슥슥. 각자 나름대로의 스킬이 붙어서 쉽게 해내더라고.

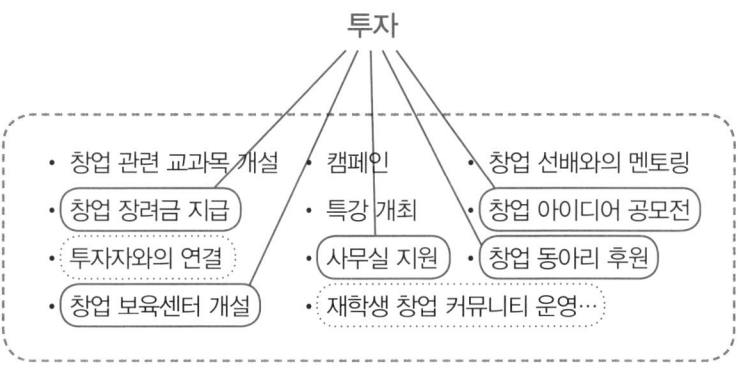

그런데 상위 개념으로 묶어내기가 애매한 것들이 있어. 예시에서는 투자자와의 연결과 재학생 창업 커뮤니티 운영이지. 이와 같이 상위 개념이 딱히 생각나지 않거나 상위 개념으로 묶어놓기 애매한 것들을 억지로 어디든 짜맞추려고 고통스러워할 필요는 없어. 도저히 안 된다 싶으면 '기타' 항목으로 빼놓으면 되거든.

③ 지우기 : 불필요한 아이디어들을 지워준다.

상위 개념으로 교육, 투자, 기타가 나왔지? 이제 이 상위 개념을 제목으로 하는
집합을 그려보자.

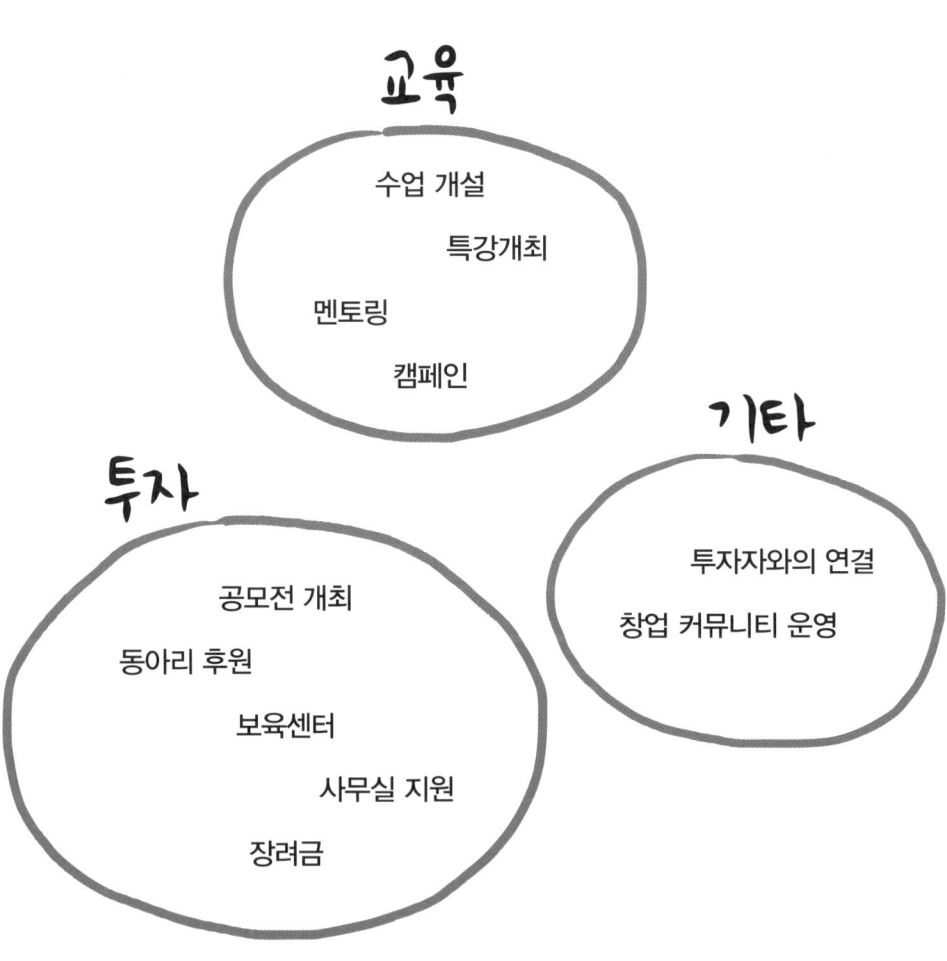

집합을 그렸으면 지금부터 불필요한 아이디어들을 지워보도록 할게. 왜냐하면 면접 진행 시간이 한정되어 있기 때문에 모든 아이디어들을 다 설명할 순 없거든. 여러 개를 줄줄줄 수박 겉핥기 식으로 이야기하는 것보다는 소수의 아이디어만 선택적으로 임팩트있게 전달하는 것이 훨씬 효과적이기 때문이지. 그렇다면 불필요한 아이디어란 무엇을 의미하는 것일까?

여기서 불필요한 아이디어란,

설명하기 어려운 / 자신없는 / 애매한 것들

을 의미해. 즉, 면접관이 추가적으로 왜 그런 아이디어를 떠올렸으며, 그 실행 방안은 무엇인지 물어볼 때 대답을 잘 못할 것 같다? 그럼 아무리 번뜩이는 아이디어라도 소용이 없어. 추가 질문에 대답을 못하면, 털리는 거야. 그러니 미련을 버리고 불필요한 아이디어들을 가차없이 지우도록 하자.

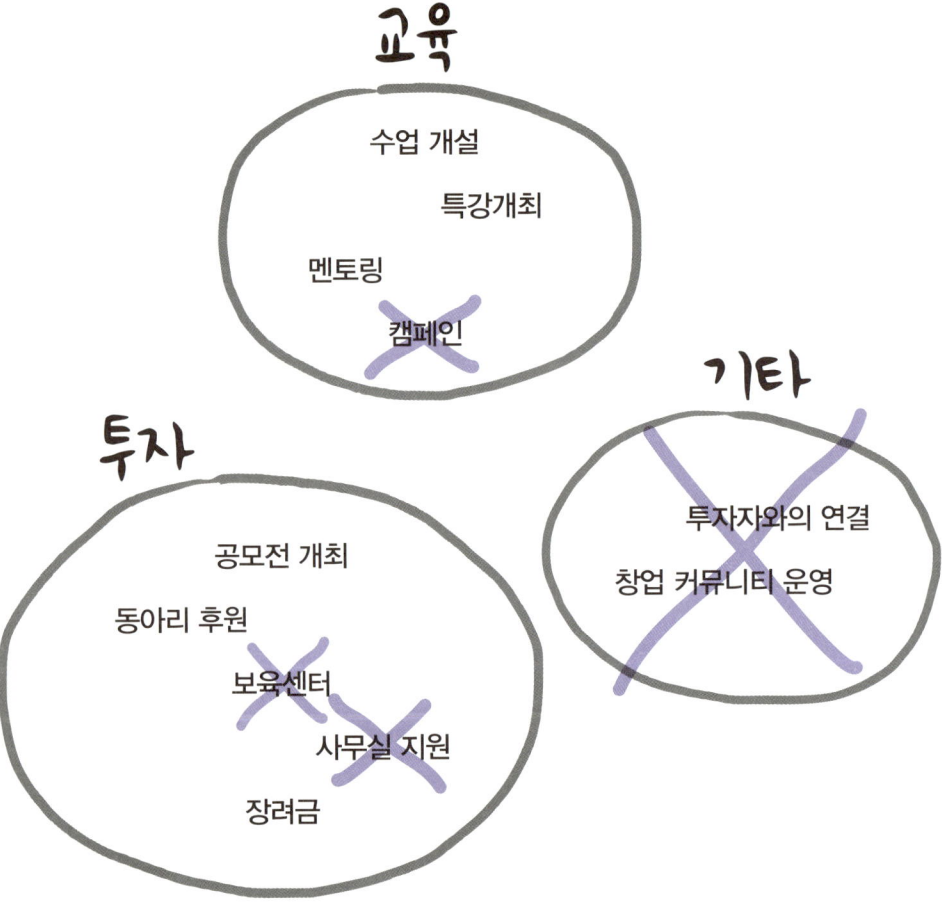

교육

수업 개설

특강개최

멘토링

캠페인

기타

투자자와의 연결

창업 커뮤니티 운영

투자

공모전 개최

동아리 후원

보육센터

사무실 지원

장려금

④ 그리기 : 상위 개념부터 순서대로 그림을 그려준다.

이제 거의 다 왔어. 마지막 단계야. 브레인스토밍을 했던 종이 말고 다른 새 종이를 준비하자. 그리고 종이의 상단부에 면접문제의 요구사항인 '창업 활성화 방안'을 적도록 하자.

그리고 그 밑으로는 네가 생각해 낸 창업 활성화 방안들에 대한 상위 개념인 교육과 투자를 적도록 하자. 그 다음 교육 밑에는 교육으로 묶었던 아이디어들을 적고 투자 밑에는 투자로 묶었던 아이디어들을 적으면 돼. 마지막으로 이들을 연결하는 선을 그어주면, 완성!

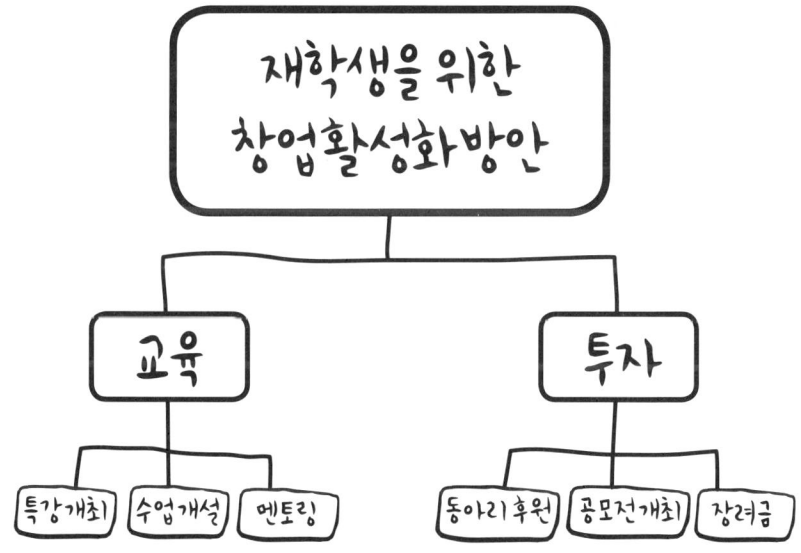

(2) 말하기 연습

전체 도식을 완성했다면, 이제 답변을 간단하게 정리해봐야해. 도식을 다시 보도록 하자. 답변의 흐름은 위에서 아래로 이어져.

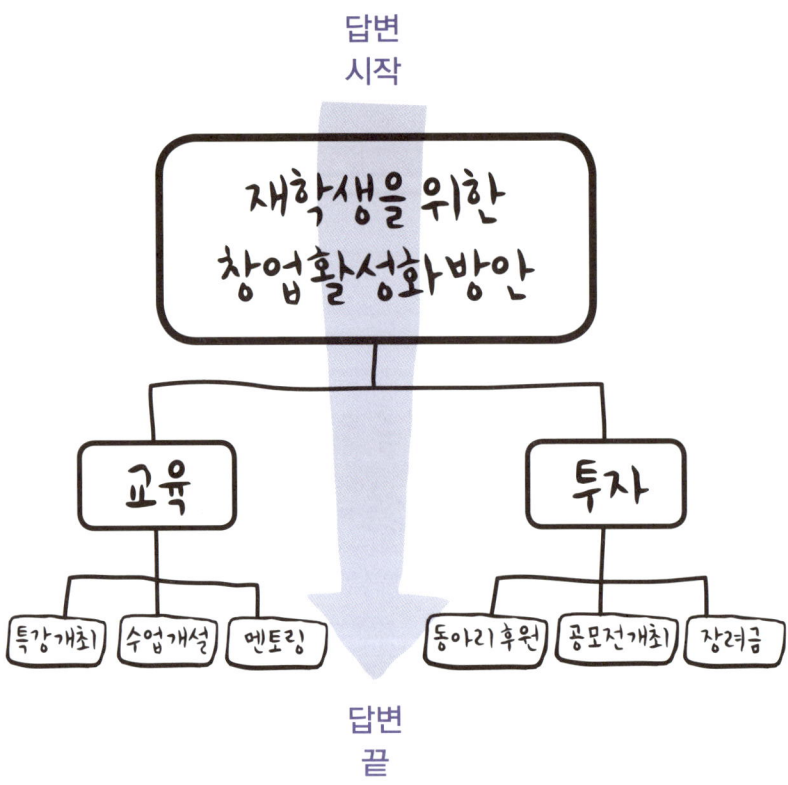

발표면접일 때는 이 도식을 스케치북이나 화이트보드, 칠판에 그대로 그려도 돼. 이 도식을 보면서 발표를 진행하면 빼먹는 것 없이 네가 준비한 내용을 충분히 이야기할 수 있고, 면접관도 답변의 전체 흐름을 한눈에 볼 수 있기 때문에 전달력도 상당히 높아져.

토론면접이나 구술고사 형태의 인성면접은 연습지나 문제지 한쪽 구석에 이 도식을 간단하게 그려 놓고, 답변을 할 때마다 도식을 참고해서 이야기하면 돼.

이 도식을 이용해서 어떻게 실제 답변을 준비할 수 있는지, 그림을 통해 확인하도록 할게.

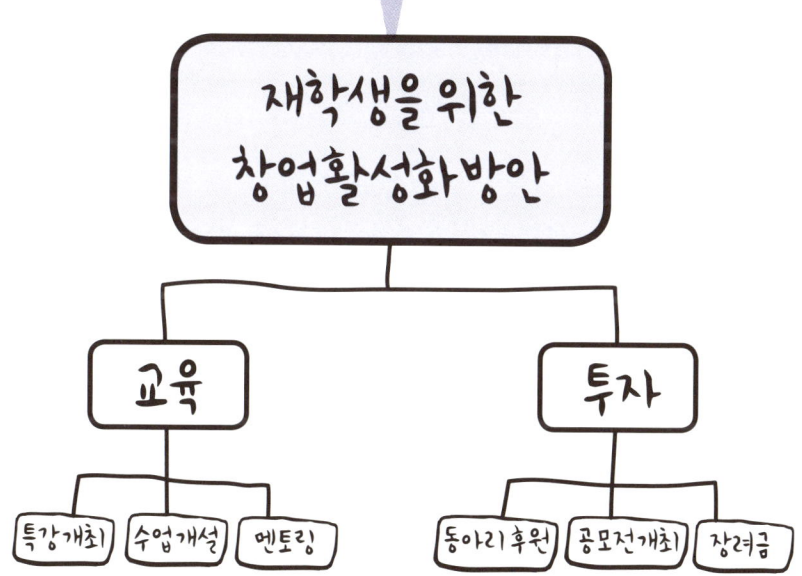

네, 그럼 지금부터 우리 대학 재학생을 위한
창업 활성화 방안에 대해서 이야기를 해보도록 하겠습니다.

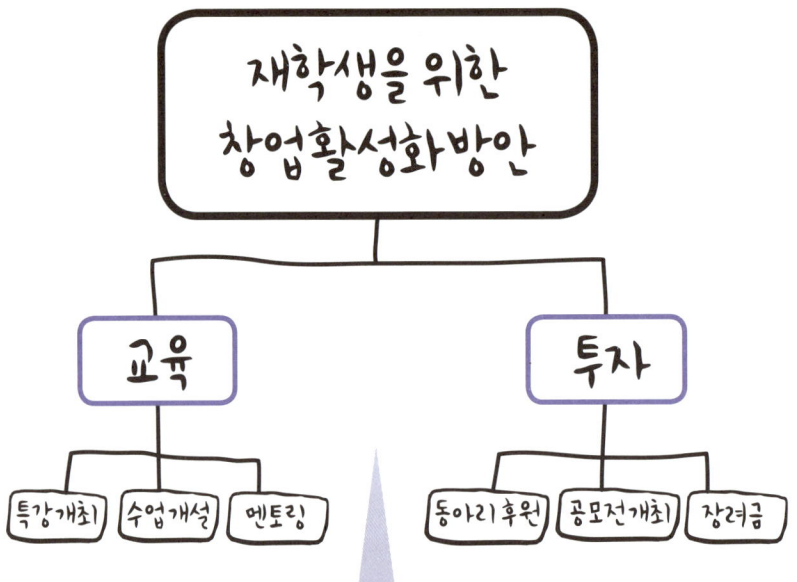

저는 창업 활성화 방안을
크게 두 가지 측면에서 생각해보았습니다.
첫 번째는 재학생들에 대한 교육이고 두 번째는 투자입니다.
먼저 교육적 측면에서의 방안을 답변해보도록 하겠습니다.

교육적 측면에서의 창업 활성화 방안으로는
특강 개최, 창업 교육 정규 수업 개설,
창업 선배와의 멘토링이 있습니다.
특강 개최는 창업으로 성공하신 선배들을 초청하여
창업의 과정과 어려운 점 등을 후배들과 함께…(생략)

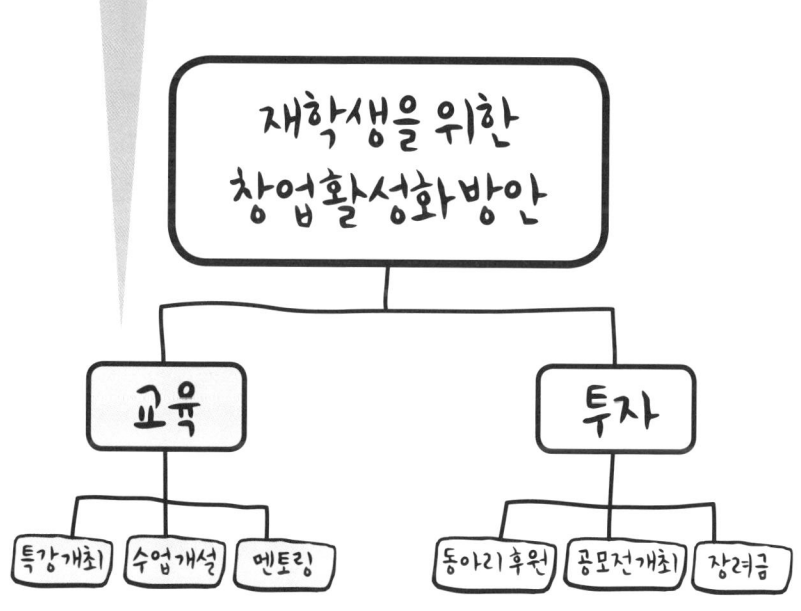

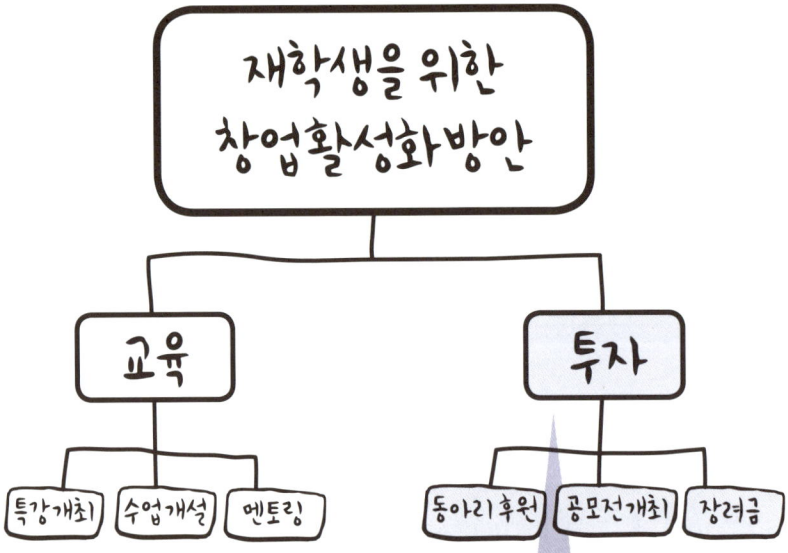

그 다음은 투자 측면에서의 창업 활성화 방안으로
동아리 후원과 공모전 개최, 창업 장려금 지급이 있습니다.
동아리 후원이란 교내 벤처 창업 동아리에 대한
금전적 지원을 의미합니다.
예를 들어서 창업 동아리 내에서 새로운…(생략)

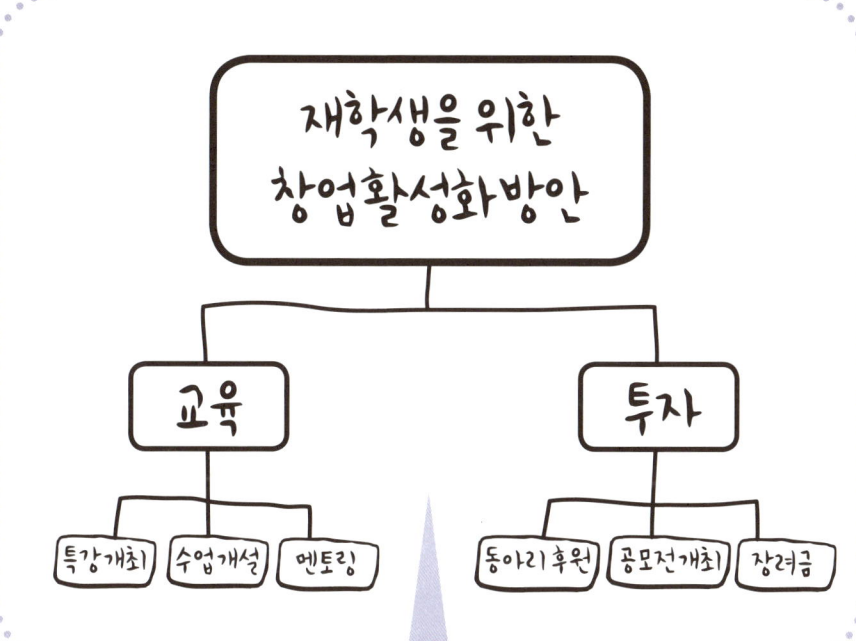

정리하자면, 재학생을 위한 창업 활성화 방안은
그게 교육과 투자의 측면에서 생각해볼 수 있으며
실효성을 극대화시키기 위해 대학과 학생 모두의
적극적인 참여와 관심이 필요할 것입니다.
이상입니다.

면접장에서는 도식을 그리고 도식의 흐름에 따라 무엇을 말할지를 짧은 구나 문장 혹은 단어로 정리해두면 돼. 전체 문장을 줄줄 적어놓을 필요는 없어. 답변 시간동안 말할 내용 전체를 모두 문장으로 정리한 것이 아니기 때문에 처음 모의면접으로 이 과정을 연습할 때는 많이 버벅거리고 헤매게 될 거야. 하지만 걱정할 필요없어. '말'은 모의면접으로 몇 번 연습을 하다보면 늘어나게 되거든. 게다가 화려한 언변과 세련된 말솜씨는 면접의 중요한 평가요소가 아니야. 어눌한 말투 이면에 탄탄한 논리력을 갖춘 '생각'이 존재한다면, 그것으로 충분한 것이니까. 너의 논리적인 생각을 듣기 위해서 면접을 한다는 점, 잊지말자.

04 언어적 표현 : 제대로 말하기

1 말 끝을 흐리지 않고 있는가?

이번에도 네가 면접관이라고 가정을 하고, 너의 질문에 대해서 C와 D학생이 다음과 같이 답을 했다고 생각해보자.

C 학생 : 저는 A가 B해서 맞다고 생각합니다!

VS.

D 학생 : 저는 A가 B해서 맞다고 생각하는데...

같은 답변이라고 한다면, 당연히 D학생보다 C학생이 좀 더 좋은 평가를 받을 수 있겠지?

'이론'으로는 너무나도 당연하게 '말 끝을 분명하게 하자'라는 것을 아는 친구들도 실제 면접장에 가면 달라져. 말 끝을 흐리다가 다음 문장으로 넘어가기도 하고, 목소리 크기마저 갈수록 줄어들지. 자동 음소거에 페이드 아웃 효과까지. 왜냐하면 면접관, 교수님이 보고 계시니까. 떨리니까. 자신없으니까. 게다가 면접문제 자체도 어렵다보니 이해도 잘 되지 않고. 수능 문제보다 어려워. 그러다보니 생각도 정리되지 않고, 나의 의견을 말해야 하는데 나의 의견이라는 게 있을 수가 없어. 문제조차도 제대로 이해하지 못했는데, 어떻게 의견을 말할 수 있겠어. 안 그래? 그러다보니 자신감이 떨어지고 횡설수설하다가 나도 모르게 말끝을 흐리게 돼.

너의 의견이 분명하지 않더라도, 자신감이 다소 부족하더라도 문장의 끊고 맺음은 분명하게 하도록 하자. 말 끝을 흐리는 행위는 "나는 나의 생각에 확신이 없습니다" 혹은 "나는 자신감이 없습니다"라는 무언의 메시지를 면접관에게 전달하는 것이나 다름 없거든. 후학을 양성하고 싶은 교수님들은 자신감 없는 학생보다 자신감 있는 학생을 뽑고 싶어 하지. 그것은 진리.

그런데 면접장에서 자신감있게 말을 하려면, 모의면접을 많이 해봐야 해. 면접 상황에 익숙해져야 자신감이 생기거든. [Pitamin Project] 참가 학생들이 면접을 보고난 후 가장 많이 했던 이야기가 "떨리지 않더라"는 것이었어. 매주 다 같이 모여서 모의면접을 연습하다 보니 실제 면접 상황도 익숙하게 느껴지고, 그러다보니 떨지 않고 자신감있게 이야기를 할 수 있었다고. 따라서 되도록이면 면접을 보기 전에 모의면접을 통해 의식적으로 자신감있게 말하는 연습을 하도록 하자. 연습만이 살 길. 끝!

② 구체적이고 명확한 단어들을 사용하였는가?

면접관의 입장에서 학생이 구체적이고 명확한 표현들을 사용하는지 그렇지 않은지를 어떻게 알 수 있을까? 무엇이 구체적이고 명확한지 그 기준을 어떻게 정의하느냐에 따라 평가가 달라지겠지. 애매해. 그런데, 의외로 이 항목은 단순하게 생각하면 쉬워. 뭐냐면,

'왠지 저 단어나 개념에 대해서 집중적으로 물어보면 잘 모를 것 같다'는 생각이 들면 명확하지 않은 단어들을 사용하고 있다고 봐야 해. 상당히 많은 학생들이 스스로도 정확히 알지 못하는 불명확한 한자어나 외래어, 전문 용어를 사용하는 경향이 있어.

이런 단어나 어휘들을 면접장에서 사용하면 교수님들이 '오호, 이 학생 장난이 아닌데?'라고 생각하실까?

천.만.에.

'대체 정확히 알고 말을 하긴 하는 걸까?' 하는 의심부터 시작한다는 것. 머릿속에 의심의 싹이 트는 순간, 집중 공격이 시작돼.

"그 개념에 대해서 다시 정확하게 설명해보게."
"그건 그 의미가 아닌데?"
"그 개념을 적용한 다른 예시도 들어보게."
"자네, 제대로 알고 있긴 한 건가?"

집중 공격을 제대로 방어하지 못한다면, 끝난 거야. 제발, 너 스스로 정확한 의미를 알지 못하는 어려운 단어와 개념들을 쓰려고 애쓰지 말자. 면접관의 입맛을 맞추기 위해 뜻도 제대로 알지 못하는 단어를 뱉어내는 게 중요한 게 아니라 너희들의 생각을 명확하게 전달하는 것이 훨씬 중요하니까. 열심히 머리 굴려서 생각까지 논리적으로 잘 해냈다면, 면접관이 정확하게 이해할 수 있도록 너만의 쉬운 언어로 이야기하자. 쉬운 말로 한다고 면접관들이 너희들의 수준을 우습게 보는 게 아니야. 반대로 어렵고 난해하게 말한다고 해서 면접관들이 너희들의 수준을 높게 보는 것도 아니고. 면접은 너의 생각을 말을 통해서 잘 전달할 수 있는지, 그리고 그 말을 통해서 전달되는 너의 생각이 논리적인지를 보는 것이니까.

적당히 잘 쓰면 왠지 좋은 평가를 받을 수 있을 것 같은 어려운 용어.

잘만 쓰면 교수님이 날 이뻐해주실 것 같은 단어와 표현.

잘만 쓰면 왠지 다른 지원자들보다 날 조금 더 기억해줄 것 같은 단어.

:
:

이런 거 없어. **없다고!!**

혹시 이런 단어들을 면접장에서 쓸 요량이었다면, 그 단어들을 모조리 쓰레기통에 집어 넣어버리자. 기억에서 지워버리자. 대신, 너의 생각을 간단명료하게 표현해 줄 수 있는 쉽고 편한 단어들을 사용하도록 하자.

③ 접속사를 적재적소에 배치하였는가?

문장과 문장 사이가 매끄럽게 연결되는지를 보는 평가 항목이야. 예를 들어볼게.

1. 사교육 자체를 비난해서는 안됩니다.
2. 공교육이 담당하지 못하는 부분이 분명히 존재하기 때문입니다.
3. 공교육이 교육의 역할을 완전히 담당하지 못하고 있다는 말이 아닙니다.
4. 여러 가지 형태의 교육 서비스 중에서 공교육이 담당해야 더 효율적인 부분이 있고,
   사교육이 담당해야 더 효과적인 부분이 있다는 의미입니다.

이 4개의 문장을 그대로 연결시키면?

"사교육 자체를 비난해서는 안 됩니다. (A)공교육이 담당하지 못하는 부분이 분명히 존재하기 때문입니다. (B)공교육이 교육의 역할을 완전히 담당하지 못하고 있다는 말이 아닙니다. 여러 가지 형태의 교육 서비스 중에서 공교육이 담당해야 더 효율적인 부분이 있고, 사교육이 담당해야 더 효과적인 부분이 있다는 의미입니다."

이 문장을 그대로 소리 내서 읽어볼래? 그냥 눈으로 읽으면 이상한지 잘 느끼지 못할 거야. '입'으로 말해보면 이 문장들의 연결이 약간 어색하다는 것을 알 수 있어. 무언가 빠진 느낌이지. 2% 부족해. (A)와 (B)에 들어가야 할 접속사가 생략되어 버렸거든. (A)와 (B)에는 각각 어떤 접속사가 들어갈 수 있을까?

① 하지만
② 물론
③ 그럼에도 불구하고
④ 그래서
⑤ 왜냐하면

(A)에 들어갈 접속사는 '왜냐하면'이야. 이 문장의 마무리가 '때문입니다'로 끝났으니까. (B)에 들어갈 접속사는 '물론'이겠지. 지금은 언어영역 시간이 아니니까 세부적인 설명은 생략하도록 할게.

접속사를 넣어서 다시 문장을 다듬어볼게.

"사교육 자체를 비난해서는 안 됩니다. 왜냐하면 공교육이 담당하지 못하는 부분이 분명히 존재하기 때문입니다. 물론, 공교육이 교육의 역할을 완전히 담당하지 못하고 있다는 말이 아닙니다. 여러가지 형태의 교육 서비스 중에서 공교육이 담당해야 더 효율적인 부분이 있고, 사교육이 담당해야 더 효과적인 부분이 있다는 의미입니다."

어때? 훨씬 매끄럽고 자연스럽게 들리지?

이 평가 항목은 연결사를 적재적소에 배치했는지를 보는 거야. 접속사를 적절히 잘 활용해서 문장을 구술하는 경우, 평가표에 '그렇다'나 '매우 그렇다'에 체크를 하고 반대의 경우에는 '그렇지 않다'나 '매우 그렇다'에 체크를 하면 되겠지?

문장과 문장 사이에 접속사가 필요한 이유는 첫 번째. 앞에 구술한 문장과 뒤에 구술한 문장의 성격이 바뀔 때 '자, 이제부터 문장의 성격이 바뀌니까 당황하지 말고 들어요'라고 미리 암시를 주기 위해서야. '하지만, 그런데, 그럼에도 불구하고'가 해당하지. 두 번째. 앞에 구술한 문장과 뒤에 구술한 문장이 같을 때 '자, 지금 말하는 문장이나 앞에 말한 문장이나 비슷한 거니까 딴 생각하지 말고 들어요'라고 언질을 주기 위함이야. '그리고, 또한, 게다가'가 해당하지.

접속사 쓰기는 국민공통교육과정을 거친 수험생이라면 누구나 잘할 수 있어. 일상적인 언어 사용에서 자연스럽게 쓰고 있거든. 그런데 문제는 면접장에 갔을 때 이게 생각만큼 잘 되지 않는다는 거야. 긴장되고 떨리니까. 그럼 어떡하냐고?

그래서 모의면접을 하는 거야. 너희들이 평소에는 잘 하는건데 면접장에 들어가면 잘 못하니까, 그래서 미리미리 연습을 하는 것이지. 이 또한 비법이 존재하지 않아. 다른 항목과 마찬가지로 연습만이 살 길!

05 비언어적 표현 :
머리부터 발끝까지 완벽하게 세팅하기

여기서부터는 비언어적 표현에 해당하는 항목들이야. 사실 여기의 항목들이 면접의 당락을 좌우하지는 않아. '내용'이 합불 여부를 결정하는 표면적인 요소이지. 실제 면접관들이 이 항목들에 대해서 '점수'를 부여하지도 않고. 하지만 비언어적 표현이 중요한 이유는 점수표에 기록되지 않는 '면접관의 마음'에 지대한 영향을 미치기 때문이야.

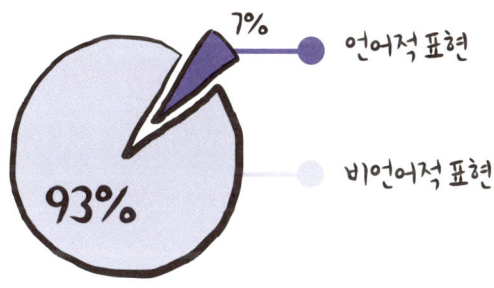

매러비언의 법칙(The Law of Mehrabian)

미국의 심리학자인 매러비언에 따르면 사람이 의사소통을 할 때 언어적 표현은 7%의 전달력이 있고 비언어적인 표현은 93%의 전달력이 있다고 해. 이것을 매러비언의 법칙이라고 하지. 이 법칙에 따르면 네가 아무리 논리적인 내용의 답변과 세련된 말솜씨를 선보인다 할지라도 너의 태도와 자세, 표정, 목소리, 제스처 등이 엉망이면 면접관의 마음을 사로잡을 수 없다는 의미야.

따라서 지금부터는 평가표의 비언어적인 측면의 세부 평가 사항들을 살펴보도록 할 거야. 앞 부분의 '내용'과 '언어적 표현'과 달리 '비언어적 표현'은 너희와 같은 초심 면접관도 평가하는 데 큰 어려움이 없기 때문에 이 부분은 학생의 입장에서 무엇을 어떻게 준비할 수 있는지에 초점을 맞춰서 이야기를 진행해보도록 할게.

① 면접에 대해서 겸손하고 진지한 자세로 임하고 있는가?

비언어적 표현에 해당하는 평가 항목이야. 여기서 말하는 겸손이란, 면접관인 교수님이 질문으로 너의 논리적 허점을 파고들거나 잘못된 사실을 지적할 때, 무조건 잘못을 시인하고 굽히라는 의미가 아니야. 겸손이란 '교수님'에 대한 학문적 존경을 의미해. 즉, 질문에 대한 답을 하거나 교수님이 너와 다른 의견을 가진 부분에 대해 지적을 할 때

"아 그렇네요. 제가 잘못했어요. 절 죽여주세요."

라고 하지 말고

"교수님께서 지적해주신 XX에 대해서는 동의합니다. 옳다고 생각합니다. 하지만 OO도 고려해 볼 가치는 충분히 있다고 생각합니다."

라는 식으로, 교수님이 지적한 사실이나 잘못된 부분은 솔직하게 인정을 하되 너의 의견과 생각을 밝히는 데 자신감을 잃지 말라는 거야. 사실, 겸손함을 기술적으로 가르치고 있다는 사실이 참으로 씁쓸하지 않을 수 없어. 겸손함은 기술이 아니라 진정한 마음에서 우러 나오는 거니까. 각설하고, 교수님에 대한 학문적 존경과 면접에 임하는 겸손한 자세, 잊지 말자.

다음으로, 진지한 자세. 진심으로 지원한 학과와 대학에 오고 싶어하는가를 의미해. 잠시 네가 ○○대학교 면접관이 되었다고 생각해봐. 면접 보러 오는 학생들이 수백 명인데, 그들 중에 절반은 진심으로 우리 학교(학과)에 오고 싶어하는지가 보이고, 나머지 절반은 그렇지 않아. 성적이 다들 비슷비슷하고 스펙도 비슷비슷하다면, 당연히 '이 학교에 오고 싶어하는 마음'이 큰 아이들을 먼저 뽑을 거야. 그렇지? 만약에 면접을 하는데 A라는 학생은 대체 우리 학교에 오고 싶은 건지 아닌지, 아니면 성적이 안 돼서 지원을 한 건지, 애가 진지하지도 않고, 교수를 교수처럼 보지도 않고 대답도 시원치 않게 해. 이 학생을 대체 누가 뽑고 싶어 하겠어?

지금까지 살펴본 겸손과 진지한 자세는 일종의 '마음가짐'에 해당해. 하지만 겉으로 보이는 '자세'도 무시할 수 없어. 면접에 임하는 올바른 자세의 예를 그림을 통해서 배워보도록 하자.

구술고사 형태의 인성면접 올바른 자세
(쩍벌 지양, 두 손은 무릎 위에)

토론면접 올바른 자세
(의자에 등 대고 곧게 앉기)

발표면접 올바른 자세
(차렷자세, 메모지 한쪽 손에 혹은 펜 한쪽 손에)

"일종의 안전빵(?)으로 지원한 대학들이 있었어요. 붙어도 안간다는 생각이었어요. 그런데 그런 마인드가 면접관의 눈에 보였던 것 같아요. 스스로도 그런 태도로 면접에 임했으니까요. 그래도 나름 답변은 제대로 잘 하고 나왔다고 생각했는데, 그 대학들은… 떨어졌어요. '태도와 자세가 정말 중요하구나'라는 것을 실감했죠."

– [Pitamin Project] 참가자 정규원(가톨릭대 심리학과 12학번)

"청중을 진심으로 존경하는 발표자의 말하기는 느낌부터 달라요. 반면에 그렇지 못한 발표자들은 아무리 화려한 언변과 발표 스킬을 선보여도 청중의 마음을 완벽하게 사로잡진 못하죠. 발표를 몇 번만 봐도 '아, 이 사람이 청중을 존중하고 있구나'라는 걸 알 수 있는데, 교수님들은 어떻겠어요? 적게는 수십 년 동안 학생들을 관찰해오신 분들이시니까 학생의 기본 마인드, 자세는 척 보면 딱이죠."

– 서울대학교 프레젠테이션 연구회 7기 박시은(소비자아동학과 07학번)

② 편안하고 자신감있는 표정을 보여주고 있는가?

편안하고 자신감있는 표정이란? 시종일관 포커 페이스를 유지하라는 말이 아니야. 가령, '면접관님께서 무엇을 묻든 간에 저는 준비가 되어있어요'라는 생각이 보이는 얼굴. 자만하지 않되, 무언가 준비되어 있는 표정말야. 그렇다고 '질문해주세요! 질문! 으아아악!!!' 이런 공격적인 표정 말고.

그런데 표정관리가 생각보다 쉽지 않아. [Pitamin Project]를 할 때 우리는 학생들의 모의면접 영상을 찍었는데, 자신의 면접 영상을 본 후 대다수의 학생들의 반응이 딱 이랬어.

"표정이 썩었어요."

긴장해서 그래. 면접 상황이 익숙하지 않아서 그렇기도 하고. 편안하고 자신감 있는 표정? 말이 쉽지. 실제로 하려고 하면 어려워. 방법은 딱 두 가지야. 정말로 편안하고 자신감있는 마음가짐과 연습.

그런데 마음가짐은 억지로 마음속으로 주문을 외운다고 해서 갖춰지는 게 아니야. 실제 면접장에 들어가기 전까지 네가 만반의 준비를 갖췄을 때, 비로소 편안하고 자신감있는 마음이 생기는 것이지. 이 말은 결국 연습을 많이 해야 한다는 사실과 일맥상통해. 연습을 많이 해서 모의면접 상황에 익숙해지게 되면 마음가짐은 자동으로 완성된다는 사실!

"처음 모의면접을 할 때는 표정관리가 안 돼서 진짜 힘들었는데, 몇번 연습하다 보니까 나중에는 면접장에서 미소를 짓고있는 제 자신을 발견하게 되었어요. 표정에 여유가 있다보니 면접에 임하는 전체 자세도 상당히 여유로워지더라구요."

– [Pitamin Project] 참가자 권지원(한양대학교 경영학과 12학번)

"듣는 이를 위해서도 표정관리가 중요하지만 사실은 본인을 위해서 더더욱 잘 해야 하는 것이 표정관리예요. 얼굴 표정이 무의식적인 행동 전체를 관장하거든요."

– 서울대학교 프레젠테이션 연구회 5기 이정욱(기계항공공학부 08학번)

3 면접관과의 눈맞춤(Eye-contact)이 자연스러운가?

면접장에 들어갔을 때 학생들이 가장 어려워하는 것 중에 하나가 면접관과의 눈
맞춤(Eye-contact)이야. 우리나라는 서양과 다르게 어른의 눈을 똑바로 쳐다보
지 않는 것을 미덕으로 여기는 문화를 가지고 있지? 그렇기 때문에 대다수의 학생
들이 면접관의 눈을 쳐다보기를 어려워해. 사실 그보다도, 긴장되고 불안하니까
면접관과 눈을 마주치기가 힘들다고 봐야겠지.

그렇다면, 면접관은 어른이니까 시선을 피해야 하느냐? 긴장되고 불안하니까 면
접관의 눈이 아닌 책상이나 내 발 끝을 쳐다봐야 하느냐?

안 돼, 절대로!

시선을 회피하는 행위는 심리학적으로 '자신감이 없다', '무엇인가 숨기고 있다',
'거짓말을 하고 있다', '불안하다', '싫다', '관심이 없다' 등의 '부정적인' 메시
지를 상대방에게 전달한다고 알려져있어. 네가 면접관의 시선을 회피하게
되면?

'저는 자신감이 없어요'
'저는 무엇인가 숨기고 있어요'
'저는 거짓말을 하고 있어요'
'저는 불안해요'
'저는 면접관님이 / 이 상황이 / 이 학과가 / 이 대학이 싫어요'
'저는 면접관님에게 / 이 학과에 / 이 대학에 관심이 없어요'

이와 같은 부정적인 메시지를 면접관에게 전달하게 되는 것이지.

아이콘택트가 매우 중요함에도 불구하고 많은 학생들이 어려워하는 이유 중 하

나가 '눈을 마주치는 것' 자체가 불안감과 긴장감을 증폭시키기 때문이야. 낯선 사람의, 특히 어른의 눈을 보는 것이 익숙치 않다보니 면접관과 눈을 마주치게 되면 더 떨리고 더 불안해지는 거지.

하지만 아이콘택트도 약간의 스킬을 익히고 조금만 연습하면 누구나 쉽게 할 수 있어. 자연스러운 아이콘택트를 위해 다음 두 가지 방법을 활용해보도록 하자.

첫 번째, 면접관의 눈을 도저히 쳐다볼 수가 없다면 면접관의 인중을 보도록 하자. 코와 입술 사이 말야. 여기를 보게 되면 청자(면접관)는 화자(학생)가 자신의 눈을 보고 있다고 인식하게 되거든. 발표면접과 같이 면접관과 다소 거리감이 있을 때는 면접관의 넥타이 매듭을 봐도 무방해.

두 번째, 질문자를 먼저 보고 나머지 면접관을 골고루 보도록 하자. 이것은 면접관이 여러 명일 때의 해당사항이야. 무슨말이냐면, A와 B, C의 면접관이 있을 때 특정 면접관만 계속 보려고 하지 말고, A가 질문을 던지면 먼저 A를 보고 이야기하다가 중간 중간에 B와 C를 보라는 의미야. 이 때도 물론 면접관의 인중이나 얼굴 주위를 보는 게 훨씬 편하겠지?

이 두 가지 방법도 그냥 알고만 있으면 아무런 소용이 없어. 머릿속의 지식으로만 존재하면 실제 면접장에서는 굉장히 부자연스럽게 보이거든. 몸에 익혀야 사인스러워. 즉, 아이콘택트도 모의면접을 통해서 여러 번 연습을 해야 해.

"떨려서 면접관의 눈을 똑바로 쳐다볼 수가 없더라구요. 그래도 안좋은 인상을 남기지 않기 위해서 면접관의 인중을 보면서 이야기를 했어요. 그래서 그런지 면접관님들께서 제 말을 잘 경청해 주시더라구요. 웃으면서 반응도 많이 해주시고."

– [Pitamin Project] 참가자 김이수(한국외국어대학교 아프리카학부 12학번)

"교수님들과 이야기를 할 때는 반드시 아이콘택트를 해야 해요. 아이콘택트 자체가 커뮤니케이션의 한 부분이기 때문이죠. 발표를 할 때 아이콘택트가 자연스럽지 못한 사람을 청중은 아마추어라고 인지하고 발표자의 의견에 쉽게 동조하려하지 않아요. 면접도 마찬가지예요. 면접관을 내 편으로 만드려면 일단 면접관과 눈으로 소통하려고 노력해야 해요."

– 서울대학교 프레젠테이션 연구회 2대 회장 배승철(물리천문학부 00학번)

④ 목소리의 크기 + 말의 빠르기

상대방이 듣기에 적당한 목소리 크기와 말의 빠르기? 이건 너무나 당연한 얘기지. 기본 중에 기본이야. 목소리의 적당한 크기와 적당한 말의 빠르기보다 중요한 게 있어.

강약과 빠르기 조절

무슨 말이냐면, 답변하는 내용 중에 중요한 단어나 구를 읽을 때,
좀 더 세게, 그리고 조금 천천히 말하라는 의미야. 다음의 글을 평소에 말하던대로 소리내어서 읽어볼까?

"대통령을 경제정책능력으로만 평가해서는 안됩니다. 왜냐하면 한 나라의 지도자로서 필요한 능력은 경제능력에만 국한되는 것이기 아니기 때문입니다. 물론, 경제정책능력이 필요없다는 의미는 아닙니다. 한 나라의 최고 지도자로서 정치, 사회, 문화, 과학, 예술 등 다방면에 대한 정책능력도 똑같이 중요하게 평가 받아야 한다는 뜻입니다."

이번에는 키워드를 중심으로 강약과 빠르기를 조절해서 읽어보도록 할게. 다른 글씨보다 크게 적혀진 단어나 구는 좀 더 세게, 천천히 발음해보도록 하자. 그리고 V표시가 있는 부분에서는 반 템포 쉬고 읽어보도록 하자.

"대통령을 경제 정책 능력으로만 평가해서는 안됩니다. 왜냐하면V 한 나라의 지도자로서 필요한 능력은 경제능력에만 국한되는 것이 아니기 때문입니다. 물론, 경제정책능력이 필요없다는 의미가 아닙니다. 한 나라의 최고 지도자로서 정치,V 사회,V 문화,V 과학,V 예술 등 다방면에 대한 정책능력도 똑같이 중요하게 평가받아야 한다는 뜻입니다."

이렇게 강약과 빠르기를 조절하게 되면 네가 말하고자 하는 내용의 전달력이 매우 높아지게 돼. 중요하게 생각하는 단어나 구에 강조점을 주기 때문이야. 밋밋하게 중얼중얼 읊조리는 듯한 답변보다 강약과 빠르기 변화가 있는 답변이 훨씬 듣기 좋거든. 마치 음악처럼 말야.

이 또한 자연스럽게 익히기 위해서는 모의면접 시간에 연습을 해보는 수밖에 없어. 그냥 '아~ 그렇구나' 하고 책을 덮어버리면 아무런 의미가 없지. 면접 당일에는 강약과 빠르기 조절보다 지문을 이해하고 논리적인 답변을 정리하는 데만도 시간이 부족하기 때문이야. 미리미리 익혀두도록 하자. 어렵지 않아.

"[Pitamin Project]에서 배운대로 제가 중요하다고 생각하는 단어를 발음할 때 그 크기와 속도를 조절하려고 노력했어요. 예전에는 제가 말을 잘한다고 생각해본 적이 없는데 면접장에서 교수님께서 칭찬을 해주시더라고요. 말 꽤나 한다면서."
– [Pitamin Project] 참가자 최가현(동국대학교 북한학과 12학번)

"말의 크기와 속도를 조절하게 되면 확실히 듣는 사람의 집중력을 이끌어낼 수 있어요. 똑같은 내용임에도 불구하고 좀 더 프로답다는 인상을 줄 수 있고요. 소리를 통해서 강조점을 주기 때문에 전달력도 높아지죠."
– 서울대학교 프레젠테이션 연구회 8대 부회장 이지영(영어교육학과 10학번)

우리는 지금까지 실전 준비 전략으로 모의면접을 어떻게 준비하고 개별 면접 평가표를 어떻게 활용할 수 있는지에 대해서 알아보았어. 면접 평가표에 대한 스터디까지 모두 마쳤다면, 이제 해야 할 일은 진짜로 친구들과 함께 면접 연습을 해보는 일이야.

건투를 빌게.
화이팅!

김유정

2011. 10 ~ 현재. 프레젠테이션 기업 ㈜RGB 대표
2010. 09 ~ 현재. 서울대학교 경력개발센터 외
　　　　　 대학생 프레젠테이션 강의 다수
2010. 08　 서울대학교 농경제사회학부 졸업

이 책의 기획과 집필을 총괄했어요.
본문의 입학사정관제, 자기소개서,
모의면접 파트 집필을 했구요.

이 책의 저자로서, 동시에 선배로서 여러분들에게 바라는 것 네 가지.
첫째, 모의고사와 내신 성적이 섭섭하더라도 자신의 숨겨진 가능성을 믿고 포기하지 않는 것.
둘째, 그 가능성을 믿고 가능한 많은 꿈을 꾸는 것.
셋째, 이 책을 이용해서 그간 녹슬어 있었던 두뇌에 기름칠을 하는것.
넷째, 쫄지 않고 자신감있게 입학사정관제에 들이대는 것.

이 네 가지를 모두 성공적으로 완수했다면,
follow me.
맞팔합시다.(@ptstylist)

제가 하고 싶은 말은 여기까지예요. 끝!
화이팅!

임희경

2011. 10 ~ 현재. 프레젠테이션 기업 ㈜RGB COO
2011. 03 ~ 2011. 09 TEDxSinchon Organizer
2009. 09 ~ 2011. 03 서울대학교 프레젠테이션 연구회
　　　　　 활동
2007. 03　 서울대학교 사회과학대학 입학

각 대학별 면접문제 유형를 분석했고요,
이 책의 면접파트를 집필했습니다.

이 책을 집필하는 내내 여러분에게 언제든 힘이 되어 줄 수 있는 언니, 누나가 되겠다는 마음이었어요. 지난 2011년 [Pitamin Project]를 진행하며 만났던 친구들과 참 많은 일들이 있었네요. 자기소개서를 읽으며 그 친구들이 어떤 삶을 살아왔는지, 또 무엇이 힘들었었는지를 알 수 있었고, 지금 수험생인 친구들이 어떤 고민을 하고 있는지도 알게 되었죠. 이제 Pitamin 친구들은 대학생이 되어 저희들과 MT도 같이 가고 연애 이야기도 하며, 마치 대학 선후배처럼 지내고 있답니다. 이 책을 읽는 독자 여러분들과도 이런 만남이고 싶어요. 저희들은 편하고 친근한 언니, 오빠, 형, 누나가 되어 여러분의 고민을 해결해주고, 여러분이 대학생이 된 이후에도 계속 찾아올 수 있는 그런 따뜻한 선배가 되고 싶네요!

『뚫어 뻥!』과 함께라면 분명 여러분이 수험생 생활을 잘 헤쳐나갈 수 있으리라 믿습니다.

남궁혁

2012. 03 ~ 현재. 프레젠테이션 기업 ㈜RGB CMO
2010. 02   서울대학교 산업공학과 졸업
2010. 03 ~ 2010. 09 대학생연합 프레젠테이션동아리
             피터팬 설립 및 활동
2009. 09 ~ 2010. 12 서울대학교 프레젠테이션 연구회
             활동
2005. 03   서울대학교 산업공학과 입학

김재원

2012. 01 ~ 현재. 프레젠테이션 기업 ㈜RGB
             아르바이트
2007. 03 ~ 현재. 서울대학교 언론정보학과 재학

책을 많이 읽어보고 개선할 부분에 대해
의견을 나누었어요.

집필 작업을 도우면서 원고를 정말 많이 읽고 고치는
과정을 지켜봤어요. 상당히 오랜 준비가 필요했고, 힘
들고 지치는 작업이었죠.
하지만 이 책이 담고 있는 이야기에 자신이 있었기에
이겨낼 수 있었어요. 막연한 조언이 아닌 실질적인 도
움이 될거라고 레알 확신해요.
믿고 따라와요!

책의 어려운 문장 손보기,
부사장님 어깨 안마하기, 대표님께 아부떨기

언어의 핵심은 내 생각을 남한테 그대로 오해없이 전
달하는 것입니다. 어려운 말, 학자들이 하는 말을 쓰
고 싶은가요? 그렇다면 당신은 중2병일 가능성이 높
습니다. 당신의 생각을 가장 쉽고 정확한 단어로 표현
하세요.

전효준

2011. 12   분당 이슈학원 인문, 상경계 논술 첨삭 강사
2010. 01 ~ 현재. 서울대 심리학과 전과, 재학
2009. 10   사회봉사활동체험 수기 공모 서울대
           총장상 수상
2005. 03   서울대 농경제사회학부 입학,
           정시모집 논술고사 최우수자
           (입학금 및 등록금 전액 면제)

자기소개서 파트의 콘텐츠 기획에 대한
조언을 했습니다.

자신이 가장 좋아하는 일이 무엇인지 여러분은 찾았
나요? 그 일만큼은 누구보다 잘할 수 있겠다는 자신
감, 즐거운 삶을 살아나가는데 매우 중요한 요소라고
봅니다.
저의 경우, 평소 글쓰기를 매우 좋아하기에, 보다 나은
필력을 갖추고자 대학 생활 내내 부단히 노력했어요.
덕분에 몇 년이 지난 요즘은 서서히 자신감이 붙어,
글을 맛깔 나게 적는 것 하나만큼 그 어떤 누구보다
능숙하게 해낼 자신이 있답니다.
입학사정관제는 지나치게 수량화된 점수 체계와 다소
멀어졌다 할지라도, 자기 스스로에게 남다른 색깔을 입
힐 줄 아는 친구들에게 유리한 제도가 아닐까 싶어요.
여러분 모두 가장 좋아하는 일을 누구보다 열정적으
로, 잘 해낼 수 있는 멋진 친구들이 되길 바랍니다. 그
렇게 부단히 노력하는 가운데 자기만의 남다른 색깔
옷을 입게 되고, 자연스레 합격에도 한 걸음 더 다가가
게 되지 않겠어요? 피할 수 없다면 일단 즐기세요, 제
대로 즐기고 싶다면 부단히 노력하시길.

류석호

2008. 03 ~ 현재. 서울대학교 컴퓨터공학부 재학

본문 이것저것 수정하는 데 참여했는데
도움이 됐으면 좋겠네요.

아, 아, 마이크 테스트. 네 안녕하세요. 우선 이 책을
쓰는 데 도움을 줄 수 있다는 게 뿌듯하네요. 이 책을
보고 있으면 늘 고등학생 시절이 생각나요. 그 때는
아무 생각 없이 대학에 가기 위해 공부만 했었죠. 3년
이란 시간을 아무 생각 없이 보낸 것 같아 지금 생각
해보면 참 아쉬운 점이 많네요. 여러분은 재밌게 살았
으면 좋겠어요.
지금 하는 대학입시를 위한 공부를 그만둘 순 없겠지
만, 약간의 여유시간에 본인이 정말 즐길 수 있는 일
을 찾았으면 해요. 저는 새로운 일을 찾아 나설 용기
가 없었어요.
늘 재미없어 하면서도 친구들과 게임을 하는 데 시간
을 보냈죠. 그 때 차라리 원하는 악기라도 하나 배웠
으면 좋았을 것 같다는 생각을 요즘도 많이 하고 있어
요. 전 이미 늦었지만, 이 책을 읽는 여러분은 저처럼
재미없는 인생을 살지 않았으면 좋겠어요.
우리 비록 이 책에서 대학 입시를 다루고 있긴 해도,
대학이 인생의 전부가 아님을 잊지 말기로 해요.

디자인

권혜수

2012. 03   서울대학교 미술대학원 시각디자인과 입학
2012. 02   서울대 주전공 시각디자인, 복수전공 경영학
            졸업예정
2010. 10 ~ 현재. 서울대학교 가타이포그래피 동아리
            활동
2007. 03   서울대 시각디자인 입학

이 책의 편집과 일러스트를 담당했어요.

입시준비만으로도 지치는 학생 여러분!
그렇다고 주위 친구들이 달리는 방향으로 무작정 눈
감고 달릴 수는 없잖아요.
물론!!
이 책을 읽고 계신 여러분들은 이미 꿈을 향해 눈 뜰
준비가 되신 분들이라고 생각합니다! ^-^
자, 정신 바짝 차리시구요, 여러분들의 꿈을 직시하세
요! 여러분의 눈은 번쩍! 귀는 쫑긋! 말초신경은 아~하
게 만들어줄 『뚫어 뻥!』이 여러분의 꿈을 응원합니다!

그 외 (고3의 시각에서) 원고 내용을 검토해주신 분들

엄지연 (경희대학교 Hospitality / 호텔경영학과 12학번)

권지원 (한양대 경영학부 12학번)

이정인 (아주대 건설환경공학부 12학번)

이주영 (숙명여대 법학부 12학번)

최가현 (동국대 북한학과 12학번)

정규원 (가톨릭대 심리학과 12학번)

김윤하 (인하대 화학생명공학부 12학번)

김이수 (한국외국어대 아프리카학부 12학번)

오요섭 (덕계 고등학교 3학년)

• 378 •

면접 학생 이름 :

개별 면접 평가표

평가 기준	세부 평가 사항	매우 그렇다	그렇다	보통이다	그렇지 않다	매우 그렇지 않다
내용	1. 면접관의 질문에 대해 빠짐없이 중복되지 않게 답하였는가?					
	2. 이야기 초반부에 의견이나 주장을 명확하게 제시하였는가?					
	3. 이야기 전개의 흐름이 논리적인가?					
	4. 말 끝을 흐리지 않고 있는가?					
언어적 표현	5. 구체적이고 명확한 단어들을 사용하였는가? (주상적이고 애매모호한 단어 지양)					
	6. 접속사를 적재적소에 배치하였는가?					
	7. 면접에 대해서 진지하고 겸손한 자세로 임하고 있는가?					
	8. 편안하고 자신감있는 표정을 보여주고 있는가?					
비언어적 표현	9. 면접관과의 눈 맞춤(eye-contact)이 자연스러운가?					
	10. 목소리의 크기	매우 크다	크다	보통이다	작다	매우 작다
	11. 말의 빠르기	매우 빠르다	빠르다	보통이다	느리다	매우 느리다
기타	12. 제한된 시간(사전 준비시간 ___분, 면접 진행시간 ___분)을 엄수하였는가?	그렇다			아니다	
총평	전반적인 느낌, 장점과 단점, 응답한 내용, 개선할 점 등을 자유롭게 적어주세요.					

개별 면접 평가표

평가 기준	세부 평가 사항	매우 그렇다	그렇다	보통이다	그렇지 않다	매우 그렇지 않다
내용	1. 면접관의 질문에 대해 빠짐없이 알맞게 답하였는가?					
	2. 이야기 초반부에 의견이나 주장을 명확하게 제시하였는가?					
	3. 이야기 전개의 흐름이 논리적인가?					
	4. 말 끝을 흐리지 않고 있는가?					
언어적 표현	5. 구체적이고 명확한 단어들을 사용하였는가? (추상적이고 애매모호한 단어 지양)					
	6. 접속사를 적재적소에 배치하였는가?					
	7. 면접에 대해서 진지하고 겸손한 자세로 임하고 있는가?					
비언어적 표현	8. 편안하고 자신감있는 표정을 보여주고 있는가?					
	9. 면접관과의 눈 맞춤(eye-contact)이 자연스러운가?					
	10. 목소리의 크기	매우 크다	크다	보통이다	작다	매우 작다
	11. 말의 빠르기	매우 빠르다	빠르다	보통이다	느리다	매우 느리다
기타	12. 제한된 시간(사전 준비시간 ___ 분, 면접 진행시간 ___ 분)을 엄수하였는가?	그렇다			아니다	
총평	전반적인 느낌, 장점과 단점, 개선할 점 등을 자유롭게 적어주세요.